"十四五"时期国家重点出版物出版专项规划项目

北京师范大学中国基础教育质量监测协同创新中心自主课题资助

国家出版基金项目
NATIONAL PUBLICATION FOUNDATION

中国生物学教育研究丛书

赵占良 主编

中学生物学 STEAM 教育及案例

李高峰——编著

广西教育出版社

·南宁·

图书在版编目（CIP）数据

中学生物学STEAM教育及案例 / 李高峰编著. -- 南宁：广西教育出版社，2021.12（2023.5重印）
（中国生物学教育研究丛书 / 赵占良主编）
ISBN 978-7-5435-9010-6

Ⅰ. ①中… Ⅱ. ①李… Ⅲ. ①生物课－教案（教育）－中学 Ⅳ. ①G633.912

中国版本图书馆CIP数据核字（2021）第270579号

策　　划： 廖民锂　潘姿汝　黄力平
责任编辑： 钟佳成　　**装帧设计：** 李浩丽
责任校对： 卢佳慧　何　云　杨红斌　　**责任技编：** 蒋　媛

出 版 人： 石立民
出版发行： 广西教育出版社
地　　址： 广西南宁市鲤湾路8号　**邮政编码：** 530022
电　　话： 0771-5865797
本社网址： http://www.gxeph.com
电子信箱： gxeph@vip.163.com
印　　刷： 广西民族印刷包装集团有限公司
开　　本： 787mm×1092mm　1/16
印　　张： 17.5
字　　数： 260千字
版　　次： 2021年12月第1版
印　　次： 2023年5月第2次印刷
书　　号： ISBN 978-7-5435-9010-6
定　　价： 45.00元

○ 序 ○

2001 年，叶佩珉教授主编的“学科现代教育理论书系·生物学”由广西教育出版社出版。这套丛书系统总结了我国改革开放以来中学生物学教育在课程论、教学论、学习论、实验论、测量评价理论等方面的研究成果，在我国中学生物学教育领域产生了广泛影响。

20 年过去了，在中国共产党 100 周年华诞，党团结带领全国人民全面建成小康社会，实现第一个百年奋斗目标，正意气风发地向着全面建成社会主义现代化强国的第二个百年奋斗目标迈进之际，回首本世纪的这第一个 20 年，我们不禁感慨，我国的中学生物学教育也走过了一段极不平凡的探索历程。这 20 年，是新一轮基础教育课程改革从启动到深化的 20 年。在这 20 年中，我们经受了新课程理念的洗礼，实施新课标，使用新教材，探索新的教学方式和考试评价方式，改革创新的热潮一波又一波地兴起，新观点、新模式、新经验不断涌现。从总体上看，我国的中学生物学课程、教材和教学的质量和水平，已经迅速赶上了时代，极大缩短了与发达国家的距离，具有中国特色的生物学课程教材体系和学术话语体系正在形成。当然，还有许多问题需要研究，也有不少挑战需要面对，一些困惑需要破解。

展望开启新征程的未来 30 年，我们更是豪情满怀。未来 30 年，中学生物学教育更是大有可为的，并且应该大放异彩！为实现第二个百年目标培养人才，是我们每一位教育工作者肩负的重任。如何让生物学教育更好地服务于立德树人根本任务，更好地服务于国家创新驱动战略的实施？如何让生物学课程更加充分地彰显育人价值，使它在“培根铸魂、启智增慧”中发挥独特的作用？这是每一位生物学教育工作者应该认真思考和研究的问题。

站在新的历史交汇点上，总结我国这20年中学生物学教育的理论与实践研究成果，研究新时期我国生物学教育面临的任务和挑战，构建中国特色生物学教育理论体系和课程教材体系，探索生物学教育高质量发展的实践路径、策略和方法，是时代的需要，是生物学教育研究者的责任，也是广西教育出版社策划、我和诸位作者一道撰写“中国生物学教育研究丛书”的出发点。

我作为本套丛书的主编，主要思考和解决三个问题：写哪几本书？找谁写？如何写？

写哪几本书？我的思路是从问题到选题。这里所说的“问题”，多数是我国中学生物学教育理论和实践研究中长期关注的问题，如概念教学问题、实验教学问题、学生科学过程技能培养问题、国际教材比较问题、信息技术与生物学教学融合问题等。这些方面的研究虽然已有丰富的成果，但随着时代的发展，还有许多问题需要与时俱进地继续研究；有些是近年来研究的热点问题，如学业评价问题、STEAM教育问题等，这些方面的研究虽然热度很高，但体现生物学学科特点、系统而实用的研究不多，有较大影响力的原创性研究成果更少；有些则属于需要重视但缺少系统深入研究的问题，如课堂教学行为分析的科学化问题、农村课程资源的开发和利用问题。问题梳理出来了，选题也就随之确定了。

找谁写？我借助自己长期担任中国教育学会生物学教学专业委员会理事长的便利条件，大致了解到圈内同行近期研究的方向和成果，比如，崔鸿教授团队对学业评价有较深入的研究，王永胜教授前些年承担了农村课程资源研究课题，谭永平编审承担过生物学课堂教学行为分析研究课题，李高峰教授联合众多大学和中学教师集体攻关、开发本土化的STEAM教育课程，王健教授在科学过程技能培养方面学术视野宽广，解凯彬教授关于中学生物学实验教学的讲座在全国广受欢迎，黄世勇主任带领中山市的老师们在信息技术与学科教学融合方面进行了多年不懈的探索，张秀红博士在人民教育出版社做了为期两年的国际高中生物学教材比较研究，等等。于是，我请他们分别担纲相应选题的撰写。只有“概念教学论”这一本，本来想请这方面的专家胡玉华教授写的，但她因为其他工作太忙而无暇承担，情急之下，加之广西教育出版社的热诚鼓励，我就不自量力地将它放在自己名下了。应该说，除我之外，其他八本书的担纲者都是在相应领域有较深入的研究、有较高学术造诣的专家，自然是能够胜任书稿撰写的。这里并没有“要写此书，非他莫属”的意思。中国之大，藏龙卧虎，我们抱有“苔花如米小，也学牡丹开”的心态。

如何写？首先要明确为谁写。虽然这套丛书的读者范围包括高校生物学教育专业的教师和研究生，但主要还是面向广大中学生物学教师和教研人员（以下统称“教师”）。因此，必须让教师觉得这套书有用、好用。这就需要针对教师的需求来写，而教师的需求是多方面、多层次和多样化的。教师有提升专业素养或学科教学知识（PCK）的需求，也有对教学资源、工具和环境的需求；有的教师更需要提升理论修养，有的教师更需要实用的方法；有的教师更需要提升教学成绩，有的教师更需要探索、实践育人。一套书旨在满足教师什么样的需求，是由其选题定位决定的。本丛书名称中的“研究”二字，说明它不是一般的教学参考书，也不是教学设计和教案，更不是教学辅助资源，而是反映我国生物学教育研究成果的系列专著，重在针对教育教学中存在的实际问题，总结相关理论研究成果和实践经验，提出未来深化改革、提高学科育人功能的基本原则和具体举措。换言之，本丛书主要是满足教师提升专业素养和综合能力的需要，助力教师专业发展。当然，本丛书突出的“研究”，并不是“象牙之塔”中的纯学术的研究，而是扎根于课程设计、教材编写和教学实施等方面活生生的实践，触角伸向教和学的各方面和各环节，具有理论与实践密切结合、学术性与实用性相得益彰的显著特点。

为了写好这套书，广西教育出版社于 2019 年 2 月在北京专门召开编写启动会，各册主要作者围绕丛书框架体系、编写思路、内容、体例等进行了热烈而深入的讨论。在确定丛书上述定位的基础上，我们还就丛书的编写要求达成以下共识：一是落实新课标中“核心素养为宗旨”的理念，将发展学生的生物学核心素养作为贯穿各册内容的一条主线；二是注重一般理论与生物学学科特点的有机结合，避免生搬硬套、“穿靴戴帽”，要着力实现教育教学一般理论在生物学学科中的创造性转化；三是要立足本土、借鉴国外，对国外的教育教学理念和方法，要在消化的基础上，根据我国经济、社会、文化和教育教学特点有选择地吸收，力求构建有中国特色的生物学教育理论框架、话语体系和实践路径；四是在继承的基础上创新，突出研究成果的原创性，正所谓“重复别人一百句名言不如说出一句自己的创见”，研究的目的是创新，而创新也离不开对优良传统的继承。

为了写好这套书，各册作者牺牲了节假日，夜以继日埋头苦干。针对作者较多的册次，开了许多次编写研讨会和统稿会，几易其稿，反复打磨。我作为丛书主编，谨向大家致以由衷的敬意和谢忱！

在本丛书还未完全成稿之际，欣闻它荣获国家出版基金资助，这让我们备受鼓舞，也更加感到责任重大。感谢北京师范大学刘恩山教授和华东师范大学郑晓蕙教授在基金申报中的热情推荐。感谢广西教育出版社在选题立项、编辑加工和出版发行工作中的大力支持和倾情付出。感谢学界先贤同侪在各自论著中奉献的智慧和经验，这些著述带给我们多方面的滋养和启迪。

我们深知，任何一个学科的教育教学都是一个复杂的、开放的、动态的系统。相比之下，我们每个人的视野都太有局限性了，费九牛二虎之力捕捉到的也许只是这个系统的一鳞半爪，甚至是幻影假象。何况中学生物学教育领域需要研究的问题和已经涌现的成果，绝不仅限于本丛书所囊括的九个方面。好在世界上完美无缺的事物是不存在的，正如没有一种生物能够完全地、绝对地适应环境一样。如果本丛书能够给广大同行一些理论上的启发和行动中的参照，能够为我们情之所系的生物学教育事业增砖添瓦，我们就甚感欣慰了。至于书中的偏颇疏漏之处，还望读者批评指正。

赵占良
2021年7月31日

○ 前　言 ○

2015 年，在北京国信世教信息技术研究院的资助下，笔者承担了委托横向课题“中学 STEAM 课程开发的实践研究”。在陕西师范大学研究生院、教师教育办公室的大力支持下，笔者与周青教授、张红洋教授、白文新教授、刘杨博士以及数十名教学论专业的硕士研究生，联合陕西省西安市高新第一中学薛静老师、铜川市耀州区教研室正高级教师党全明以及西安市爱知初级中学强毅老师、王媛媛老师等，近百人通力合作，刻苦攻关。面对从未涉足的领域，我们从文献研究出发，从“不知”到“知之不多”，直到对 STEAM 教育的起源、发展、概念、特征及其教育模式有了比较深入的了解［本书第一章是基于陕西师范大学生命科学学院学科教学（生物）专业 2019 级硕士研究生孙磊、生物学教学论专业 2019 级硕士研究生赵芙蓉的学位论文，由孙磊、赵芙蓉、李高峰执笔完成］。

在“知道是什么”的基础上，我们开始了“探索怎么做”的艰辛开发历程。经过 500 多个日夜的奋战，终于在 2016 年底开发出 119 个 STEAM 课程。这些课程很受欢迎，被推广到沈阳市第一六五中学、北京市朝阳外国语学校、北京理工大学附属中学、北京第十二中学钱学森学校、成都市树德协进中学等数十所学校，并在教育部“国培计划”，陕西师范大学、河南师范大学、河南大学、河北师范大学、四川师范大学等高校，湖北恩施、广东深圳、甘肃庆阳、山东阳谷、云南大理、广西柳州等地，以及北京师范大学出版社、陕西师范大学杂志社、中国教师研修网举办的教师培训中展示。这些课程深受广大教师的喜爱，源于其具有诸多特点。（1）解决现实问题。这些课程没有纸上谈兵，而是“真”解决问题，解决“真”问题。诸如，将一张纸的中间剪个孔来鉴别人的哪只眼是主眼，哪只眼是副眼；用土豆（或黄瓜、苹果等）做成瓜果电池，能为电子表供电几十个小时；自制自动浇花器为家里的盆栽花卉浇水，可放心出差或旅游一两个星期。（2）具有趣味性。这些探究实践活动让人兴趣盎然，让人们对科学与技术刮目相看。诸如将白皮鸡蛋变成红皮鸡蛋，将红皮鸡蛋变成白皮鸡蛋；十几个人手拉手接入瓜果电池给电子表供电，只要有一人松开手就断电，以此证明人体可以导电。（3）材料器具低成本、生活化。这些 STEAM 课程所用的材料、仪器和工具绝大多数都是生活中常用的，即便要买价格也相对便宜。（4）扫码即可观看探究实践视频。所有的科学探究、科学实践活动都配有视频，读者使用手机扫描二维码，即可观看视频。（5）原创性。课程中的很多情境、材料器具、活动都是团队成员原创的。诸如纸的趣味实验的情境是团队成员开发的小魔术“被‘嫌弃’的纸片”；课程中所用的公道杯是团队成员发现并创造性地用于 STEAM 课程中的；生理盲点检测图、折叠 DNA 模型图纸、改进自动浇花器都是团队的原创成果；所有视频均由团队成员自己拍摄、剪辑。（6）可直接用于学科教学。虽说 STEAM 课程属于综合课程，但是这些 STEAM 课程均可以直接用于物理、化学、生物学、地理和科学教学，对于生物学教学质量的提高以及学生核心素养的发展大有裨益。

这 119 个课程的开发和推广，得益于北京国信世教信息技术研究院的左阳、昝欣、张媛媛、王安琳，以及北京师范大学出版社的齐永平的大力支持，在此致以诚挚的谢意！这些课程从分科属性上看，绝大多数都与物理密切相关，其次是生物学，然后是化学，而地理的内容最少。笔者将这些课程中与生物学相关的 10 个课程汇集起来组成了“中学生物学 STEAM 课程”。课程还有很多缺点和不足，敬请专家、学者和一线教师、教研员提出建议，批评指正。

李高峰

2021 年 8 月 1 日

○ 目　录 ○

第一章

STEAM 教育概览

第一次全国经济普查资料显示，至2004年，我国的现代教育制度得到长足发展，九年义务教育已经全面普及，高等教育实现了跨越式发展，已从精英教育阶段进入大众化阶段，并向普及化阶段迈进。[1]这是我国教育发展所取得的巨大成就。然而，与发达国家相比，我国教育还存在许多需要提升的地方。第三次工业革命以后，科学技术迅猛发展，产业革命的进程加快，知识经济初具规模，人才的竞争愈演愈烈。国家综合实力的竞争关键是人才的竞争，人才的竞争在根本上是教育质量的竞争。为了提升教育质量，我国一直在坚持教育改革。如何在学校教育中培养学生的批判性思维和创新能力，培养21世纪学生的基本素养和技能，已成为教育改革的重要课题。[2]

美国作为当今世界第一强国，其强大与其先进的科学技术密切相关，而在先进的科学技术背后是发达的科学技术教育。进入21世纪以来，美国政府不断深入反思科技人才的培养模式与制度，大力推动和发展跨学科融合的STEAM教育。我国教育要实现跨越式发展，就必须在总结我国教育改革经验的基础上，关注和借鉴国外教育改革所取得的成就和成功经验。

STEAM教育发展历史虽不足40年，但各国实践经验表明：STEAM教育有助于培养学生的科学探究与实践能力、创新意识、批判性思维、信息技术能力等未来社会所需的技能和能力。[3]STEAM教育的发展成就及其在人才培养方面的优越性，非常值得我国教育改革借鉴学习。

---

[1]《我国高等教育的发展研究》课题组．高等教育发展现状及政策建议[J]. 中国国情国力，2007（7）：26-29.

[2] 王嘉毅．我国基础教育改革与发展的主要任务及其战略应对[J]. 中国教育学刊，2016（9）：1-5.

[3] 王素，李正福．STEM教育这样做[M]. 北京：教育科学出版社，2019：3-5.

第一节　STEAM 教育的发展

"STEAM 教育"的前身是 STEM 教育，"STEM 教育"一词产生于 1986 年美国国家科学委员会发布的《本科的科学、数学和工程教育》报告，该报告分析了美国本科教育中科学、数学和工程的基本教育状况及相关问题，提出了科学、数学、工程和技术教育集成的纲领性建议。[1] 此后，在美国教育部与美国国家科学基金会、美国国家科学技术委员会等机构以及社会各方力量的共同推动下，美国的 STEM 教育逐渐走向科学化、规范化与专业化，同时 STEM 教育的内涵也逐渐扩大；直至 2006 年，弗吉尼亚理工大学的乔吉特·亚克曼 [2] 将艺术（Art）元素加入其中，"STEAM 教育"这个名词才逐渐被学者们广泛使用。纵观 STEAM 教育的发展史，其发展脉络大致分为三个阶段：STS、STEM、STEAM。[3]

一、科学技术发展的负面影响催生了 STS 研究

STS 指科学（Science）、技术（Technology）、社会（Society），或科学技术研究（Science and Technology Studies）。[4]

20 世纪 60 年代诞生在美国的 STS 有着深刻的社会与学术

[1] 赵书琪，于洪波 . 美国 STEM 教育研究 30 年：历程、特点与启示 [J]. 现代教育技术，2019，29（1）：5-10.

[2] 有些文献又译作格雷特·亚克门，即 Georgette Yakman.

[3] 范文翔，赵瑞斌，张一春 . 美国 STEAM 教育的发展脉络、特点与主要经验 [J]. 比较教育研究，2018（6）：17-26.

[4] 徐超 . 美国 STS 的兴起与发展 [J]. 自然辩证法通讯，1992，14（5）：25-34.

背景。“二战”过后，现代科学技术飞速发展，从各方面对人类社会产生了前所未有的影响。就在人们陶醉于科学技术的成就时，科学技术的负面效应也悄然出现。环境的恶化、军事威胁的升级等重大问题让公众意识到科学技术的负面影响已经到来。因此，必须得研究科学技术的社会效应，才能使技术更好地造福人类。[1] 自此，国际学术界开始了科学技术的社会性研究，STS 研究最终也涉及教育实践的应用。

二、STS 研究的实践价值取向促使 STEM 教育形成

STS 是一个内涵丰富的跨学科研究领域，STS 研究致力于揭示科学技术对社会与人文的价值，关注的是科学技术的价值论问题，并在其发展过程中逐渐形成了实践价值取向。在此基础上，科学技术为社会服务的实践成果日益丰硕，技术功能与价值被充分挖掘以促进人才培养与社会进步，进而在一定程度上促使 STEM 教育形成。[2]

当然，STEM 教育的发展还得益于社会发展对多元复合型人才的需求。随着社会的发展，科学、技术与工程的联系越来越紧密，科学教育、技术教育与工程教育等教育形式培养的单一类型人才难以满足社会发展的需要。这就促使了 STEM 教育的诞生与发展。此后，在美国多方力量的共同推动下，STEM 教育变得科学化、规范化与专业化，STEM 教育的内涵也逐渐扩大，STEM 教育逐渐成为世界性的教育改革方向之一。

三、STEM 教育的人文与趣味转向推动了 STEAM 教育兴起

STEM 教育旨在通过综合发展科学、技术、工程和数学四门学科，促进国家的科技发展和经济增长，提高国际竞争力。美国、英国等国家率先在 STEM 教育领域投入大量精力，但结果不尽如人意。究其原因，一方

---

[1] 范文翔，赵瑞斌，张一春 . 美国 STEAM 教育的发展脉络、特点与主要经验 [J]. 比较教育研究，2018（6）：17-26.

[2] 徐金雷，顾建军 . 从 STEM 的变式透视技术教育价值取向的转变及回归 [J]. 教育研究，2017（4）：78-85.

面学生对 STEM 领域的兴趣不高，另一方面 STEM 教育培养出来的人才缺乏想象力、创新力。[1-2] 因此，为了更好地适应社会发展的需求，STEM 教育做出了改变并重构其概念模型。

2006 年，乔吉特 · 亚克曼在 STEM 教育的基础上提出了 STEAM 教育，并构建了 STEAM 教育框架，首次将代表人文艺术的 Arts 融入已有的 STEM 教育中。将 Arts 加入 STEM 教育中，不仅有助于促进学生的认知发展，提升学生的情感及精神境界，还能增强学生的批判思维与问题解决能力，从而使学生成为具有创造和革新精神的全面发展的人。[3] 同时，由于 STEM 教育仅是理工学科的融合，人文艺术的加入能够增加 STEM 教育的趣味性。[4] 来自不同国家和地区的学者通过深入的研究，也证实了 STEAM 教育确实更有利于培养全面发展的创新型人才。[5]

第二节 STEAM 教育的概念

STEM 教育兼具分科和融合两种含义，而 STEAM 教育更强调其学科融合性，增加了人文性，在学科指代上也并不局限于 STEM 所指代的四门核心学科。STEM 教育所指代的往往是具体的学科，而 STEAM 教育更像一种跨学科的教育理念。从人才培养角度来看，STEM 教育指向理工科

[1] 彭敏，郭梦娇 .STEAM 教育的基本内涵与发展路径研究 [J]. 教育理论与实践，2018，38（25）：14-18.

[2] 王小栋，王璐，孙河川 . 从 STEM 到 STEAM：英国教育创新之路 [J]. 比较教育研究，2017（10）：3-9.

[3] YAKMAN G，LEE H. Exploring the exemplary STEAM education in the U. S. as a practical educational framework for Korea[J]. Journal of the Korean Association for Science Education，2012（6）：1072-1086.

[4] 范文翔，赵瑞斌，张一春 . 美国 STEAM 教育的发展脉络、特点与主要经验 [J]. 比较教育研究，2018（6）：17-26.

[5] CONNOR A M，KARMOKAR S，WHITTINGTON C. From STEM to STEAM：Strategies for enhancing engineering & technology education[J]. International Journal of Engineering Pedagogy，2015（2）：37-47.

复合人才的培养，STEAM 教育则趋于统整的创新人才培养。因此，在我国的本土化实践中，跨学科学习多指向 STEAM 教育。

一、STEM 教育代表四门核心学科

STEM 是科学（Science）、技术（Technology）、工程（Engineering）和数学（Mathematics）英文首字母的缩写，是美国目前和未来技术创新发明极其重要的四门核心学科。在美国 STEM 教育发展的过程中，很多政策文件都相应地提到了 STEM 专业、STEM 人才、STEM 学科、STEM 知识技能等词语，都将其理解为科学、技术、工程和数学四门学科。[1]

二、STEM 教育代表一个整合的独立学科

一线教师对整合的 STEM 教育的认知分为两种，一种是有基础的后设课程，另一种则是元学科（meta-discipline）。STEM 教育作为一门“元学科”，其教育过程不是将科学、技术、工程和数学知识进行简单叠加，而是强调将原本分散的相关学科有机整合，形成一个整合型学科。[2]

三、STEAM 教育是一种跨学科的教育理念

广义上的 STEAM 教育不强调 STEAM 相关学科的整合，更像是一种教育理念。[3] 作为一种教育理念，STEAM 教育认为应从学习方式和学习目标出发，通过各类学习途径来培养学生 STEAM 综合素养。[4] 在具体的教学实践过程中，教师常结合自己学科的特征，以一门学科为主，纵向整合其他学科内容，实施 STEAM 教育。

---

[1] 赵中建 . 美国 STEM 教育政策进展 [M]. 上海：上海科技教育出版社，2015：Ⅱ-Ⅳ .

[2] 丁杰，蔡苏，江丰光，等 . 科学、技术、工程与数学教育创新与跨学科研究：第二届 STEM 国际教育大会述评 [J]. 开放教育研究，2013，19（2）：41-48.

[3] 杨盼，韩芳 . 芬兰 STEM 教育的框架及趋势 [J]. 电化教育研究，2019（9）：106-112.

[4] 蔡海云 .STEM 教学模式的设计与实践研究 [D]. 上海：华东师范大学，2017：18-32.

四、STEAM 教育是一种新的学习方式

STEAM 教育是一种整合了科学、技术、工程、人文艺术和数学的教学和学习途径，强调跨学科统整，将知识的获取、方法与工具的利用以及创新生产的过程有机地融合在一起。[1]STEAM 课程和教学旨在通过多种学习方式，为学生提供一个多学科融合的综合性学习体验。[2]STEAM 教育是一种统整学科学习，强调思维建构、知识融合和实践创新能力培养的综合学习方式。[3]

STEAM 教育本质上是一种颠覆传统学习过程与单一学科思维，致力于培养创新素养和复合型人才的统整学习方式。STEAM 教育作为一种新的学习方式，具有跨学科性、体验性、趣味性等重要特征。[4]

第三节　STEAM 教育的理论基础

STEAM 教育不仅在各国教育实践上证明了其价值，而且有着强有力的理论基础支撑。

一、多元智能理论

学生评价是教育中的一个重要环节，只有正确对学生进行评价，才能对学生的进一步深化学习起到良好的促进作用。多元智能理论认为，人的智力不只有语言和数学智能，还有空间、运觉、节奏、交际、自省等共九种智能，这使得学者们对学生的评价开始向多元化发展。[5]

基于对学生多元化评价的基础，多元智能理论下的教学观表现出一

[1] 薄丽娜 .STEAM 教育理念下中小学创客课程教学模式的探究 [J]. 中国教育信息化，2018（4）：36-39.

[2] 宋怡 .STEM 素养视域下的科学教学：审思与重构 [J]. 现代教育科学，2018（8）：96-100.

[3] 李王伟，徐晓东 . 作为一种学习方式存在的 STEAM 教育：路径何为 [J]. 电化教育研究，2018（9）：28-36.

[4] 同［3］.

[5] 何莉 . 我国多元智能理论应用研究综述 [J]. 成都教育学院学报，2006，20（11）：67-68.

些重要特征：教学过程具有生成性，教学目标具有全面性，学生具有主动性。[1] 知识并不是被动从环境中吸收，不是预先在儿童脑中形成、并伴随着儿童的成熟随时出现的，而是由儿童通过自身的新结构与周围的环境之间的相互作用构建的。[2]

多元智能理论打破了传统的人才观，主张人尽其才、各得其所。并非所有人都能被培养成达·芬奇之类的全才或爱因斯坦之类的奇才，也并不要求每个学生都成为领袖人物，而要求根据具体情况来发展和培养学生的智能。[3]

多元智能理论对人才的多元化认知为 STEAM 教育提供了强有力的理论基础，STEAM 教育的兴起在本质上源于社会发展对人才培养的新要求。当前社会发展已有很高的成就，大到探索外太空，小到探索 DNA 分子，这些项目的背后所依靠的科学技术已不是一个人所能全部掌握的。具有创新能力的人才团队是现在社会发展所迫切需求的，也正是 STEAM 教育的最终培养目标。

二、建构主义学习理论

建构主义学习理论是在认知主义学习理论的基础上发展而来的，认知主义注重全体学生在教师的指导下对某一事物的共同看法，而建构主义认为学习是从学生的自身经验出发对知识的自我建构，不同学生对某一事物的看法各不相同。[4]

建构主义学习理论是一个具有深刻哲学根源、心理学支撑和技术支持的理论思想，在知识、学习、教学三方面具有比前期思想理论更为发展的观点。建构主义知识观认为，知识并不能如实地反映周围世界，它只是一种猜测与推理，它会随着时代的发展而变化，并且不断地提出新的猜测与

---

[1] 曾晓洁 . 多元智能理论的教学新视野 [J]. 比较教育研究，2001（12）：25-29.

[2] 拉宾诺威克兹 . 皮亚杰学说入门：思维、学习、教学 [M]. 杭生，译 . 北京：人民教育出版社，1985：31.

[3] 姚敏 . 多元智能理论研究综述 [J]. 科学之友，2009（11）：112-113，115.

[4] 李正艳 . 中小学 STEM 教育模式的构建与应用研究 [D]. 广州：广州大学，2017：4-7.

推理，不断地发展，从而越来越接近真理。也就是说，人们的认知结构是在“平衡—不平衡—新平衡”的循环过程中不断发展起来的。建构主义学习观认为，人的认识是主体的“构造”过程，主体理解认知客体凭的是自己的经验。建构主义教学观认为，学生是教学活动的参与者和知识的积极建构者，教师是辅助学生建构知识的推动者、指导者。[1] 所以，学生学习是基于特定的情境，在教师、家长和同学等的帮助下对外部认知客体进行加工而形成自己的见解，并在脑海中构建“图式”，而不是由教师简单地传授教学内容，学生被动接受的过程。

STEAM 教育注重学生创新能力的培养，在解决具体项目、现实问题的基础上要求学生主动地运用各学科知识，进而在完成项目和解决问题的过程中发展创造力，这与建构主义教学理论不谋而合。建构主义强调真实情境、协作学习以及学习环境设计的重要作用，这对 STEAM 教育具有重要的指导意义。

三、最近发展区理论

维果茨基在《教学过程中的儿童智慧发展》中指出，儿童智力发展状态至少有两种水平：一是儿童自主活动下的问题解决水平，二是在成人的指导与帮助下可能的问题解决水平。两种水平之间的差异即为“最近发展区”。其中“可能的问题解决水平”意味着儿童接受成人的启发与指导，在与有能力的伙伴合作中，问题得以解决之际所达到的水准。[2]

最近发展区强调教育不应当只适应和满足学生现有的发展水准，而要走在学生发展之前，应着力于学生的最近发展区，为学生提供具有一定难度的内容，从而调动学生学习的积极性，使学生的智力水平得以发展到更高的水平，超越其最近发展区，迈入下一个发展区。

STEAM 教育立足于真实的生活，围绕现实问题，让学生从现有的经验水平出发去解决问题。在此过程中，显性知识以直接、外显的方式为学

[1] 张亚娟．建构主义教学理论综述 [J]. 教育现代化，2018，5（12）：171-172.

[2] 钟启泉．最近发展区：课堂转型的理论基础 [J]. 全球教育展望，2018，47（1）：11-20，34.

生搭建框架，隐性知识以间接、内隐的方式发展学生的素养，两者共同作用促进学生跨越发展区。[1] 长此以往，学生由“现有水平”阶段不断地向“潜在水平”阶段发展，不断地向更高水平发展。由此可见，立足于最近发展区理论的 STEAM 教育对学生的思维和智慧的不断发展具有重要意义。

四、“从做中学”理论

“从做中学”是杜威的一个十分重要的教育理论思想。杜威认为人是自然界的一部分，通过对环境的适应而获得成长。个人通过参加各类社会活动而得到身心素质的发展，思维也在人们对生活的思考中产生和发展。“从做中学”理论是杜威为了反对传统教育中无视儿童存在，不理解儿童期的重要意义，贬抑儿童期的价值，并以成人为标准而抹杀儿童期的尊严等相关问题 [2]，批判传统课堂中学生听讲、背诵课本以及单凭教师灌输去学习与生活无干的知识的教学方式而提出的 [3]。“从做中学”理论主张诱导儿童在活动中得到知识与经验，在儿童的学习活动中“做”是根本，活动是载体，儿童是中心，教师是儿童的伙伴或参与者，而不是监督者和旁观者。[4]

“从做中学”以儿童为中心，以儿童的感受和需要为出发点，重视儿童的兴趣、需要以及身心发展规律，与 STAEM 教育不谋而合。“从做中学”是 STEAM 教育的理论基础，而 STEAM 教育则给“从做中学”理论提供了实践支撑。

---

[1] 孙颖，王芳，杨英英 .“最近发展区”理论对工程教育的启示 [J]. 高等工程教育研究，2012（6）：96-100.

[2] 吕月霞 . 杜威的“从做中学”之我见 [J]. 陕西教育（高教版），2009（5）：9，8.

[3] 吕澜，王育英 . 心理剧的体验式教学在心理健康课中的应用 [J]. 杭州电子科技大学学报（社会科学版），2016，12（3）：63-66.

[4] 唐景成 . 杜威过程教育思想及其对高校思想政治理论课教学的借鉴意义 [J]. 安康学院学报，2018，30（1）：110-114.

第四节　STEAM 教育的特征

STEAM 教育具有异于其他教育的特征。不同学者从不同视角揭示了 STEAM 教育的特征，相互之间具有共识，也相互补充，所用词语也有一定差异。[1-2] 总体而言，STEAM 教育具有如下特征。

一、跨学科性（综合性）

传统教育将知识按具体的学科划分，割裂了学科与学科之间、学科与真实世界之间的联系，不能有效培养学生解决现实问题的能力，使学生的学习缺乏真实性和创造性。而 STEAM 教育的核心特征就是学科融合，打破学科知识之间的壁垒，将重心放在特定的问题或项目上，强调利用多学科知识解决问题，实现学科界限的跨越，从多学科知识综合应用的角度提高学生解决实际问题的能力。STEAM 教育从多学科的视角来培养学生解决问题的能力，提高学生的 STEAM 素养，实现跨学科教育。[3]

STEAM 的跨学科特征也使 STEAM 教育呈现出综合性，但其综合性不只是在学科层面的融合，还体现在具体的实践中，表现于课程教学方式的多元化，既可以是基于问题解决的模式，也可以是基于项目的模式；同时，STEAM 教育的评价模式也朝综合性、系统性的方向发展。[4]

二、趣味性

趣味性是指将学科知识与生活实际相联系，通过具体问题或项目的解决，让学生感受协作的快乐与解决困难的成就感。学习的主体是学生，激发学生的学习兴趣，帮助学生形成良好的学习动机是实施教学的前提。STEAM 教育强调“做中学”“学中做”的教学理念，将知识还原到丰富的生活中去，结合生活中有趣的、具有挑战性的问题，开展基于真实问题情

---

[1] 余胜泉，胡翔 .STEM 教育理念与跨学科整合模式 [J]. 开放教育研究，2015，21（4）：13-22.

[2] 黄晓，李扬 . 论 STEM 教育的特点 [J]. 江苏教育研究，2014（15）：5-7.

[3] 赵兴龙，许林 .STEM 教育的五大争议及回应 [J]. 中国电化教育，2016（10）：62-65.

[4] 同［2］.

境下的探索式学习，采用创设情境的方式来激发学生的学习兴趣和主动探索精神，通过主动参与、积极思考的快乐学习，点燃学生的学习热情，强化学生的学习动机。

STEAM 教育的趣味性主要体现在两方面：教学内容的趣味性和教学活动的趣味性。[1]STEAM 教育的内容设计既要包括学生需要掌握的知识点，还要吸引学生注意，激发学生的学习动机。据此，教师在设计 STEAM 课程时，一方面可以把知识内容情境化，将学科知识和实际生活联系起来，组织学生思考和实践；另一方面可以把具体内容游戏化，例如设计一些闯关类、角色扮演类、猜谜类的小游戏，从而激发学生的学习兴趣。教师在设计 STEAM 教育课程时，还可以安排趣味程序设计、实地调研、外出郊游、组装拼接、闯关游戏、小组竞赛等具有趣味性的教学活动。

这里需要说明的是，STEAM 教育并不排斥传统的教学方式，而是注重参与真实活动，还要辅之以知识讲解。

三、情境性

学习分为初级学习和高级学习两种，高级学习要求学生把握概念的复杂性，并将概念广泛而灵活地运用到具体情境中。[2]STEAM 教育认为，知识蕴含在真实的问题情境中，真实问题成为贯穿整个学习过程的主线，把核心问题转化为一系列的学习任务，学生通过高投入的实践探索，达到对知识的意义建构和深层次理解。在 STEAM 教育中，上课地点不再是黑板加粉笔、课桌椅子整齐摆放的教室，而是在配有平板电脑、传感器、电路板、3D 打印机、体感设备等科技工具的工作坊中。[3]

学生只有在不同的问题情境中灵活运用所学知识，才能进行有效的

---

[1] 秦瑾若，傅钢善 .STEM 教育：基于真实问题情景的跨学科式教育 [J]. 中国电化教育，2017（4）：67-74.

[2] 张建伟，陈琦 . 从认知主义到建构主义 [J]. 北京师范大学学报（社会科学版），1996（4）：75-82，108.

[3] 同［1］.

“意义建构”。在 STEAM 学习过程中，教师要为学生创设不同的问题情境，通过多种情境下的迁移运用，培养学生的发散思维和创新思维。

基础教育阶段学生在知识的学习目标上，只是对现有知识的掌握和运用，而不是产生新知识。因此 STEAM 课程的情境性应与现实情境相类似而非相同，也不能过于简单化和理想化处理，致使其远离现实。在参与和体验 STEAM 学习的过程中，学生所获得的仍然是结果性知识，只不过在此基础之上，学生的学习能力会有很大的提升，学生学会从多学科、多视角、多维度来分析和解决问题，收获了蕴含在真实问题情境中的过程性知识，实现从“学会”到“会学”的质的突破。[1]

四、协作性

STEAM 教育注重解决真实问题，然而这些问题往往瞬息万变、复杂多样、难度较大，只有通过学生与教师以及其他同学的交流讨论、协同探究，才能顺利解决，从而有效完成对知识的意义建构。建构主义非常看中在学习过程中小组的协作学习和讨论交流，“协作”和“会话”是建构主义的重要属性。[2]

STEAM 教育中的协作性主要体现在学生与教师的协作、学生与学生的协作、教师与教师的协作三个方面。学生与教师的协作要求教师作为学习活动的组织者、学习过程的引导者和学习疑问的解答者，学生在教师的帮助下，积极参与实践活动，循序渐进地完成学习任务，提高能力；学生与学生的协作要求学生之间组成小组，根据问题，以小组为单位进行资料的搜集、分析和处理，提出假设并进行验证，彼此之间分工合作，相互进行思维上的碰撞，共同商讨，解决问题；教师与教师之间的协作要求不同学科教师之间进行互助协作，彼此分工，共同指导学生完成项目。[3]

---

[1] 秦瑾若，傅钢善 .STEM 教育：基于真实问题情景的跨学科式教育 [J]. 中国电化教育，2017（4）：67-74.

[2] 何克抗 . 建构主义的教学模式、教学方法与教学设计 [J]. 北京师范大学学报（社会科学版），1997（5）：74-81.

[3] 同［1］.

五、人文性

STEAM 教育中的“A”包含较为广泛的人文艺术科目，涵盖社会、语言、形体、音乐、美学和表演等。美国知名 STEAM 教育学者乔吉特·亚克曼表示，“将 Arts 加入 STEM 教育中，是对这四类课程的良好补充，能帮助学生优化不同学科知识的理解与应用”。Arts 与 STEM 的结合可以教导个体进行批判性、创造性和合作性的思考。[1] 其重要价值主要体现在提升创造力、发展理解力、增长审辨力、进阶学习力四个方面。[2]

（1）提升创造力：科学倾向于归纳思维，能够帮助个体寻找解决问题的方案，而 Arts 有助于发散思维，能够帮助个体探索出更多的解决方案。归纳思维与发散思维结合可以共同促进个体的创造性思考，进而发展高阶思维，提升个体的创造力。

（2）发展理解力：Arts 能够从全新的视角出发，帮助人们看待世界和理解世界。对于学生而言，通过人文的视角能够使学习内容形象化，使其更好地理解科学概念并探索下去。

（3）增长审辨力（Critical Thinking）：审辨式思维（包含批判性思维）是审辨力的核心，注重反思以及基于证据的分析论证。据有关研究表明，增加课程中的人文教育实践对于提高学生的审辨式思维能力是有效的[3]，因此 STEAM 教育较之于 STEM 教育有助于学生审辨式思维能力的增长。

（4）进阶学习力：个体的学习力很大程度受兴趣影响，提升学习的兴趣，有助于集中学习注意力，激发学习热情，最终引导学生学习力的发展。STEAM 教育中的人文艺术对于培养学生的兴趣具有很大的帮助，能够促进学生的终身学习。

---

[1] MILKOVA L，CROSSMAN C，WILES S，et al.Engagement and skill development in biology students through analysis of art[J].CBE-Life Sciences Education，2013，12（4）：687-700.

[2] 秦瑾若，傅钢善 .STEM 教育：基于真实问题情景的跨学科式教育 [J]. 中国电化教育，2017（4）：67-74.

[3] JOWDAT M，DELKHOON M.Effect of art education in developing critical thinking of the students[J].International Journal of Humanities and Cultural Studies，2016（5）：885-893.

六、动态性

STEAM 教育认为，知识是动态的、发展的、可持续更新的。STEAM 教育从开放的知识观角度反思了传统教育的弊端，弱化了对知识的记忆，重视概念理解及应用，认为对概念的深层理解有助于学生灵活应用已有知识，并在与现实生活世界的接触中随时拓展和完善自己的知识体系。STEAM 教育在课程实施方式上转变了教师讲解、学生接受的传统课程实施模式，建立了学习者、教育者与所处情境对话、交流的平台，促进了学习者内在知识体系的创新生成。[1]

在 STEAM 教育中，开放的课程实施方式及动态的课程内容，不仅有助于提升学生的认知能力，而且有助于培养学生敏锐的科学思维和有效解决现实生活问题的能力。

七、回归性

后现代课程观的提出者之一多尔认为，课程要具有回归性，亦即课程要具有可反思的价值和余地，这种课程没有固定的起点和终点，但它能够使一个人通过与环境、他人、文化的反思性相互作用形成自我感。[2]STEAM 教育课程理念中学生观的转变体现在关注学生主动参与学习过程，激发学生学习动机，从学习兴趣归因来传达学生是学习主体的观念上。STEAM 教育在课程实施中凸显出来的反思价值正符合多尔的观点。

八、实践性

STEAM 教育的实践性首先表现在 STEM 教育的提出本身，尤其是把对技术、工程学科的关注置于与科学、数学教育同等重要的地位，这是对过程与实践的凸显。通过工程学培养学生工程设计能力和工程思维习惯，从而提高学生的问题解决能力和创新能力。

STEAM 教育的实践性还表现在具体的课程实施中：一方面，有效的

---

[1] 黄晓，李扬 . 论 STEM 教育的特点 [J]. 江苏教育研究，2014（15）：5-7.

[2] 多尔 . 后现代课程观 [M]. 2 版 . 王红宇，译 . 北京：教育科学出版社，2015.

课程组织和精良的硬件设施促进了从关注知识向关注实践的转变；另一方面，STEAM 课程强调以活动为基础、基于问题解决的学习，同时获得实践的课堂体验。[1] 此外，STEAM 教育通过实践性的课程建立起了师生交互的平台，使学生从平等对话中自由地获得知识和创造的灵感。

九、丰富性

STEAM 教育的丰富性体现在课堂内容的广泛性、理解的多元化、解释的多种可能性。[2]STEAM 教育的培养目标具有层次性，在要求所有学生达到熟练掌握和应用相关学科知识的同时，也给表现优秀的学生提供机遇和挑战，促进其获得更杰出的成就。正是这种对多维目标的追求，才使得 STEAM 课程内容呈现出丰富性。STEAM 教育需要综合考虑原有课程各自的特点，在课程设置上从多角度来解释综合化课程的丰富性，使学生通过多样化的课程形式获得自我发展的多种可能。[3]

十、设计性

STEAM 课程要求学习产出环节包含设计产品，为了满足需求，制作过程需要进行合理的设计修正，在产品的优化过程中灵活运用所学知识，通过制作产品活化已有的经验、应用掌握的知识技能。

设计修正与科学教育中的论证相类似，包括主张、证据和解释。在这种 STEAM 课程中，通过设计修正和迭代优化，有意识地将工程实践与科学和数学内容整合起来，学生在背景信息、测试结果等数据的支持下，提出设计和修正建议并展开实践。[4]

---

[1] 赵中建 . 致力于 STEM 教育的“项目引路”机构 [J]. 上海教育，2012（11）：24-26.

[2] 多尔 . 后现代课程观 [M]，王红宇，译 . 北京：教育科学出版社，2015.

[3] 黄晓，李扬 . 论 STEM 教育的特点 [J]. 江苏教育研究，2014（15）：5-7.

[4] 宋怡，崔雨涵，马宏佳 . 美国 K-12 整合性 STEM 教育框架：理念、课程路径与支持系统 [J]. 当代教育论坛，2020（2）：65-75.

十一、实证性

实证性是科学探究的基本要求之一，也是科学教育区别于其他学科教育的重要特征。在 STEAM 教育中，无论是结果验证的科学实验，还是设计作品，都需要学生按照科学的原则做出假设、发现并得出解决问题的方案。这个过程不是通过思辨或者想象完成的，而要通过严谨的科学实践，从而帮助学生认识和理解客观的科学规律。[1]

第五节　STEAM 教育模式

与建构主义学习理论相适应的教学模式可以这样概括：以学生为中心，在整个教学过程中由教师起组织者、指导者、帮助者和促进者的作用，利用情境、写作、会话等学习环境要素充分发挥学生的主动性、积极性和首创精神，最终达到学生有效地实现对当前所学知识的意义建构的目的。[2]STEAM 教育的发展还未成熟，其教育模式仍在不断地探索、建构和完善。基于对建构主义教学模式的理解和 STEAM 教育目标的认识，STEAM 教育框架和 STEAM 教育模式逐渐被学者们提出。

在 STEAM 教育的框架中，第一层（最底层）是具体内容层（Content Specific Level），主要是科学、技术、工程、艺术和数学等学科的相关课程，其中的科学学科包括物理、生物、化学、空间和地理科学等。第二层是学科层，主要探讨科学、技术、工程、艺术和数学等学科间的联系。第三层是 STEM 教育加艺术（STEM+A），强调艺术对各个学科的渗透。第四层是 STEAM 综合层（Multidisciplinary Level），强调 STEAM 教育支持学生以跨学科的方式发现和解决问题。第五层（最顶层）是 STEAM 教育

[1] 余胜泉，胡翔 .STEM 教育理念与跨学科整合模式 [J]. 开放教育研究，2015，21（4）：13-22.
[2] 何克抗 . 建构主义的教学模式、教学方法与教学设计 [J]. 北京师范大学学报（社会科学版），1997（5）：74-81.

的最终目标（Life-long Holistic），强调学习的终身性、整体性（图 1-1）。[1]

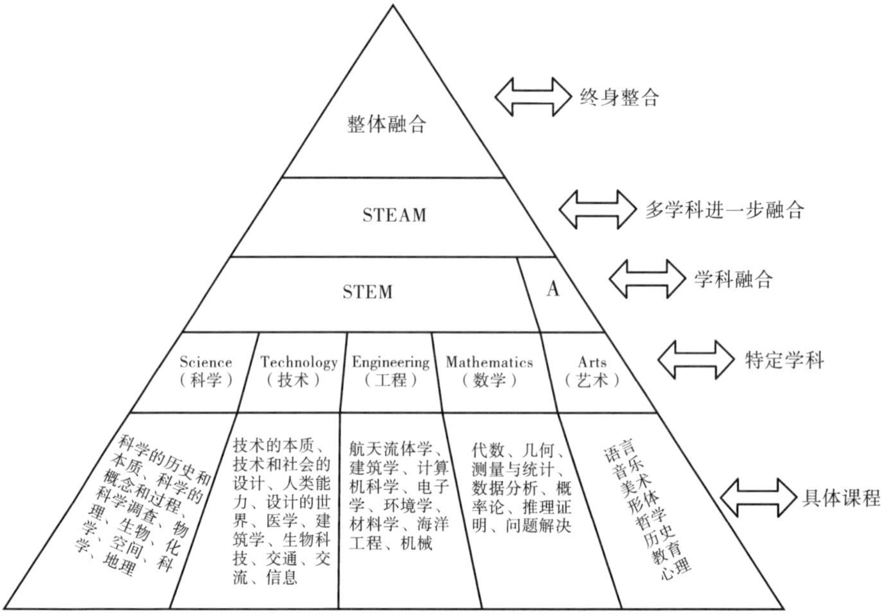

图 1-1　STEAM 教育框架

教育者可以通过 STEAM 教育框架来设计教育模式，改善教学活动。通过对已有的文献研究成果的梳理发现，研究者归纳了六类 STEAM 教育模式，分别是基于项目学习的 STEAM 教育模式、基于工程设计的 STEAM 教育模式、基于科学探究的 STEAM 教育模式、基于实践的 STEAM 教育模式、基于设计思维的 STEAM 教育模式以及工具性 STEAM（Instrumental STEAM，即工具性 STEAM，简称 iSTEAM）教育模式。

一、基于项目学习的 STEAM 教育模式

基于项目学习（Project-Based Learning，简称 PBL）的 STEAM 教育模式以生活经验为取向，以“解决真实问题”为核心。项目由问题驱动，包含相互联系的、能持续一段时间的任务和活动，与真实世界相联系；项

[1] 赵慧臣，陆晓婷 . 开展 STEAM 教育，提高学生创新能力：访美国 STEAM 教育知名学者格雷特 · 亚克门教授 [J]. 开放教育研究，2016，22（5）：4-10.

目的成果是产品。PBL 教育模式在 STEAM 教育中应用广泛且效果良好。[1] 研究者将基于真实问题的 STEAM 课程设计 [2-3]、基于内容分析的 STEAM 课程设计 [4] 等具有以“解决真实问题”为核心的教育模式均纳入 PBL 教育模式。

二、基于工程设计的 STEAM 教育模式

工程设计教育模式以科学基础知识整合为取向，以“实现更优化的设计”为核心。这种教育模式对科学、技术、数学和工程等多学科的融合及使用的要求更高，是一种理想型的 STEAM 教育模式。[5] 基于工程设计的教学比较适合工程教育，实施难度较大。若要将工程设计教育模式应用于生物学教学，则可主要针对实践或综合性课程进行尝试。

三、基于科学探究的 STEAM 教育模式

协作 - 探究学习（Collaborative Inquiry Learning，简称 CIL）教育模式是由探究性学习（Inquiry-Based Learning，简称 IBL）发展而来。探究性学习的经典教育模式是 5E 教育模式，而在此基础上，创新性地加入协作元素，弥补其在学生间、小组间的协作及课后反馈方面支持和关注的不足，形成了以协作学习为取向，以“科学深度探究整合”为核心的 CIL 教育模式。[6] 根据其“科学深度探究整合”的核心特征，可以将基于小组合作

---

[1] 卡普拉罗 R M，卡普拉罗 M M，摩根 . 基于项目的 STEM 学习：一种整合科学、技术、工程和数学的学习方式 [M]. 王雪华，屈梅，译 . 上海：上海科技教育出版社，2016：5-12.

[2] 赵慧臣 .STEM 教育视野下中学生探究学习的设计与实施 [J]. 现代教育技术，2017，27（11）：26-32.

[3] 迟佳蕙，李宝敏 . 国内外 STEM 教育研究主题热点及发展趋势：基于共词分析的可视化研究 [J]. 基础教育，2018，15（2）：102-112.

[4] 王晨菡，谭积斌，曾卉玢 . 基于内容分析法的 STEM 教育研究综述 [J]. 浙江教育科学，2018（3）：10-15.

[5] 赵中建 . 美国中小学 STEM 教育研究 [M]. 上海：上海科技教育出版社，2017：83-107.

[6] 李艳燕，黄志南 .STEM 创新教学模式与实践 [M]. 北京：电子工业出版社，2019：41-56.

探究的 STEAM 教育模式[1]、基于 5E 教学的 STEAM 教育模式[2]、基于 5EX 教学的 STEAM 教育模式[3-4]均纳入 CIL 教育模式。基于科学探究的 STEAM 教育模式非常适合生物学实验教学，有助于培养学生的科学实验能力。

四、基于实践的 STEAM 教育模式

基于实践的 STEAM 教育模式，即 STEAM 学生登台秀（STEAM Student On the Stage，简称 STEAM SOS），此教育模式将基于项目的学习和探究式学习结合起来，在 PBL 项目扩展学生知识面的过程中，以“学生动手实践”为核心。STEAM SOS 不仅可以增进学生对于知识、概念的理解，而且还能提高学生学习 STEAM 的兴趣，培养学生运用技术和沟通合作的能力。[5]STEAM 学生登台秀非常值得借鉴学习，其独特的“学生授课”环节以及“实验视频分享”方式能够激发学生对 STEAM 的兴趣，同时有助于培养学生对科学研究的兴趣。

五、基于设计思维的 STEAM 教育模式

设计思维方法是一种支持创新学习、解决复杂问题的方法。设计思维是一种思维形式，主张打破常规、开拓创新，是逻辑思维与形象思维的有机结合。逻辑思维具有清晰、精确、逻辑性强的特点，而形象思维的特点则为自由、随意、艺术性强。两者虽存在鲜明的对比，但不冲突，它们的相互结合，有利于提高学生的创造力和想象力。[6]目前，不同领

---

[1] 王珏，邓嫦圆 . 基于小组合作探究模式研制 STEM 课堂教学评价量表 [J]. 生物学通报，2017，52（12）：8-11.

[2] 赵呈领，赵文君，蒋志辉 . 面向 STEM 教育的 5E 探究式教学模式设计 [J]. 现代教育技术，2018，28（3）：106-112.

[3] 5EX 中的 X 表示不同的字母，例如：EQ（情境与问题）、EE（探索与体验）、ET（工程与技术）、EC（拓展与创意）、ER（评价与反思）。

[4] 杨玉佩 .5EX 模型支持下的 STEM 教学实践探究：以“设计制作再生纸”为例 [J]. 中小学数字化教学，2019（10）：66-68.

[5] 沙欣 . 基于实践的 STEM 教学模式：STEM 学生登台秀 [M]. 侯奕杰，朱玉冰，殷杰，等译 . 上海：上海科技教育出版社，2016：44-62.

[6] 陈鹏，黄荣怀 . 设计思维：从创客运动到创新能力培养 [J]. 中国电化教育，2017（9）：6-12.

域的专家和研究者开发了不同的设计思维操作模型，而全球教育领域中采用最广泛的模型则为斯坦福大学设计学院提出的 EDIPT 模型，包括共情（Empathize）、定义（Define）、构思（Ideate）、原型（Prototype）和测试（Test）五个阶段。[1]EDIPT 模型的整个过程中包含着发散思维和聚合思维，其中共情和构思环节主要依靠发散思维，定义、原型以及测试环节属于聚合思维（图 1-2）。

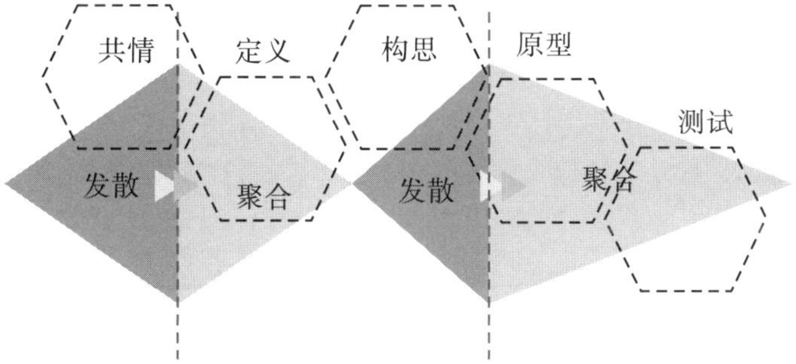

图 1-2　EDIPT 模型示意图

六、iSTEAM 教育模式

iSTEAM 教育模式主张以学生设计、制造和维护科学探究所需的工具为前提展开 STEAM 学习活动，帮助 STEAM 教师以可理解、可操作的方式将技术、工程和数学有机地融入科学教育中。iSTEAM 教育模式能够在正式或者非正式的教学环境中实施，以强化学生对 STEAM 学科内容的理解和应用。iSTEAM 模式的基本前提是学生设计、构建和维护科学探究所需的工具，它不仅适用于科学学习，而且可以与学生科学探究过程相结合，从而培养学生的创造力、思辨能力和合作学习能力。其操作环节为确定探索主题→确定探索过程中使用的工具→设计、制作工具→进行科学探究→学生自我评价→ STEAM 学科内容与本质→报告研究结果。[2]

六种 STEAM 教育模式各有不同的侧重面：PBL 侧重于技能学习；工

[1] 陈鹏，田阳，黄荣怀 . 基于设计思维的 STEM 教育创新课程研究及启示：以斯坦福大学 d.loft STEM 课程为例 [J]. 中国电化教育，2019（8）：82-90.

[2] 宋怡，李丹，马宏佳 . 美国 iSTEM 教学模式评析 [J]. 基础教育，2019，16（4）：24-31，44.

程设计正如其名，注重工程教育；CIL 突出科学发现；STEAM SOS 重视培养学生的兴趣；EDIPT 强调设计思维；iSTEAM 主张工具设计。六种教育模式各有特色，但都具有真实性（表 1-1）。

表 1-1 STEAM 教育的六种创新教育模式

序号	教育模式名称	侧重面	典型特征
1	PBL	技能学习	真实性、技能性、跨学科、以学生为中心
2	工程设计	工程教育	真实性、设计性、整合型、反思性
3	CIL	科学发现	真实性、探究性、整合型、协作互动性
4	STEAM SOS	兴趣培养	真实性、技能性、探究性、展示分享性
5	EDIPT	设计思维	真实性、设计性、跨学科性、强调共情
6	iSTEAM	工具设计	真实性、设计性、制造性、合作性

第二章

中学生物学 STEAM 课程的学科内容

中学生物学STEAM课程具有独特的课程目标、课程内容，还有教学活动方式的规划和设计。这门课程的学科内容包括科学、技术、工程、人文和数学等几个方面。其中科学内容包括生物学以及物理、化学和地理的概念、原理和规律等。技术也是学科学习内容之一，主要是“做什么”和“怎么做”的知识与能力。工程突出问题的解决，指向人们应用科学和技术所进行的工作及其产品。人文学科内容涵盖历史、语言、文学、音乐、美术等。数学是科学、技术描述事物的一种语言，是人们进行逻辑推理不可或缺的。课程中的数据、统计表、条形图、公式和数学模型等都是数学学科的学习内容。

第一节　科学学科内容

STEAM 课程中的 Science 就是科学，是“描述、解释和预言现实世界的过程和现象，揭示客观世界规律的理论表述”[1]，是系统化的、高度概括的客观知识，是依赖于观察和检验事实获得的自然规律[2]。STEAM 课程中的科学只是自然科学，不包括社会科学和人文科学。

一、突出生物学主题

之所以将课程称为“生物学 STEAM 课程”，是因为这些课程面对的都是生物学方面的问题，都是以生物学内容为基础的工程设计活动，要解决的问题是依赖于生物学概念和生物学原理的。例如“奇特的眼睛”“制作 DNA 分子双螺旋结构模型”“细菌繁殖的速度”“转基因”“模拟昆虫的虹吸式口器”等，仅从课程名称上就可以发现它们都是生物学主题的。在“瓜果电池”课程的引言中所述的是电鳐、电鳗等能够发电和放电的生物，瓜果电池要用到植物细胞的结构及其成分等生物学内容。

在“纸的趣味实验”（详见第四章案例 6）中，学生需要深入理解人的小肠由于具有环形皱襞、小肠绒毛和微绒毛，使得内表面积比原来增大近 600 倍；与之类似的，高中生物学所讲的线粒体内膜向内折叠成嵴，使得内膜的表面积极大地增加。

---

[1] 顾明远 . 教育大辞典：增订合编本：上 [M]. 上海：上海教育出版社，1998：880.

[2] 艾迪生・维斯理・朗文出版公司辞典部 . 朗文当代高级英语辞典：英英・英汉双解（缩印本）[M]. 朱原，等译 . 北京：商务印书馆，2002：1352.

此外，课程还揭示了壁虎能够在直立的、光滑的墙壁上爬行的原因。没有这些学科知识的支撑，“纸的趣味实验”仅仅是一个剪纸趣味活动。再比如，从表面上看“制作自动浇花器”（详见第四章案例 10），完全就是一个物理 STEAM 课程，但其中包含的生物学知识是非常必要的——制作自动浇花器必须要考虑植物的根系及其吸水作用，以及植物对水分的需求。如果是水生植物，则直接将植物置于水中生长即可，不需要自动浇花器。如果是旱生植物，也不是特别需要自动浇花器，只在出差、旅游之前给其浇些水即可。如果是湿生植物，自动浇花器则大有用武之地，但要求花盆托的深度要大，自动浇花器的进气口要高，以使花盆托中的水位高一些，使水尽量多地进入花盆底部的小孔，使土壤多浸水。而对于中生植物，由于不能忍受严重干旱和长期水涝，则要将自动浇花器的进气口高度降低，稍高于花盆底部土壤即可。这些生物学知识是这一课程必须要包含的内容。

二、多科目内容的综合是必要的

STEM 课程不是分科课程，而是一个综合课程，是多个自然科学科目的综合。在此基础上，STEAM 课程又综合了人文艺术课程。在基础教育的课程设置中，科学领域的科目包括物理、化学、生物学和地理；而地理既属于科学领域，也属于人文与社会领域，STEAM 课程的地理内容指的是自然地理（人文地理也在 STEAM 课程中，不过不属于科学，而属于人文艺术）。因此，从科目上来看，STEAM 课程中的科学内容包括物理、化学、生物学和自然地理等科目的内容。STEAM 课程中多个科目内容的整合并不是人为的，而是由于现实问题需要多个学科、多个科目的参与。基于单一学科的问题分析是片面的，难以揭示问题的根源，不能有效地解决问题。STEAM 课程中的科学内容包括多个科目的知识，即便是“生物学 STEAM 课程”亦是如此；若非这样，STEAM 课程就不是 STEAM 课程，而是学科课程了。STEAM 课程的多个（科学）学科内容是相互渗透、相互融合的，是难以分割开来的。例如，在“握不碎的鸡蛋”活动中，用手掌紧紧握住一个生鸡蛋，用尽全力也握不碎；究其原因，要从鸡蛋的结构、蛋壳的成分、手的作用力及蛋壳的受力面积等多个方面来讨论和分析，要综合运用生物学、化学、物理的知识来揭示其根本原因。

三、科学是回答“是什么”“为什么”的知识

科学是人类在探索自然世界，寻求真理和规律的过程中所获得的理论体系。科学能够回答“是什么”以及“为什么”的问题。STEAM 课程中的科学以科学事实、科学概念和科学原理的形式存在。

科学事实是关于自然界中客观存在的事件、现象和过程的真实描述或判断。例如，“人的生理盲点位于中央凹的鼻侧，无感光细胞”，这是客观事实。又比如，人有两只眼睛、两只手、两条腿，而猪、马、牛、羊有四条腿，这些都是通过观察获得的真实情况，是客观事实，是事实性知识。DNA 是双螺旋结构，多核苷酸链的两个螺旋围绕着一个共同的轴旋转，为右手螺旋……[1] 这些内容在 1950 年代是推断，现在已经被证实都是科学事实。

科学概念是反映自然界中各种物质、现象及其本质属性的思维形式，包括物理概念、化学概念、生物学概念、地理概念等。[2] 棉铃虫、凤蝶、菜粉蝶的口器都是虹吸式口器，这是科学事实。什么是虹吸式口器？这是概念性知识。动物学家对棉铃虫、二化螟、菜粉蝶等蛾类和蝶类的虹吸式口器进行解剖、观察和研究，在概括的基础上抽取其本质特征，形成了虹吸式口器的概念——“口器的大部分结构退化，仅下颚外颚节延长并左右合抱而成管状，且可在用时伸出，不用时盘曲成发条状的口器”[3]，这就是科学概念。

科学原理是带有普遍性的、最基本的、可以作为其他规律的基础的科学规律，是具有普遍意义的科学道理。[4] 广义的科学原理包括科学规律、定律、定理、模型等内容。科学原理能够解释“为什么”的问题。例如，

---

[1] 吴相钰，陈守良，葛明德．陈阅增普通生物学 [M].3 版．北京：高等教育出版社，2009：26.

[2] 李高峰．初中生物学前科学概念研究 [M]. 北京：北京师范大学出版社，2011：6.

[3] 武汉大学，南京大学，北京师范大学．普通动物学 [M]. 北京：人民教育出版社，1978：218.

[4] 中国社会科学院语言研究所词典编辑室．现代汉语词典 [M]. 增补本．北京：商务印书馆，2002：1548.

在一张硬纸片的一面贴上小鸟的简笔画，另一面贴上鸟笼的图案；在硬纸片左右两边的中间部位分别打上两个孔，穿上细绳（图 2-1）；两只手抓住绳子旋转纸片，使绳子拧上劲；最后拉紧绳子，纸片迅速旋转。此时，可以看到小鸟在笼子里，其根本原因在于视觉暂留（视觉停留）原理。物体反射的光线进入眼球，在视网膜上形成物像，信号经视神经传导到大脑皮层产生视觉。光的作用结束后，视觉并不会立即消失，前一个物像没有消失，后一个物像即刻产生，二者会相互叠加在一起。这种现象又称为余晖效应。我们看到的电影画面，实质上是一个个连续的画面快速放映而成的，也是运用了视觉暂留原理。

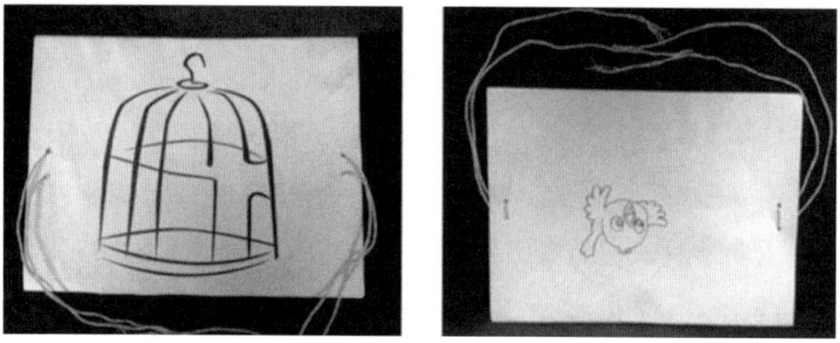

正面　　　　　　　　反面

图 2-1　小鸟入笼

第二节　技术学科内容

STEAM 课程中的 T 就是技术（Technology），同科学一样，技术也是学科学习的内容之一。科学和技术常常并列使用，是因为科学和技术之间相互促进，这也导致很多人常将科学和技术混为一谈。科学和技术是两个不同的领域，科学是解释客观存在、物体、事件的原理和原则。[1] 而技术从字面上来讲就是制造或手工精制的行为；从广义上而言，技术“指的是人

[1] 卡普拉罗 R M，卡普拉罗 M M，摩根 . 基于项目的 STEM 学习：一种整合科学、技术、工程和数学的学习方式 [M]. 王雪华，屈梅，译 . 上海：上海科技教育出版社，2016：100.

们用来拓展人类能力以及满足人类需要和欲望的过程和知识的多种多样的集合”[1]。

一、技术是器具、能力及其知识的集合

科学是对自然界本质的认识，而技术指的是人们如何改造自然界以满足自己的需要。具体而言，技术就是工具、机器、能力和伴随它们的知识的集合。[2] 以中老年人常见的眼病“白内障”为例来说明技术：由于技术的限制，也由于观念和传统习俗的限制，古代的医生不便对死去的病人尸体进行解剖，没能从本质上揭示白内障的病理，因此古代没有“白内障”的概念。随着解剖科学的发展，人类知道了眼的结构，并进一步明确白内障是由于眼睛内晶状体蛋白质变性而发生混浊，由透明变为不透明。造成的原因是多种多样的，遗传、眼睛营养障碍、免疫与代谢异常、外伤、中毒、辐射等都可能引发晶状体混浊。科学揭示了白内障的本质及其根源，但解决问题需要技术。20 世纪 50 年代，我国医学专家运用白内障囊内摘除术将混浊的白内障成分连同透明的囊膜一起摘除。[3] 虽说是一个无晶状体的眼睛，但至少有比较明亮的视觉。这种技术有很多不尽如人意之处，诸如手术切口很大，需要缝线，术后 5 天才能拆除结膜缝线，术后 10 天才能拆除角膜缝线，手术并发症多等。随着技术不断地改进、提高，先后出现了保留囊袋的白内障囊外摘除术、小切口白内障囊外摘除术、超声乳化白内障手术。[4] 直到现在的 3D 飞秒激光白内障手术——医生不再使用手术刀，而是利用飞秒激光进行精确切割，手术切口仅 1.8 mm，降低了眼内损伤；手术时间短，10 多分钟即可完成；手术完毕，无须住院，观察 1 小时，无不良状况即可回家。这些在很大程度上得益于技术产品、医

[1] 国际技术教育协会 . 美国国家技术教育标准：技术学习的内容 [M]. 黄军英，等译 . 北京：科学出版社，2003：2.

[2] 同 [1]：1-2.

[3] 王承烈，尚崇学 . 白内障囊内摘除术的新法 [J]. 云南医学杂志，1959（4）：53-56.

[4] 刘奕志 . 微切口超声乳化白内障手术的发展及现状 [J]. 中山大学学报（医学科学版），2010，31（6）：731-735.

生技术水平的发展和提高。

二、技术是关于“能做什么”“该怎么做”的知识和能力

技术与科学不同，科学是关于自然界“是什么”和“为什么”的知识。科学要服务和造福人类，必须要转化为相应的技术。技术是关于“能做什么”和“该怎么做”的知识和能力——不仅知道做什么、知道怎么做，而且要有做什么和怎么做的能力。科学的最终表现形态是理论，而技术的最终表现形态是具体实践。STEAM 课程中的技术，不能只告诉学生做什么和怎么做，还要让学生真正去做，将“知”和“行”结合起来。STEAM 课程中技术的本质就是“做科学”。例如，在“瓜果电池”的实验中，基于化学电池、锌锰电池、电解质、置换反应、金属活动性、细胞中的无机物、发光二极管等相关概念，学生掌握了瓜果电池的原理，明确了瓜果电池的制作方法，还必须要“做”瓜果电池。如果学生能够明确清晰地说出如何制作瓜果电池，那只能说明其有了制作瓜果电池的知识，但有可能只是纸上谈兵，还不能证明其掌握和运用了技术。STEAM 课程在技术上的要求是实践，必须要亲自制作某一种瓜果电池。理论和实践的分离，会导致很多学生能够正确地画出或说出瓜果电池的电路图、电流方向，但在实践中会暴露诸多技术的缺憾和不足。诸如，在瓜果中插的两根金属条都是铜条或都是锌条（正确的应该是插入一根铜条、一根锌条）；将铜条与电子表的负极相连（正确的应该是铜条与电子表的正极相连）；制作的瓜果电池不能正常工作；电子表不显示数字等。

三、STEAM 课程中的技术就是动手学习

STEAM 中的技术与社会中的技术并不完全一样。真正的技术是用来提高人的工作和生活水平的，而 STEAM 中的技术是为了开展技术教育和技术课程的，体现了学习的内容和学习的方法。简言之，STEAM 课程中的技术就是动手学习。STEAM 课程突出和强调学生亲身体验，除了看和听，更要动手实践。STEAM 中的技术使学生学习、练习了技术，并掌握和运用技术。例如，关于外出旅游一两周家里花卉的浇水问题，可

以通过从网上购买滴水浇花器（图 2-2）来解决。这种滴水浇花器的口径（28 ～ 30 mm）通用于我们日常生活中的矿泉水瓶、饮料瓶，而且价格不贵，仅十多元钱。将其拧上装有水的瓶子，然后倒立插入花盆的土壤中，通过旋转调节器调节滴水速度，一般 550 mL 的饮料瓶可滴水 3 ～ 7 天，2 L 的饮料瓶可滴 7 ～ 20 天。

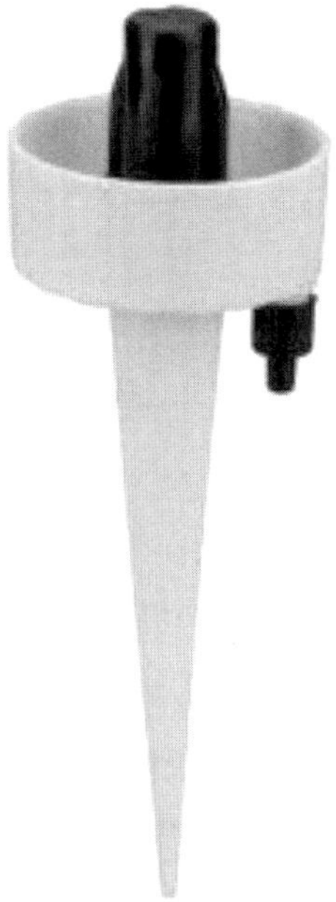

图 2-2　滴水浇花器

这样通过购买物品解决问题是一种生活策略，但不是 STEAM 教育。如果让学生设计、制作和生产这种滴水浇花器，要求过高、挑战过大，且受到设备和资金的限制，超出了学生的最近发展区。然而，让学生运用电烙铁、热熔塑胶枪、热熔塑胶棒等工具，将塑料瓶、软管等加工做成自动浇花器（图 2-3），这是可行的，是学生通过动手实践能够实现的。动手制作和应用自动浇花器的过程中渗透着对技术的学习、训练和运用。

图 2-3　自制的自动浇花器

第三节　工程学科内容

STEAM 课程中的 E 是工程（Engineering），指的是针对现实世界中的问题，应用科学、技术以及数学的概念和原理来系统地解决复杂问题。[1] 工程与科学互为补充，科学的目的在于利用证据来解释自然界和人类世界，工程的目的在于解决关系到人类需求和欲望的特定问题。[2] 工程和技术亦不同，技术是人所拥有的能够完成某一专门任务的设计、施工的知识和能力，而工程是人所进行的工作及其产品。

一、工程是基于项目的学习

基于项目的学习“是以学科的概念和原理为中心，以制作作品并将作品推销给客户为目的，在真实世界中借助多种资源开展探究活动，并在一定时间内解决一系列相互关联着的问题的一种新型的探究性学习模式”[3]。基于项目的学习中，要完成项目，即开发、创造特定的产品，满足人的特

[1] 卡普拉罗 R M，卡普拉罗 M M，摩根 . 基于项目的 STEM 学习：一种整合科学、技术、工程和数学的学习方式 [M]. 王雪华，屈梅，译 . 上海：上海科技教育出版社，2016：49.

[2] 布伦塞尔 . 在课堂中整合工程与科学 [M]. 周雅明，王慧慧，译 . 上海：上海科技教育出版社，2015：6.

[3] 刘景福，钟志贤 . 基于项目的学习（PBL）模式研究 [J]. 外国教育研究，2002，29（11）：18-22.

定需求。

（1）基于项目的学习内容是现实工作和生活中的需求问题，具有真实情境，不是虚拟的任务。问题的解决，真正能够满足人的需要。例如，通过课堂学习人们知道自己有生理盲点，如何让人感受到生理盲点，这是一个非常现实的问题。设计、制作生理盲点检测图，不仅可以检测和感受右眼的盲点，而且可以检测左眼。设计、制作生理盲点检测图的过程就是基于项目的学习。而学生运用生理盲点检测图、感受自己的生理盲点，只是一个实践活动，并不是基于项目的学习。与此类似，“观察胆汁的乳化作用”“评价自身的营养状况”“分析人体出生后发育的资料”，只是观察活动、评价活动和资料分析，不是严格意义上的基于项目的学习，也不是 STEAM 教育。

（2）基于项目的学习需要运用系统和完整的知识体系。现实的工作、生活中的问题基本上都要运用多个学科知识来解决，分科知识实际上是人为地将某一学科的知识抽取出来组合而成的一个门类的知识。然而，实际问题的发生往往涉及多个学科门类，问题的解决也需要多个学科知识的支撑。例如，制作瓜果电池就需要运用生物学、物理、化学等多个学科知识。但这并不是说基于项目的学习必须要有物理、化学、生物学等各个学科知识的综合，而要看问题的实际，不能人为地将多个学科知识强拉硬扯。例如，编结 DNA 分子双螺旋结构模型，除了生物学知识，还需要左手螺旋、右手螺旋、碱基比例、碱基对的距离、螺旋角度等物理、数学学科知识；模拟细菌的繁殖，除了生物学知识，还需要数学、计算机方面的知识。

（3）基于项目的学习具有较大的挑战性，但是通过合作、创新是可以克服和完成的。在完成项目的过程中，问题和困难会层出不穷，而且问题的解决和困难的克服，没有固定的路径，需要执行者运用多方面的知识通过探究尝试探寻问题的根源，并找到解决困难的方法。很多时候是“山重水复疑无路”，转换思路、尝试他法从而“柳暗花明又一村”。比如，按照网上资料制作完成的自动浇花器并不是那么“听话”，并不总是如人们所期望的那样从上管出水、从下管通气，是什么原因呢？这就需要“工程技术人员”自己去追根求源。怎么改进？需要“工程技术人员”自己去改进完善。即便是制作出了改进型的自动浇花器，有时也会出现状况，诸如不停地慢慢渗水，问题出在哪里呢？是瓶盖儿未拧紧，还是进气管没有密封好，抑或是管子太软？这些问题都有挑战性，如果这些现实的问题不解决，就会导致项目搁浅。

二、工程需要设计

完成一个项目并不仅仅是完成一项任务、做完一个工作。在完成任务和工作的过程中，需要基于科学和技术的设计。STEAM 课程中的工程是基于设计的科学、基于设计的学习。[1] 北师大版七年级下册生物学教材上有生理盲点检查图形（图 2-4）。但是，它存在一定的局限性：（1）其仅是用来检查右眼的；（2）其检查方法的文字步骤过多，不简洁；（3）其在教材中，不便于家庭成员、普通大众的使用。鉴于此，笔者基于生理盲点的知识，运用截屏、剪切、旋转等图画技术，设计出能够打印出来的生理盲点检查图形，适用于左、右眼的检测。开发能够检测左、右眼的生理盲点检测图是一个工程，设计在其中具有核心作用。

图 2-4　北师大版七年级下册生物学教材中的生理盲点检查图形 [2]

《普通高中生物学课程标准（2017 年版）》要求学生“制作 DNA 分子

[1] 卡普拉罗 R M，卡普拉罗 M M，摩根．基于项目的 STEM 学习：一种整合科学、技术、工程和数学的学习方式 [M]. 王雪华，屈梅，译．上海：上海科技教育出版社，2016：28.

[2] 刘恩山．义务教育教科书生物学：七年级下册 [M]. 北京：北京师范大学出版社，2012：89.

双螺旋结构模型”[1]。高中生物学教材按课程标准的要求设置了相应的探究实践活动，让学生运用曲别针、泡沫塑料、纸片、扭扭棒、牙签、橡皮泥、铁丝等材料制作 DNA 分子双螺旋结构模型（图 2-5）。有的教师、学生通过创新，用三根鞋带编结 DNA 分子双螺旋结构模型，其中最重要的是设计上的创新。若中学生物学教师和高中生仅在编结法的设计者、开发者的演示下编结 DNA 分子双螺旋结构模型，只能称作是一个实践活动。即便其是一项有一定难度的任务、一个不容易完成的工作，如果没有设计就不是一个工程，就不是 STEAM 活动。

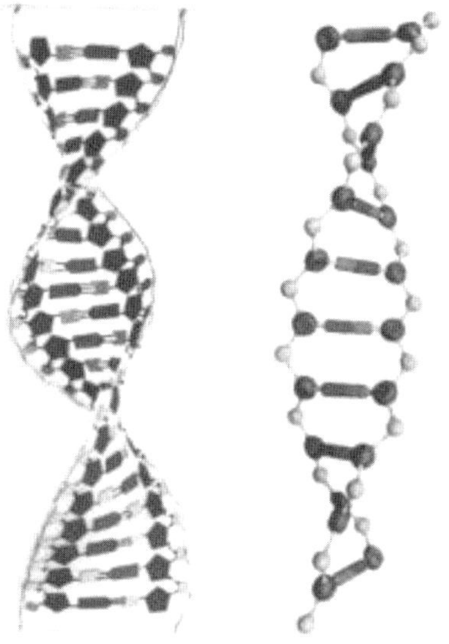

图 2-5　高中生物学教材中的模型制作举例[2]

三、工程要解决“做了什么”“有什么用”的问题

科学解决了“是什么”和“为什么”的问题，技术提供了为人服务的可能性，但在现实生活中真正能够服务于人、满足人的需要，则要实施工程——真正去做，完成产品，产生作用。STEAM 课程从现实世界中的

[1] 中华人民共和国教育部 . 普通高中生物学课程标准（2017 年版）[M]. 北京：人民教育出版社，2018：18.

[2] 人民教育出版社课程教材研究所生物课程教材研究开发中心 . 普通高中教科书　生物学　必修 2　遗传与进化 [M]. 北京：人民教育出版社，2019：51.

问题出发，到解决实际问题结束。工程的本质就是“做了”，而且“有用”。比如，运用土豆（或西瓜皮、南瓜）、铜条、锌条做成一个瓜果电池，连接电子表，则电子表开始工作，能够计时。再如，公道杯在半杯水时不漏水，然而水满则溢，虹吸原理能够揭示其秘密，但是透彻的讲解仍不能使大多数学生明确其结构和原理。这是非常现实的问题，如何解决？运用工具和技术将矿泉水瓶、吸管等制作成一个透明的公道杯模型，用其演示虹吸原理，非常形象、直观，一目了然。虽说公道杯模型这个产品不是真正的公道杯，但比真正的公道杯更具有演示价值，其教育意义更大。

第四节　人文学科内容

STEAM 课程中的 A 是 Arts 的首字母。将 Arts 理解成 Art，即音乐、绘画、文学等艺术 [1] 是狭隘的，不全面的。Arts 实际上等同于 Humanities，意指人文学科，包括自然科学之外的历史、语言、文学、音乐、美术等多个学科。[2]STEM 发展而成为 STEAM，意在主张科学与人文的融合。这与中国学生发展核心素养中的“文化基础”，包括“科学精神”与“人文底蕴”两大素养如出一辙——“人文底蕴主要是学生在学习、理解、运用人文领域知识和技能等方面所形成的基本能力、情感态度和价值取向。具体包括人文积淀、人文情怀和审美情趣等基本要点”[3]。笔者的团队在开发 STEAM 课程的过程中，特别注重人文教育，关注科学与人文融合。STEAM 课程中的人文学科包含音乐、美术、语言文字、历史、哲理、环境生态等方面。

---

[1] 艾迪生 · 维斯理 · 朗文出版公司辞典部 . 朗文当代高级英语辞典：英英 · 英汉双解（缩印本）[M]. 朱原，等译 . 北京：商务印书馆，2002：66.

[2] 同 [1]：67，746.

[3] 核心素养研究课题组 . 中国学生发展核心素养 [J]. 中国教育学刊，2016（10）：1-3.

一、音乐

基于班杜拉的社会学习理论，STEAM 课程的开发注重替代学习。课程的呈现不仅仅是文本形式，还要对实践活动进行拍摄，制作微课，让学生观察学习具体操作。根据微课内容的不同，在制作的过程中，配了与之相符的音乐。在音乐的选择上，多选用乐器演奏的轻音乐，诸如《爱的协奏曲》《悲伤的心》《蓝色珊瑚》《秋日私语》《仙境》，为了避免喧宾夺主，不选用诸如《命运》这样激烈、奔放的乐曲。不用声乐，是为了避免音乐中歌声对微课主题声产生干扰。即便是轻音乐，其音量（素材音量）只调到了原有音量的 40%（或以下），这样就能够使背景音乐真正起到衬托的作用，从而更好地渲染主题。所剪切的音乐片段与主题的长度一致，而且在开始使用“淡入”的效果，在结尾之处使用“淡出”的处理方式（图 2-6）。“淡入”使得音乐在开始的时候缓缓而来，不会使人感到突兀；“淡出”使音乐在最后慢慢弱下来，而不是戛然而止。音乐的艺术处理，使得音乐与微课融为一体，使科学、技术和工程之美更好地凸显出来。

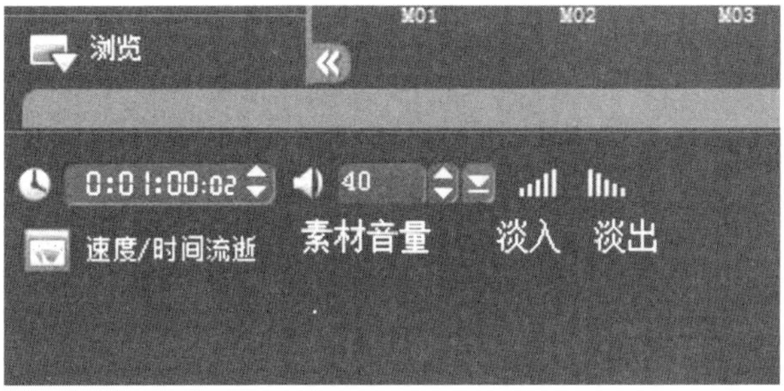

图 2-6　音乐素材的音量、“淡入”和“淡出”处理

二、美术

STEAM 课程中不仅渗透着音乐美，也处处体现着美术之美，诸如绘画、书法、摄影、模型等，都与可视性的艺术美感密切关联。在“花儿开在 T 恤上”的课程中，基于扩散原理和相似相溶的原理，通过运用色彩三原色调配出了丰富多彩的颜色，在白 T 恤上绘制出靓丽、活泼的图案（图 2-7），具有朦胧意境。设计者穿上自制的 T 恤，不仅新潮，而且不会与其他人“撞衫”，感到非常自豪。

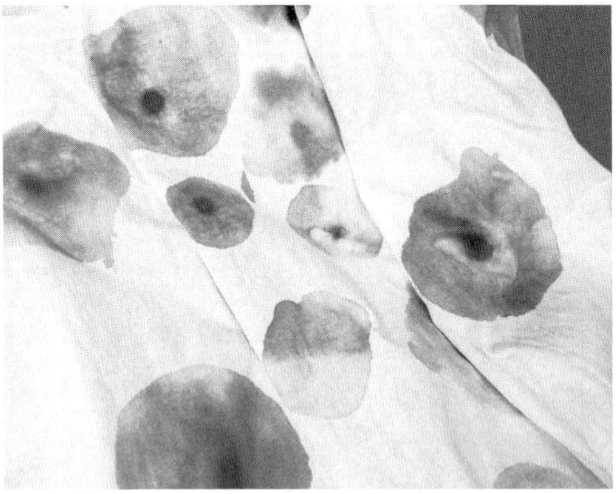

图 2-7 白 T 恤上绘制的图案

在“蛋壳上的艺术”课程中，要求“工程技术人员”（学生）要具有一定的绘画素养，不然绘不出优美的图案（图 2-8）。还有的“彩蛋”颇有创意，树叶的图案呈现在蛋壳之上（图 2-9）。

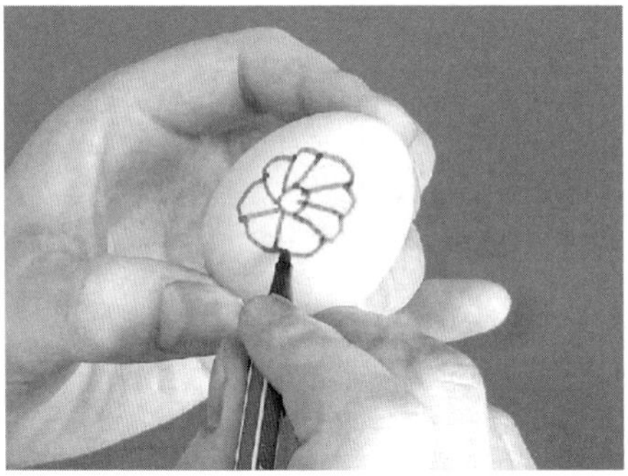

图 2-8 在蛋壳上绘画

图 2-9 蛋壳上的树叶图案

三、文字字体

书法是文字美的艺术表现形式。随着电子产品的普及，键盘录入、语音录入、拍照记录、录音等方式越来越方便、快捷，使得人们书写文字的机会越来越少，即便如此，提高学生硬笔书法水平仍有必要。书法不只是书法家和书法爱好者的“专利”，而应使所有学生都具有一定的书法艺术水准。STEAM 课程中也不乏书法内容。在“书写密信”的 STEAM 课程中，技术人员用毛笔蘸牛奶、大米粥、柠檬汁书写密信，在显形之前是一张白纸，经过处理之后，不仅传递了信息，而且展现了个人的书写能力——有人书写的文字苍劲有力，有的则需要多加练习。

除了书法，STEAM 课程中有不少产品都需要对文字的外在形式进行设计，体现艺术性、美观性和实用性。比如，设计者完成的“两眼生理盲点检测图”让人试用时，发现很多人常常用检测右眼盲点的图去检测左眼，而用检测左眼盲点的图去检测右眼，完全忽视了左右之分。鉴于此，设计人员将检测图名文字字体设置成黑体，且将上端的“右”字和下端的“左”字放大数倍，使其特别突出，这种对文字的艺术处理，大大地减少了将左、右盲点检测图用错的情况发生。在设计人的 11 号染色体片段时，在 Word 中录入了碱基序列之后，在其左侧用文字标明“人 11 号染色体”，但上下两行文字个数不一致，需要在下面一行敲入一个空格，这使得字距松散，字体偏大，很不协调（图 2-10 甲）。经过多种方式尝试，最后运用“画图”软件中的“文本”功能，录入了两行文字，调小了文字间距（图 2-10 乙），不仅非常整齐，而且很好地起到了标签和说明的作用。

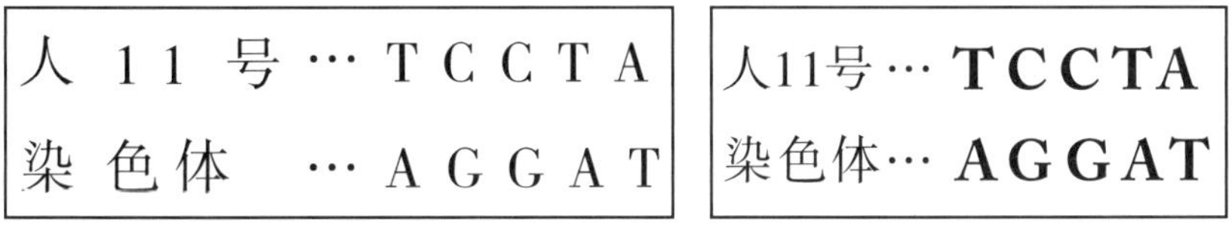

甲　　乙

图 2-10　人 11 号染色体的文字及其改进

四、语文

语文素养是人文素养的重要组成部分，其中包括识字能力、写字能力和阅读能力。在科学教育中，无论学生还是教师，注意力过多地集中在科学概念、原理、规律和实验操作能力、科学探究能力的提高上，忽视了科学知识的“文字”载体。在科学教育中，不仅要重视科学和技术教育，还要重视人文教育。

在生物学课程中不能忽略语言文字教育。过去的生物学教材中曾有一道课后练习题，题干是这样叙述的：“‘螟蛉有子，蜾蠃负之’（《诗经·小雅·小宛》)，这两种生物之间存在怎样的种间关系？”其中的“蜾蠃”的正确读音是 guǒ luǒ，但是在教材使用十多年后的教师培训中，当培训者正确地读出 guǒ luǒ 之后，仍有一些教师惊讶：“啊！我读了十多年的 guǒ yíng，现在才知道一直是错的。”教师的错误发音会影响其所教的全部学生，而且长达十年、数十年之久。究其原因，除了教师个人的语言素养有缺陷，教材对一些生僻字没有标注拼音，也是一个不可忽视的失误。

笔者在开发和撰写《中学生物学 STEAM 教育及案例》的过程中，特别注意汉语言文字的词语，尤其发音。例如，一些并不常见、易读错的生物的名称，诸如“电鲇”的鲇，读 nián（表 2-1）。又如，“壳”是一个多音字，对于词语“贝壳”“脑壳儿”“鸡蛋壳”中“壳”均读 ké，而对词语“地壳”“金蝉脱壳”“甲壳纲”中“壳”则读 qiào，所以对多音字标注拼音，不仅能避免师生读错，还有助于进一步提高师生的文字水平。师生的读音错误，会影响交流的质量，甚至会使一些错误很难更正。例如，很多人会在不经意间把分（fēn）子水平错读成“fèn 子水平”，把腺嘌（piào）呤（lìng）错读成“腺 piāo líng”。有的词语，人们在日常生活中耳熟能详，但是不会写。例如，擤（xǐng）鼻涕、薅（hāo）羊毛、拾掇（duō）房间、小偷把我的包剌（lá）开了。生物学 STEAM 课程中也有类似的词语，“舀（yǎo）水”的“舀”字，多数人会说却不会写。从某种意义上来说，生物学 STEAM 课程也要起到补充语文知识的一点作用。

表 2-1　容易读错的汉字及其拼音

词语	拼音	词语	拼音	词语	拼音
电鳗	mán	电鲇	nián	电鲶	nián
研钵	bō	研杵	chǔ	薄壳结构	ké
卵壳	ké	喙	huì	嘌呤	piào lìng

（注：下划线的字为容易读错的汉字。）

美国国家研究理事会（National Research Council，简称 NRC）在 2011 年发布的《K-12 科学教育的框架：实践、跨学科概念和核心概念》中的三个中心议题就是实践（practice）、跨学科概念（crossing concept）和核心概念（core idea），也称作大概念（big idea）；主张“需要把科学教育作为趋向于理解核心概念（“大概念”）的进程”[1]。核心概念是科学教育的核心，也是 STEAM 教育的核心；生物学 STEAM 课程也特别突出学科核心概念。学生要掌握和运用学科核心概念，除了核心概念的内涵、外延，还要正确掌握和运用核心概念的词语（术语）。在国际合作日趋活跃、国际交流日趋频繁的 21 世纪，更要求学生能够运用国际语言进行科学讨论和交流。因此，生物学 STEAM 课程不仅要关注中文词语，也要关注英语词语。例如，光年（light year）、瞳孔（pupil）、碱基（base）（表 2-2）在课程中都标注了英文，以使学生掌握核心概念的中英文词语。

表 2–2　核心概念及其英文翻译

核心概念	英文	核心概念	英文	核心概念	英文
光年	light year	瞳孔	pupil	碱基	base
细菌	bacteria	核膜	nuclear membrane	二分裂	binary fission
指数增长	exponential growth	化学电池	chemical cell	无机盐	inorganic salt

五、历史

科学的本质是科学探究，在探究的过程中，科学探索者提出问题，做出假设，实施科学实验，进而得出结论。科学并不是永恒不变的真理，而是处在不断修正、改进和完善过程中。在科学教育中，不能只让学生学习最终的科学原理、规律、定理和定律，还要在科学教育中渗透科学史，使学生明确科学家当初提出了什么样的问题，是怎么提出的，遇到的问题是什么，实验的方法有哪些，如何论证的，得出了什么样的结论，所得结论具有什么样的局限性，抑或是得出了错误概念。

在科学教育中融合科学史，能够帮助学生发展情感、态度与价值观，诸如了解科学家对科学的执着追求，在困境中的坚韧不拔，面对危险的镇

[1] 哈伦 . 以大概念理念进行科学教育 [M]. 韦钰，译 . 北京：科学普及出版社，2016：前言 .

定自若等故事。科学史教育有助于学生掌握科学探究的方法，认识科学的本质，而不只是迷信科学。例如，20 世纪 50 年代之前，很多权威人士都认为生物的遗传物质是蛋白质，这种错误的认识，给当今学生的启示就是：不要总是迷信权威，要有批判精神。正是因为很多科学家不盲从，不断地提出假设，去伪存真，才一步一步地认识到遗传物质的本质。早在 20 世纪 20 年代，英国科学家格里菲思（F. Griffith）在肺炎双球菌的转化实验中，将无毒性的 R 型活细菌与加热后杀死的有毒性的 S 型细菌混合后注射到小鼠体内，结果小鼠死亡，而且死亡的小鼠体内有 S 型活细菌。格里菲思观察到了遗传转化现象，但是他没能够认识到遗传物质的传递。基于格里菲思的研究，美国科学家艾弗里（O. Avery）进一步证明，将无毒的 R 型活细菌转化为有毒的 S 型细菌的物质是 DNA。但是，仍有很多科学家认为，起转化作用的是 DNA 中的少量污染物。1952 年，赫尔希（A. D. Hershey）和蔡斯（M. C. Chase）用 ^{35}S 标记 A 组噬菌体的蛋白质，用 ^{32}P 标记 B 组噬菌体的 DNA，分别去感染细菌，以此对照实验，用充分的证据证明了 DNA 是遗传物质。但是，“DNA 分子的结构”对于人们而言仍然是一个“黑箱子”。富兰克林（R. E. Franklin）运用 X 射线衍射的方法，通过研究衍射图像，推测 DNA 是以脱氧核苷酸为单位连接而成的长链，有点儿扁平，在分子长轴上垂直地伸展出去，具有刚性结构。DNA 的结构初露端倪，但仍然是一个谜。1951 年，沃森（J. D.Watson）遇到了克里克（F. Crick），两人性格迥异——沃森独立、文静且内向，克里克喜欢大声谈话、纵情欢笑，性格外向，但是他们二人相互补充、相互批评、取长补短，相互激发灵感。他们利用富兰克林的 X 射线结晶学数据，潜心研究，多次提出假设、建立模型，进行推测和验证，终于建构了 DNA 分子双螺旋结构模型，并在 1953 年将研究成果发表在英国《自然》（*Nature*）杂志上。沃森 - 克里克的 DNA 分子结构模型是一个伟大的创举，但其论据并不是特别充分。他们积极吸取其他科学家的研究，不断修正和完善，终于在 10 年之后，沃森、克里克和威尔金斯因这一研究成果而共同获得了诺贝尔生理学或医学奖。[1]

在 STEAM 教育中渗透科学史教育，有助于学生认识科学的本质，从本源上认识到科学并不是永恒的真理，随着时间的推移、新技术的发明、新理论的发展，科学也在不断发展，不断趋于完善。科学的发展，需要科学家具有敏锐的发现能力，顽强的斗志，不折不挠的精神。在科学研究中，不能仅靠一己之力，要具有合作精神，而且要能够实事求是，揭示前人或合作者的不足，也能够接受他人的质疑，在质疑中发现自己的不足，从而寻找证据，严谨推理，科学论证。科学史教育是科学教育中的必要成分，科学发展的历史就是一部科学探究的历史。缺失科学史内容的科学教育，犹如一个人忘记了自己的过去，不知道自己是如何一步一步走到现在的。

STEAM 课程中不仅渗透和综合了科学史，而且也渗透了社会史。例如，在“奇特的眼睛”课程中，就渗透了美国哈勃太空望远镜（Hubble Space Telescope）的历史事件。在学习“跳眼法”时，要向学生介绍我国历史上的战争中，军人是如何用眼睛测量远处目标与自己的距离的。“制作再生纸”突出我国的四大发明，特别是蔡伦在发明造纸术的过程中所表现出来的聪明才智。在“纸的趣味实验”课程中，有一个科学实践活动就是历史事件的再现——制作莫比乌斯环。莫比乌斯（Mobius）是德国数学家，他把一张纸条的一端扭转 180°，与另一端黏合，所形成的纸环只有一个面（而不是两个面）。通过实践，学生对古代的科学家肃然起敬。在“转基因”的模拟实践中，课程一定会提到（当代）科学史内容——美国科学家于 1978 年将人的胰岛素基因转入大肠杆菌 DNA 中，通过大肠杆菌的繁殖，生产出人的胰岛素这个案例。“大肠杆菌居然能够产生人的胰岛素”，这不由得让人们对科学家的发散思维佩服得五体投地。

---

[1] 玛格纳 . 生命科学史 [M]. 李难，崔极谦，王水平，译 . 天津：百花文艺出版社，2002：630-641.

六、哲理

哲理是“关于宇宙和人生的原理”[1]。哲学是“关于世界观的学说，是自然知识和社会知识的概括和总结”[2]。之所以用“哲理”一词而没有用“哲学”，是因为哲学范畴太大了。生物学 STEAM 课程中渗透了一些哲学原理，没有做过深的探讨。例如，在导入“奇特的眼睛”时，用了荀子《劝学》中揭示人的本性的一句话：“君子生非异也，善假于物也”——君子的资质和秉性与一般人没有本质的差别，只不过君子善于利用和发挥其他物体的作用而已。尤其是科学迅猛发展的今天，个体在工作、生活和学习中，只有恰当、合理地借助于媒介、工具，才能做到常人所不能及之事。例如，科学家利用细菌、限制性核酸内切酶、DNA 连接酶等，生产出了人的胰岛素。

生物学 STEAM 课程中的哲理，不仅通过直接表述的方式呈现出来，也常常隐含在课程和教学中。在“细菌繁殖的速度”课程中有这样两个例子，连续对折一张纸 42 次，纸的厚度约等于地球到达月球的距离。在第 1 个玻璃杯中放 1 粒大豆，第 2 个玻璃杯中放 2 粒大豆，第 3 个玻璃杯中放 4 粒大豆，第 4 个玻璃杯中放 8 粒大豆……后面每个玻璃杯中的大豆粒数均是前面的 2 倍，则第 30 个玻璃杯中的大豆的数量会有 536 870 912 粒，质量可达 110 吨之多。其中的哲理，古人从社会生活中早有心得：“一人传十,十人传百,百人传千,千人传万，……”科学中的指数增长所言的哲理，用成语表述就是“一传十,十传百”。从这里也可以发现，科学原理和哲学道理是相通相融的。一张 A4 纸极易被撕碎，但将其裁成 4 张纸条，再将纸条卷成 4 个坚实的圆柱体作为桌腿搭成一张桌子，居然能够撑起 50 本书的重量，真是应验了谚语“麻线系骆驼，立木顶千斤”的道理。从字面上来看，此谚语讲的是“麻线能拴住大骆驼，立木能顶住千斤重”，深层意思指的是能工巧匠的手艺之高令人钦佩。

---

[1] 中国社会科学院语言研究所词典编辑室 . 现代汉语词典 [M]. 增补本 . 北京：商务印书馆，2002：1594.

[2] 同［1］.

在“模拟昆虫的虹吸式口器”课程中，学生要探究公道杯的内部结构和科学原理——虹吸原理，给人的启示是：凡事要适度，不可过贪，否则将一无所有。所言之哲理正是过犹不及——“事情做得过了头，就跟做得不够是一样的，都是不合适的”[1]。

第五节　数学学科内容

STEAM 课程中的 M 是 Maths（Mathematics），即数学的首字母。中学生物学 STEAM 课程与数学的综合，借鉴了美国高中教材《科学发现者：生物·生命的动力》（*Biology*：*The Dynamics of Life*）。因此，笔者在此所言的“课程”，既指生物学 STEAM 课程，也指《科学发现者：生物·生命的动力》。课程之所以注重与数学的综合，是因为“数学为科学和技术提供了一种精确的语言，用来描述物体和事件，表示变量之间的关系的特性，以及进行逻辑推理”[2]。而且，学生的“科学素养包括数学、技术、自然科学和社会科学等许多方面”[3]，科学教育包括“传授科学、数学和技术”[4]。

一、综合的内容

与数学综合的内容贯穿课程的始终，不仅有生物学事实、生物学概念、生物学原理，还包括生物学实验、课后题。

1. 生物学事实

生物学事实是通过观察、实验等科学实践活动而获得的直接描述客观事物的一类知识，是人们对客观存在的事物形态、属性、变化和相互关系

[1] 商务印书馆辞书研究中心 . 新华成语大词典 [M]. 北京：商务印书馆，2013：562.

[2] 美国科学促进协会 . 科学素养的基准 [M]. 中国科学技术协会，译 . 北京：科学普及出版社，2001：23.

[3] 美国科学促进协会 . 面向全体美国人的科学 [M]. 中国科学技术协会，译 . 北京：科学普及出版社，2001：XXII.

[4] 同 [2]：XIX.

的一种感知和反映。[1] 课程中的许多生物学事实要通过数据来表达和叙述。如课程在讨论“为什么每一个人都是如此独特”时说到，“人类的染色体有 23 对（$n=23$），一个人可能产生的精子或卵就有八百多万种（2^{23}），受精后可能产生的合子竟会有 7 亿亿（$2^{23}\times 2^{23}$）多种”[2]。又如有关鸟类的体型范围的数据，“最大：鸵鸟，高 2.4 m，重 156 kg。最小：蜂鸟，长 57 mm，重 1.5 g”[3]。

2. 生物学概念

“数学是科学的主要术语。在准确表达科学概念时，数学符号具有极高的价值。”[4] 如“种群增长的‘J’型曲线”和“种群增长的‘S’型曲线”，所用的就是数学术语，表达的是生物学概念。除了术语，课程在定义一些生物学概念时，还得运用数学词语，如“出生率是指某年每 1 000 人对应的出生人数。死亡率是指某年每 1 000 人对应的死亡人数”[5]。其他如“人口倍增时间”“多样性指数”“身高质量指数（BMI)”等，既是生物学概念，也是数学概念。

3. 生物学原理

生物学原理除直接以“原理”称谓之外，还以“定律”“法则”和“规律”的形式出现。课程常用一串符号组成表达式来表达某些生物学原理。如哈迪－韦恩博定律用 $p^2+2pq+q^2=1$ 这个等式来确定种群中各个基因型的频率：显性纯合子（p^2）、杂合子（$2pq$）和隐性纯合子（q^2）[6]。孟德尔遗传定律、染色体基因定位等，都要借助于数学符号来表达。

[1] 余自强 . 生物课程论 [M]. 北京：教育科学出版社，2006：101.
[2] 比格斯，等 . 科学发现者：生物　生命的动力：中册 [M]. 曾立，等译 . 杭州：浙江教育出版社，2008：494.
[3] 比格斯，等 . 科学发现者：生物　生命的动力：下册 [M]. 廖苏梅，傅磊，等译 . 杭州：浙江教育出版社，2008：911.
[4] 美国科学促进协会 . 面向全体美国人的科学 [M]. 中国科学技术协会，译 . 北京：科学普及出版社，2001：15.
[5] 比格斯，等 . 科学发现者：生物　生命的动力：上册 [M]. 廖苏梅，等译 . 杭州：浙江教育出版社，2008：127.
[6] 同 [2]：640.

4. 生物学实验

实验是生物学不可或缺的一部分。无论是生物学课程还是生物学 STEAM 课程，都有大量的生物学实验，这些实验基本上都与数学具有直接的关系。其中的很多实验有现成的空白数据表，要求学生把结果填在其中，如“研究光合作用的影响因素”“自然选择与等位基因频率”等。还有很多实验要求学生设计表格来记录实验数据，如“细菌对不同抗生素的敏感度”“疲劳是否会影响比赛成绩”等。有些生物学实验本身就是一个数学体验活动，从其名称便可知晓，如“确定一片叶的气孔数目”“测定岩石的年龄”“药物对水蚤心率的影响”“测量呼吸速率”等。[1]

5. 课后题

课后题是课程与数学综合的重点。有大量的题目是在训练学生从图表获取信息的能力，比如根据图表，回答问题。有的题目是为了让学生理解要点，比如：“如果一个性状是伴性性状，那么男性把 X 连锁等位基因传给女儿的机会是（　　）。A.100%；B.50%；C.0；D.20%。”[2] 还有的题目旨在让学生观察与推断，比如“一个家庭中有 6 个女孩但没有男孩是可能的，但一所普通学校中有 500 个女孩而没有男孩却不太可能。说说这是为什么”[3]。

二、综合的形式

综合的内容是本质，综合的形式是框架，内容要依赖于形式而存在。课程与数学综合的形式有数据、表格、图示、公式和模型等 5 种。

1. 数据

课程的正文中有许多数据，都是生物学基本事实，如“孟德尔的双因子杂交实验”，不同表现型的 F2 植株有一定的比例——“圆形黄色：

---

[1] 李高峰 . 中学生物学课程标准与教材研究［M］. 西安：陕西师范大学出版总社有限公司，2012：151.

[2] 比格斯，等 . 科学发现者：生物　生命的动力：中册 [M]. 曾立，等译 . 杭州：浙江教育出版社，2008：558.

[3] 同 [2]：502.

圆形绿色：皱缩黄色：皱缩绿色＝9∶3∶3∶1”[1]。在正文之外，课程还列出了许多重要数据，如“在 10 000 m^2 的森林中的能量值：生产者 101 031 000 kJ，植食动物 10 563 000 kJ，肉食动物 987 000 kJ”[2]。

2. 表格

表格有助于整理数据，能更直观地说明问题。如吸入的气体中，氮气占 78.00%、氧气占 21.00%、二氧化碳占 0.03%、其他气体占 0.97%；呼出的气体中，氮气占 78.00%、氧气占 16.54%、二氧化碳占 4.49%、其他气体占 0.97%，将这些数据用表格（表 2-3）呈现，会更清晰、直观。其他数据表如“各个季节的种群数据”“1950—2050 年世界人口总数”“DNA 样本中每种碱基的百分数”，所列数据均一目了然。[3]

表 2–3　吸入和呼出的气体组成比较 [4]

气体	吸入的气体	呼出的气体
氮气	78.00%	78.00%
氧气	21.00%	16.54%
二氧化碳	0.03%	4.49%
其他气体	0.97%	0.97%

3. 图示

课程在将一系列数据整理之后，用图表的形式表示出来，图表即表示变量之间关系的图示。课程与数学综合的图示有以下 6 种：（1）直方图，如“不同温度下生长的菌落数量”“鸟类和哺乳类的物种灭绝量”“美国的癌症发病率（2000 年）”。（2）曲线图，如“温度对两种酶的反应速度的影响”“运动时血液中胰岛素和胰高血糖素水平”。（3）折线图，如“雏鸟

[1] 比格斯，等 . 科学发现者：生物　生命的动力：中册 [M]. 曾立，等译 . 杭州：浙江教育出版社，2008：483.

[2] 比格斯，等 . 科学发现者：生物　生命的动力：上册 [M]. 廖苏梅，等译 . 杭州：浙江教育出版社，2008：160.

[3] 李高峰 . 中学生物学课程标准与教材研究［M］. 西安：陕西师范大学出版总社有限公司，2012：152.

[4] 比格斯，等 . 科学发现者：生物　生命的动力：下册 [M]. 蓼苏梅，傅磊，等译 . 杭州：浙江教育出版社，2008：999.

大小与鸟蛋数量的关系”“脊髓灰质炎在美国的发病人数”。（4）条形图，如“不同国家人口增长的年龄结构比较”“某放射性同位素的衰变速度”。（5）扇形图，如“组成人体细胞的主要的元素”。（6）散点图，如“温度对种子萌发的影响”。[1]

4. 公式

数学为科学提供了有力的用于分析数据的工具，课程中的很多概念、定理就是用“公式”这一工具来计算、分析和表述的。例如，多样性指数是用数学方法表示生物多样性和群落内物种分布的指标；计算城市的一个社区的人行道树的多样性指数，所用公式为：多样性指数=（物种的数量 × 集合的数量）/ 树的总棵数。[2] 又如，BMI 值是身高质量指数，是衡量是否肥胖和标准体重的重要指标。BMI 值范围：18.5 ～ 24.9 属正常，25 ～ 29.9 属超重，≥ 30 属肥胖。计算某人身体质量指数用如下公式：BMI =体重（kg）/[身高（m）]^2。[3]

5. 模型

模型是与真实物体、单一事件或一类事件对应的而且具有解释力的试探性体系或结构。[4] 课程中的数学模型非常具有代表性，例如用豆子模拟动物种群，通过标记重捕的方法来确定动物种群大小的模型即为数学模型：豆子总数$=\dfrac{M\times(CwM+Cw/oM)}{CwM}$，其中，$M$ =做过标记的豆子数量，CwM =取出的豆子中做过标记的豆子的平均数，Cw/oM =取出的豆子中未做标记的豆子的平均数。[5] 课程中的物理模型也是生物学与数学综合的一种形式，如“能量金字塔”（图 2-11）——物理模型中的思想模型——

[1] 李高峰 . 中学生物学课程标准与教材研究［M］. 西安：陕西师范大学出版总社有限公司，2012：152.

[2] 比格斯，等 . 科学发现者：生物　生命的动力：上册 [M]. 廖苏梅，等译 . 杭州：浙江教育出版社，2008：138.

[3] 比格斯，等 . 科学发现者：生物　生命的动力：下册 [M]. 寥苏梅，傅磊，等译 . 杭州：浙江教育出版社，2008：954.

[4] National Research Council. National science education standards[M].Washington，DC：National Academy Press，1995：117.

[5] 同 [2]：131.

是事物在人们思想中的理想化反映，是物质模型在思维中的引申[1]：能量金字塔的每一层都代表每个营养级最多能获得的能量，每升高一层，会有将近 10% 的能量输入下一营养级中[2]。

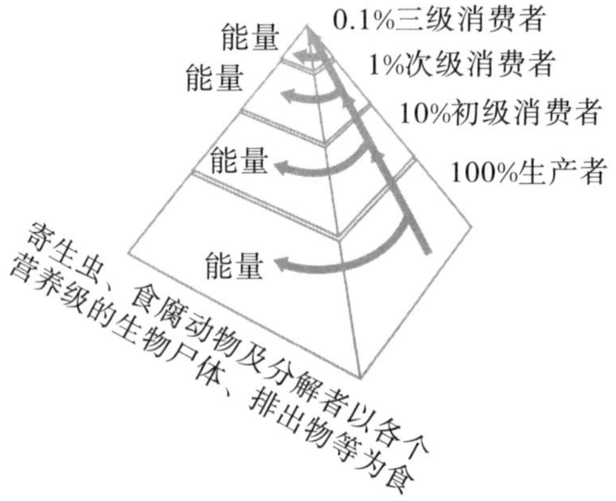

图 2-11　能量金字塔

三、综合的特点

课程打破了以学科为中心的课程体系，淡化了原有的学科界线，与数学等学科相互渗透、相互交融，共同致力于提高学生的科学素养。课程与数学的综合有如下 3 个特点。

1. 综合运用

“学习科学是种能动的过程”[3]，“实际去做才能做好”[4]。课程与数学的综合运用“是学生们要亲自动手做而不是要别人做给他们看的事情”[5]。课程在让学生“听”“看”的基础上，非常突出学生“做”——完成数据表、交流数据、解释数据、绘制与运用图表、从图表中获得信息并计算，这些

[1] 余自强 . 生物课程论 [M]. 北京：教育科学出版社，2006：106.

[2] 比格斯，等 . 科学发现者：生物　生命的动力：上册 [M]. 廖苏梅，等译 . 杭州：浙江教育出版社，2008：78.

[3]（美国）国家研究理事会 . 美国国家科学教育标准 [M]. 戢守志，金庆和，梁静敏，等译 . 北京：科学技术文献出版社，1999：26.

[4] 美国科学促进协会 . 面向全体美国人的科学 [M]. 中国科学技术协会，译 . 北京：科学普及出版社，2001：171.

[5] 同［3］.

都是学生在运用数学工具的基础上解决生物学问题。

2. 显性化

课程与数学的综合既有隐性的，也有显性的。其中，显性的综合是其重要的特点，主要表现在以下几个方面。（1）“与数学的综合”栏目，如“计算比例”“数学与演化”。（2）“交流数据”栏目，在生物实验中，通常会设置一个“交流数据”的栏目——“访问网页 bdol.glencoe.com/internet_lab[1]，然后上传你收集到的实验数据；也可以使用其他同学的数据，来回答本实验中提出的问题”[2]。（3）“重要数据”栏目，如“原生生物”“碳的同位素”“每 1 个葡萄糖分子产生的 ATP”的重要数据。（4）数学主题，正文中有一些内容就是数学主题，如“国际单位制”。（5）技能手册，课程在最后的“技能手册”中汇总了学生需要训练和掌握的数学技能——使用国际单位制、温度的换算、计算放大倍数、计算视野、绘制与运用表格、绘制与运用图表。

3. 必要性

课程与其他学科综合的原则是“不应勉强寻找课程联系”[3]，其与数学综合的每一处都是非常必要的。课程与数学综合的内容如果“去数学化”之后，就会变成“惰性”知识——一种支离破碎的知识。与数学综合之后，就会成为具有良好结构的知识——“活性”知识。例如：孟德尔遗传定律如果缺少了数学的支撑，将不具有意义；“生态系统的物质循环和能量流动”“种群增长的原理”“减数分裂”等章节，都是生物学与数学的“无缝链接”，难分彼此。

STEAM 课程包含着科学学科、技术学科、工程学科、人文学科和数学学科的内容，几个学科的内容是融合在一起、不能分割开来的。我们在讨论的时候可以将其分开，但在 STEAM 课程和教学中是不能也不可能分

---

[1] 教材提供的网址，现已失效 .

[2] 比格斯，等 . 科学发现者：生物　生命的动力：中册［M］曾立，等译 . 杭州：浙江教育出版社，2008：153.

[3] 美国科学促进协会 . 科学教育改革的蓝本 [M]. 中国科学技术协会，译 . 北京：科学普及出版社，2001：146.

割开的。即便是分科的物理、化学、生物学课程和教学，也特别要“注意学科间的联系”[1]。以生物学为例，因其与物理、化学、自然、地理等学科在内容、原理和方法上密切联系，决定了生物学和其他自然科学的内在联系。《普通高中生物学课程标准（2017 年版）》不仅要求生物学和数学、技术、工程学、信息科学相互渗透、共同发展，还注重加强与人文社会学科的横向联系。STEAM 教育特别重视“跨学科实践”的主题，通过制作模型、栽培植物、饲养动物、制作发酵食品等跨学科实践活动，使学生理解科学、技术、工程学、数学等学科之间的相互关系，能够运用知识和方法，解决现实问题，更好地提升综合素养。

[1] 中华人民共和国教育部 . 普通高中生物学课程标准（2017 年版）[M]. 北京：人民教育出版社，2018：60.

第三章

STEAM课程的体例

中学生物学STEAM课程是按下面的体例呈现的。第一是创设情境，所创设的情境一般都与社会生活密切相关，旨在吸引学生的注意，使其有身临其境之感，同时引出真实的问题。第二是相关概念和原理，这些知识都是活动中要运用到的科学概念和科学原理。第三是活动目标，是学生在活动中特别是活动之后能够做什么的具体表述。第四是材料器具，包括活动所要用的材料、器械、用具，一些是实验室中的仪器设备，还有一些是生活中常用的物品。第五是探究与实践活动，若在探究与实践中发现了新问题，便可开始新一轮的探究与实践。

第一节 情境的创设

情境也称为情景，指具体场合的情形、景象。[1] 有效的教学活动必须要基于情境，要“运用具体生动的场景激起学生主动学习的兴趣，以提高学习效率”[2]。所有的生物学 STEAM 课程都是从具体的情境开始的；情境是 STEAM 活动的铺垫，是催化剂。创设了情境，才能自然地引出探究的问题，才能够更大限度地激发学生的兴趣。有了情境，才使得 STEAM 课程“有血有肉”，使得课程活动充满趣味，进而使学生产生兴趣、主动学习、积极思考，具有正向的情感体验。

一、情境的类型

中学生物学 STEAM 课程所创设的情境大致有以下七种：新奇的问题、社会事件、科学假设、科学事实、科学史实、趣味魔术和小故事。

1. 新奇的问题

科学探究一般都是从问题开始的，好问题的重要属性就是“新”和“奇”。在学生预期之外的新奇问题就是 STEAM 课程的一种情境。例如，课程“奇特的眼睛”（详见第四章案例 1）的情境就是一系列的问题——每个人的眼睛都有瞳孔，但是你观察过自己的瞳孔吗？你不是盲人，但你的眼睛有盲点，你知道吗？用眼睛、胳膊和手指能测量远处物体与自己的

---

[1] 中国社会科学院语言研究所词典编辑室 . 现代汉语词典 [M]. 增补本 . 北京：商务印书馆，2002：1035.

[2] 顾明远 . 教育大辞典：增订合编本：下 [M]. 上海：上海教育出版社，1998：1229.

距离吗？眼睛有主视眼吗？

新奇的问题对学生的学习具有启发的作用。新奇的问题很多，需要课程建设者进行筛选、开发和利用。诸如，1996 年诞生于英国的绵羊多莉，为什么有三个妈妈，却没有爸爸？ 1978 年之前，糖尿病患者为什么要注射猪的胰岛素？现在的糖尿病患者注射的人胰岛素为什么是由大肠杆菌产生的？

人们常说眼见为实，但在现实生活中也常常眼见不为实。“眼见不为实”的课程所创设的情境就是新奇的问题。一个女孩网购了一件蓝色和黑色横条纹相间的裙子，她穿上条纹裙子拍了张照片，发布在社交软件展示，得到了很多朋友点赞。但众多点赞的朋友对裙子的颜色有极大的分歧——有的人说裙子的颜色是蓝色和黑色相间的，有的人却说是蓝色和棕色相间的，还有的人居然说是白色和金色相间的。同一条裙子（照片），人们看到的颜色怎么不一样呢？这个情境就为学生探究视锥细胞和视杆细胞的感光特点埋下了伏笔。

2. 社会事件

人文社科与社会具有密切的联系，自然科学亦不能脱离社会。物理、化学、生物学的学习都要基于社会情境，要在社会生活的背景中进行教学，通过学习所获得的知识和技能也要反过来应用于社会生活中。简言之，要将科学置于社会的真实情境中进行教学。将社会上发生的事件作为生物学 STEAM 课程的情境，体现了人文社科与自然科学的融合。从表面上来看，“师范生免费教育”和“制作 DNA 分子双螺旋结构模型”是风马牛不相及的事情，但前者却是后者的情境——陕西师范大学招收的生物科学专业公费师范生都是高考成绩较为优异的学生，但这些学生很少在高中阶段制作过 DNA 分子双螺旋结构模型，由此引出了制作 DNA 分子双螺旋结构模型的重要性、必要性和紧迫性。

古今中外的社会事件都可以成为 STEAM 课程的情境。过去发生的社会事件，同样能够为学生的科学探究、科学实践活动提供背景，激发学生兴趣。例如，英国国王爱德华七世 1901 年至 1910 年在位。其在当王储之时就吸烟，而且有晚饭后立即吸烟的不良习惯，更为严重的是，平均每天要吸 12 支雪茄和 20 支纸烟。结果，他年纪轻轻就患了严重的支气管炎，并对医生的劝告置之不理，患病后仍然嗜烟如命。由于常年大量吸烟，他的肺病无法医治，加上支气管炎，使他呼吸困难。医生对此也束手无策，为了减轻他的痛苦，只好给他注射止痛的吗啡。这天夜里，他便离开了人世。由此历史事件引出了“肺通气模型与吸烟”的 STEAM 课程。

3. 科学假设

科学探究的过程源于科学问题，面对科学问题，科学研究人员常常会做出假设。假设是对科学问题的尝试性回答。科学假设可能被证实，也可能被证伪。但无论最后是真是伪，并不影响科学假设的价值。科学假设的价值体现在其是基于科学概念、科学原理、个体经验提出来的，是推理的结果。课程“细菌繁殖的速度”的情境就是一个科学假设——如果将一张 A4 纸对折 42 次，那么这张纸的厚度将超过地球到月球的距离。果真如此吗？这个科学假设是这样推理出来的：一张 A4 纸的厚度约为 0.010 6 cm，对折 42 次，其层数是 4 398 046 511 104，厚度是 466 192.9 km，而地球到月球的平均距离仅 384 401 km。教师基于这一科学假设，顺势指出，细菌在理想状况下的繁殖速度犹如对折一张 A4 纸那么快，由此引出课题。

4. 科学事实

科学事实是经过对经验事实的科学整理和鉴定后获得的，关于客观存在的事件、现象和过程的真实描述或判断。科学事实是科学事情的真实情况。有很多科学事实，具有趣味性、新颖性、启发性，有的科学事实令人耳目一新，有的还会令人瞠目结舌，这些科学事实都是科学教育的极佳情境。例如，电鳗能够发出强烈的电流，把人击昏。电鲶亦可放出 200 V 至 450 V 的高压电，用于自卫、捕食。通过动物带电的科学事实，引入将瓜果蔬菜做成瓜果电池的课程内容（STEAM 课程“瓜果电池”的情境）。可以作为情境的科学事实比比皆是。例如，北半球一棵树冠高大的树木，通常南边的枝叶更繁茂，北边的枝叶较少；南面的树皮比较光滑，北面的树皮比较粗糙；树干的横截面东西稍长、南北稍短，而且南面的长势好、呈圆形，北面的长势稍差、比较平；树南面的草生长得比较茂密，北面的草长势要差一些，而且树的北面较之南面要潮湿一些。这是 STEAM 课程“辨别方向”的情境。

5. 科学史实

科学研究的道路并不是一帆风顺的，有成功也有失败。有的研究可能硕果累累，也可能一无所获；可能发现了真理，也可能得到的是一个错误的结论。科学发展的过程非常曲折，科学家的探究历程非常艰辛。所以说，科学发展的历史就是一部科学探究史。科学教育的目的不只在于让学生学习科学概念、科学规律和科学原理，还要学习科学探究的方法，学习科学家的优良品质和执着精神。科学史教育能够使学生沿着科学家探索自然界的道路，披荆斩棘、勇往直前。科学史教育有助于学生理解科学的本质，深刻认识到科学处在不断修正、发展和完善之中。例如，课程“制作再生纸”的情境就引入了蔡伦发明造纸术的历史事实。在造纸术发明之前，人们用来写字的材料要么是很笨重的竹简，要么是很昂贵的丝绢。蔡伦对此并未习以为常，决心造纸。他选用的材料是树皮、破麻布、破渔网等。他和工匠们不怕脏、不怕累，也不怕人们的非议，历经千辛万苦，反复试验，不断改进技术，终于造出了物美价廉、便于书写和携带的纸。

6. 趣味魔术

魔术表演让人琢磨不透，并给人以惊奇的体验，因此深受大家的喜爱。这种表演与人们的常规思维不同，能够引发观看者的极大兴趣，也会引起大家的思考，但又往往百思不得其解。正因为不识庐山真面目，所以人们特别想揭露真相。“纸的趣味实验”的情境，就是教师在课堂上表演的一个魔术。教师拿出一张 A4 纸，用剪刀剪了三刀，A4 纸仍然完整，没有缺失，也没有被剪成两张、三张。他简单整理了一下，将这张 A4 纸放在桌面上，但是在这张 A4 纸的中间多出了一块（图 3-1 甲）。将这多出的一块向左与缺口不能吻合（图 3-1 乙），将其向右也不能吻合（图 3-1 丙）。这令所有同学兴趣大增，有的走向前来检查，但未发现这张纸有黏合的状况。为了打消大家的疑虑，教师很快将这张纸恢复到原来的一张 A4 纸的状态，除了有三个裁剪的开口，既没有多一块，也没有少一块，这就成功地引起学生的兴趣。

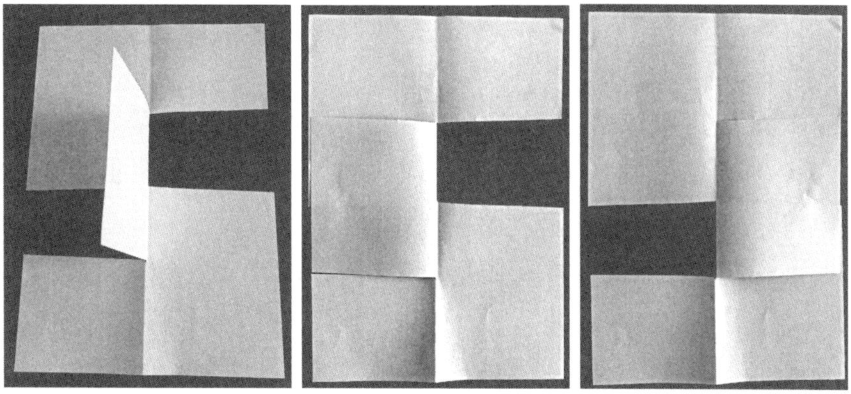

图 3-1 纸的趣味实验

7. 小故事

几乎所有人都喜欢听故事，原因在于，故事贴近生活，具有情节，能够引人入胜。在科学教育中学习和运用概念、原理、规律等核心内容之前，用与之相关的简短有趣的故事创设情境是 STEAM 课程常用的方式之一。“模拟昆虫的虹吸式口器”课程的情境，就是笔者杜撰的一个小故事——李叔叔拿着备用油桶和软管去给货车加油，将软管的一端插进备用油桶，用嘴吸另一端，当油快到嘴边时，马上松开，将软管出油口伸入货车油箱。这时，油会从备用油桶流入货车油箱中。这个小故事中包含着虹吸原理的运用，同时笔者还引导学生辨别是非，指出私自加油会引发安全问题，从而将安全教育与科学教育结合起来。又如，课程“制作自动浇花器”的情境是中学生赵小媛和爸爸妈妈外出旅游，无人给家中的植物浇水的故事，由此创设的情境突出了制作自动浇花器的合理性和必要性。

二、情境创设的原则

好的教学情境要能够将学生置身于真实的情境中，吸引学生注意力，引发学生探究和实践的浓厚兴趣。创设的教学情境要遵循真实性、新颖性、指向性和设疑性等基本原则。

1. 真实性

真实性指的是情境所述的事件和活动，所做的假设和实验是客观存在的。真实性能够使情境真切，使人身临其境，产生真实的情感体验，为科学实践和科学探究活动做好铺垫。例如，课程“奇特的眼睛”的情境是利用哈勃空间望远镜（Hubble Space Telescope）创设的。哈勃空间望远镜于1990 年 4 月 24 日在美国肯尼迪航天发射中心发射升空，其位于地球的大气层之外，距离地球约 600 千米，可以观察到 100 多亿光年远的物体。文字描述配以图片、视频，情境真切，拉近了学生与哈勃空间望远镜的距离，使学生产生兴趣，探究、实践的欲望油然而生。如果情境有虚构的成分——对真实事件的时间、地点、人物进行了恰当的处理，但是事件和活动是真实的，也不违背真实性。

2. 新颖性

新颖性指的是新鲜、新奇、创新，不是老生常谈，不是常规做法，也不是生活中常见之事。新奇的事件或方法，能令人耳目一新，引起学生的兴趣。例如，大家熟知“手有左利手、右利手”之分，但说“眼睛也有类似于‘左利手’‘右利手’之分”就很新奇。从理论上来说，将一张 A4 纸折叠 42 次，厚度会超过地球到月球的距离，也会令学生倍感惊讶。课程将这些事件作为情境，都具有新颖性。

3. 指向性

指向性指的是情境的创设要有明确的目的，要有所指，引导的方向要正确。简言之，创设的情境要指向 STEAM 课程的主题。情境与课程的主题不能没有关联，更不能背道而驰，而要与主题具有密切的联系。STEAM 课程创设的情境，所起的作用实际上就是课题的导入。因此，所创设的情境与主题不能南辕北辙。生物学 STEAM 课程中的每一个情境导入，都指向主题。例如，部属师范大学的生物科学专业公费师范生，很少在高中阶段制作过 DNA 分子双螺旋结构模型，这样就引出了“制作 DNA 分子双螺旋结构模型”的必要性。又如，电鳐、电鳗等能够发电，那么植物能够发电吗？这个情境将学生向“瓜果电池”引导。

4. 设疑性

创设情境的目的，不仅仅是为了给学生提供一个真实的事件，使学生产生新奇的感觉，也不单单是为了引出与之相关的课题，更是为了引发学生进行科学实践和实施科学探究。为达到此目的，情境要具有设置疑问的功能和作用，以引导学生针对问题动手、动脑做科学。通过情境的创设，引发学生产生疑问，产生解决问题的动力，从而为 STEAM 科学研究活动拉开帷幕。例如，“转基因”的情境是有关胰岛素的内容，其情境使人疑窦丛生——糖尿病患者为什么不注射人的胰岛素？20 世纪，糖尿病患者为什么要注射猪的胰岛素？现如今，糖尿病患者注射的胰岛素是怎么用细菌生产出来的？有了问题，就有了探究和实践的动力。

第二节 相关概念和原理

“概念是反映事物及其特有属性的思维形态”[1]，是人们将一类事物的共同特征抽取出来后，经过抽象而形成的认识。概念是我们无法看到的，也摸不到的。STEAM 课程中的概念在形式上只是表示概念的词语和定义。例如，瞳孔、盲点、化学电池，在本质上只是概念的词语即术语。会用手写“盲点”，能用嘴说“盲点”，并不意味着掌握了“盲点”这一概念。学生必须要理解其内涵：“眼球后部视网膜上的一点，和黄斑相邻，没有感觉细胞，不能接受光的刺激，物体的影像落在这一点上不能引起视觉。”[2] 但书本上所写的内涵也不是概念，只有这些内涵成为人的认识后，并能够用其进行判断和推理时，才说学生掌握了此概念。

原理即科学原理，包括规律、定律、定理和模型等。从本质上而言，科学原理就是概念。不同于基本概念，这些规律、定律、定理和模型都是大概念或重要概念。例如，“眼见为实吗？”这一 STEAM 课程的相关概

[1] 诸葛殷同，张家龙，周云之，等．形式逻辑原理 [M].2 版．北京：社会科学文献出版社，2007：14.

[2] 中国社会科学院语言研究所词典编辑室．现代汉语词典 [M]. 增补本．北京：商务印书馆，2002：853.

念和原理，不仅有“视觉”“生理盲点”“错觉”等基本概念，还有“眼睛成像”的原理——物体发出或反射的光进入眼睛后，眼睛将光信号转变为电信号，电信号通过视觉神经导到大脑，大脑可以将这些信号转译或读取成物体的图像或图片。还有“视觉暂留”的理论——当人们眼前的物体被移走之后，该物体反映在视网膜上的物像不会立即消失，会继续暂留一段时间，一般为 0.1 ～ 0.4 s，我们称之为视觉暂留。这反映了视觉具有一定的惰性，也是产生错觉的一个原因。

与 STEAM 课程相关的概念和原理都是知识。因此，下文将“相关概念和原理”统称为知识。

一、知识的类型

STEAM 课程中所列的知识都是科学探究和实践活动中要用到的知识，这些知识从学生是否掌握的角度来看，可分为已有知识和未有知识两类。

1. 已有知识

已有知识就是学生在日常生活中或者科学课堂中学习过的知识，是个体的认知结构中具有的知识。之所以在课程中呈现已有知识，是为了让学生在运用之前回顾一下。因为即使是学习过的知识，学生也有可能遗忘了，或者学生头脑中拥有的是错误、不完整的概念。常言道“书到用时方恨少”，知识只有在运用时才能够检验掌握得是否牢固，才能认识到学习的必要性。课程中所列的概念和原理大多是已有知识，例如，“奇特的眼睛”课程中的相关概念和原理中的“眼睛”“瞳孔”“生理盲点”“两只眼睛感光”“视觉暂留”“立体视觉”，学生都熟知或者在课堂上学习过。

2. 未有知识

未有知识指的是学生还没有掌握的知识，是其认知中没有的知识。未有知识对学生来说是新知识。科学探究和科学实践活动中要运用知识解决问题，但解决问题所需要的知识并不都是学生所掌握的。科学研究活动常常难以预期，会不断遇到新的问题。这不仅对人的能力具有挑战，也对人的知识储备具有很大的挑战。知识是解决问题的基础，但学生并不具有解决问题所需要的全部知识。例如，“奇特的眼睛”课程中的“跳眼法”“主视眼”对于绝大多数学生而言就是未有知识。再比如，“人的触觉”课程中，大家已有“反射弧”“感觉”“感觉器官”“触觉”“阈值”等知识，但“两点阈”就是未有知识。要解决有关人的触觉的问题，必须要掌握和拥有“两点阈”的知识——同时刺激皮肤上的两个点，当两点的距离小于一定程度时，会被感觉成一个点。能辨别的两点距离越近，表明两点辨别能力越精确。两点阈是对触觉空间辨别能力的度量，身体不同部位的两点阈是不一样的。

从学科的视角来看，STEAM 课程中所罗列的知识可以分为三大类，分别是科学知识、数学知识和人文知识。

1. 科学知识

STEAM 课程是一个综合课程，其综合的学科是科学、技术、工程、人文艺术和数学，但是课程中的绝大多数知识，还是物理、化学、生物学等自然科学知识。例如，在“鸡蛋趣味实验”中，“鸡蛋”“蛋壳”是生物学知识，“转动的惯量”是物理知识，“$CaCO_3$ 复分解反应”是化学知识，而“薄壳结构”则属于仿生学、建筑学知识。一个生物学 STEAM 课程，不仅需要生物学知识，还需要多门类科学知识的支撑，是对多门科学知识的综合运用。

有的科学知识是跨学科知识，是一种双学科或多学科融合的知识。跨学科的科学知识强调学科知识之间的内在联系，强调不同学科知识的相互整合。例如，“制作 DNA 分子双螺旋结构模型”中的“核酸”“脱氧核糖核酸”和“含氮碱基”，既是生物学概念，也是化学概念，具有双学科性。再比如，“人的触觉”课程中的概念“阈值”，也叫临界值，指的是一个效应能够产生的最低值和最高值。这个概念就是一个泛学科的概念，涉及物理、化学、生物学、建筑学、心理学等多个学科。同理，概念“两点阈”指的是能够分辨皮肤上两点刺激的最小距离，就是将生物学和物理知识合二为一、难以分割的跨学科知识。

2. 数学知识

STEAM 课程中的数学知识几乎占了知识总量的“半壁江山”，与科学知识平分秋色，这也是缘于 STEAM 课程中科学、技术、工程都与数学密切相关。缺失了数学知识，科学、技术与工程都将难以开展。正如 STEAM 课程中的科学知识不可或缺一样，每一个 STEAM 课程中都需要数学知识的支撑。例如，“奇特的眼睛”课程中“跳眼法”要运用直角三角形、相似三角形原理。“制作 DNA 分子双螺旋结构模型”要明确腺嘌呤与胸腺嘧啶数之比是 1:1，鸟嘌呤与胞嘧啶数之比也是 1:1。“瓜果电池”做好后，要测量电池的电压。即便是“制作再生纸”，虽说在“相关概念和原理”中未呈现数学概念和数学原理，但并不意味着没有数学知识——在制作再生纸的过程中，要将废纸在水盆中浸泡 1 小时左右，框架放入水盆中时，要将框架与水面呈 45° 角，整个制作过程都需要数学知识。

3. 人文知识

全面发展的人必须要有扎实的文化基础。人的文化基础指的就是人要具有科学精神和人文底蕴两种素养。[1] 科学教师以及科学课程不仅要培养学生的科学精神，而且也要承担起培养学生人文底蕴的责任。人文底蕴的培养并不只是人文学科的事情，因此，STEAM 课程中除了具有科学知识和数学知识，也有人文知识。例如，在“模拟昆虫的虹吸式口器”课程的相关概念和原理中，除了“虹吸式口器”“虹吸作用并不完全由大气压所产生”等科学概念和原理，还有公道杯的人文知识等。

二、知识的特点

STEAM 课程特别突出与活动密切相关的重要概念，这些概念都是开展科学探究和实践活动所必需的。这些知识基本上都是已经学过的知识，有少部分知识是学生未有的知识，在活动中要运用这些知识来解决问题。

1. 突出重要概念

科学教育不应该是传授给学生支离破碎、脱离生活的抽象理论和事

[1] 核心素养研究课题组 . 中国学生发展核心素养 [J]. 中国教育学刊，2016（10）：1-3.

实，而是应当慎重选择一些重要的科学观念，用恰当的、生动的教育方法，初步形成科学态度，掌握科学方法，了解科学精神。[1]20 世纪初，科学教育学者开始突出和强调核心概念。核心概念是指“位于学科中心的概念性知识，包括了对重要概念、原理、理论等的基本解释”[2]。《普通高中生物学课程标准（2017 年版)》提出了“内容聚焦大概念”的课程理念，这里所说的大概念就是核心概念。课程的内容聚焦于核心概念的目的，是使学生学得“少而精”，亦即要深入学习、深度学习。课程对核心概念的呈现并不是一步到位的，而是分阶段递进的。《普通高中生物学课程标准（2017 年版)》将概念分成大概念（核心概念)、重要概念、次位概念三个等级。学生通过多个次位概念的学习形成几个重要概念，几个重要概念支撑起一个大概念。STEAM 课程也重视学生核心概念的建构，但每一个具体的 STEAM 课程所呈现的并不是大概念，“相关概念和原理”中所罗列的也不是重要概念，而是次位概念。实际上，课程希望学生将一系列次位概念建构成重要概念。例如，“制作 DNA 分子双螺旋结构模型”所强调的重要概念是 DNA 分子双螺旋结构模型，其相关的次位概念（在“相关概念和原理”中呈现的）是核酸、脱氧核糖核酸、含氮碱基、DNA 分子双螺旋结构、左手螺旋和右手螺旋、DNA 分子的螺旋方向、DNA 模型中的数字。虽说课程呈现的是次位概念，但其突出的是重要概念。

2. 以应用为主

STEAM 课程与物理、化学、生物学课程具有很多不同之处，其中一点不同在于，物理、化学、生物学课程在知识上的目标是让学生获得科学事实、概念、原理和规律等基础知识，而 STEAM 课程的主要目标是为了让学生运用这些知识。例如，“纸的趣味实验”中的相关概念或原理——“小肠内表面”“线粒体的嵴”“壁虎超强的黏附能力”“莫比乌斯环”“沸点”“燃点”，都是学生在科学课堂上获取了的、已经掌握的知识。这些知

---

[1] 哈伦 . 以大概念理念进行科学教育 [M]. 韦钰，译 . 北京：科学普及出版社，2016：中文版序 .

[2] 刘恩山，曹保义 . 普通高中生物学课程标准（2017 年版）解读 [M]. 北京：高等教育出版社，2018：20.

识主要是为了让学生在科学探究和科学实践中用以解决现实问题。再比如“密信”课程的主要相关概念和原理中有“蛋白质的变性”——“牛奶中含有蛋白质，蘸取牛奶写在纸上，然后加热，这时牛奶中的蛋白质发生了变性，纸上蘸有牛奶的地方变成黑色，字迹随之显现”。当然，也有一些知识是学生没有的。对于学生认知结构中没有的知识，STEAM 课程则通过科学活动，使其获得和掌握这些知识。例如，“赛璐酚”的知识可能是很多学生不知道的，而通过“柠檬密信”的制作，学生会获得此知识。

3. 注重例证

从逻辑学上来看，概念包括内涵和外延。但是，当教师清晰和明确地表述和讲解了某一概念的内涵和外延之后，学生常常不理解概念。原因在于，概念的建构不仅需要学生明确概念的内涵和外延，还需要有例证的支持。[1] 生物学 STEAM 课程中的相关概念和原理，在表述了概念的内涵或原理之后，还会举例说明。例如，“转基因”课程中的“限制性核酸内切酶”的概念是这样叙述的：“限制性核酸内切酶又称限制酶，能识别特定的核苷酸序列，并在特定的切点上切割 DNA 分子，被形象地比喻为基因的‘剪刀’。”之后紧接着的是“例如，*Eco*RI 限制酶，能够专一识别 GAATTC（顺序不分正反，同 CTTAAG），并在 G 和 A 之间切开”。课程中有不少概念，并不是以内涵定义的方式呈现，而是以原型呈现。“原型，就是某一类别的最佳实例。以原型的方式定义概念，就是通过最能说明概念的一个实例来呈现概念。”[2] 例如，“制作 DNA 分子双螺旋结构模型”课程中引出“左手螺旋”概念时，用左手握着一个圆柱体和左手螺旋的大楼图，直观呈现左手螺旋概念。

[1] 李高峰，唐艳婷 . 科学概念教学五要素 [J]. 生物学教学，2010，35（2）：9-11.

[2] 李高峰 . 美国高中主流《生物》教材的概念教学：以“分子与细胞”内容为例 [J]. 课程 · 教材 · 教法，2010，30（11）：104-107.

第三节 活动目标

活动目标是对学生经过STEAM活动之后，在知识、思维、能力、情感、态度、责任等素养上达到的预期。STEAM课程在原有的三维课程目标（知识与技能、过程与方法、情感态度与价值观）的基础上，进一步拓展，将学生的活动目标定位于核心素养，致力于发展学生的科学观念、科学思维、探究实践和态度责任。

一、科学观念

科学观念是通过STEAM课程学习所形成的对科学事物的本质及其规律的认识，是科学概念、科学规律、科学模型、科学原理等在头脑中的进一步概括和总结。科学观念的表现形式是大概念，也叫核心概念，是美国科学教育标准制定委员会在《新一代科学教育标准》（*Next Generation Science Standards*，简称NGSS）中极力主张的。NGSS所说的核心概念实际上是学科核心概念，诸如物质科学核心概念、生命科学核心概念、地球和空间科学核心概念，是一个学科的关键组织原则。[1] 虽说在生物学STEAM课程中，特别是在某一个STEAM活动中，常常难以使学生形成核心概念，但至少要在学生所形成的一个个具体概念的基础上，使其进一步概括、归纳，进阶学习，形成更高阶层的概念。例如，课程“奇特的眼睛”活动在科学观念上的目标，是为了让学生在已有的角膜、虹膜、视锥细胞、视杆细胞、视网膜、视神经等概念的基础之上，进一步将这些概念有机地联系起来，成为一个整体，建立一个整体的“眼睛”的概念。而“主视眼”是绝大多数学生认知结构中没有的概念，因此活动目标是让学生能够说出“主视眼”的内涵。简言之，课程“奇特的眼睛”的科学观念目标是：（1）建立角膜、虹膜、视锥细胞、视杆细胞、视网膜、视神经之间的联系，深入理解“眼睛”的概念；（2）能够说出“主视眼”的内

[1] 美国科学教育标准制定委员会．新一代科学教育标准：学科核心概念序列和主题序列[M]．叶兆宁，杨元魁，周建中，译．北京：中国科学技术出版社，2020：XIV.

涵。总体而言，STEAM 活动的科学观念目标不多，原因在于 STEAM 课程的目的不是学习知识，而是运用知识解决问题。

二、科学思维

科学思维指的是学生从科学的视角对客观事物的本质属性、内在规律及相互关系的认识方式。科学思维在建构模型、抽象概括、分析综合、比较分类、推理论证、质疑批判、检验修正、提出方案中体现出来。当然，这些过程中也能够体现学生的非科学思维。在这些过程中，可以判断学生的思维方式是否科学、合理。培养学生的科学思维，要基于科学事实、科学概念、科学规律、科学原理等知识，更要在科学活动中培养。以课程“奇特的眼睛”为例，“思维中具有眼睛的立体模型”就是科学思维的目标。当然，这里所说的是学生头脑中具有眼睛的正确的、科学的、合理的模型。模型本身并不是科学思维，而是知识，如果学生建构了正确的模型，就体现了其科学思维。不具有科学思维，就建构不出模型，或者建构的是错误的、不规范的模型。“比较两只眼睛和一只眼睛视物时的立体感”，这需要一个学习过程。通过这个过程，学生能够“认识到两只眼睛视物时定位更加准确”，从而具有这样的认知，这是科学思维训练的结果。因此，将课程“奇特的眼睛”的科学思维目标确定为：（1）思维中具有眼睛的立体模型；（2）能够比较两只眼睛视物和一只眼睛视物时的立体感，认识到两只眼睛视物时定位更加准确。

三、探究实践

《美国国家科学教育标准》特别强调科学探究。然而，数十年的实践发现，在教育中的科学探究并没有达到预期的目标，因此，《新一代科学教育标准》（NGSS）开始突出科学实践。我国在世纪之交开始的第八次基础教育课程改革主张倡导科学探究和探究性学习，近 20 年的教育实践证明科学探究教学有很多不尽如人意之处，因此在 2017 版高中物理、化学和生物学课程标准中，特别注重科学实践。这实际上并不是轻探究、重实践，而是既重视探究，也重视实践。生物学 STEAM 课程与 2017 年版高中各学科课标一样，不仅注重科学探究，也强调和突出科学实践。探究实践目标是 STEAM 课程和活动中最重要的目标。探究实践目标，亦可称之为实践探究目标，科学探究和科学实践不分先后，而且不分彼此，难以分开。探究实践目标，并不仅仅是让学生进行科学探究和科学实践，而是让学生通过实施探究和实践，形成科学探究能力和科学实践能力，从而能够开展科学探究，实施科学实践活动。例如，在课程“奇特的眼睛”中，学生基于跳眼法的原理，运用自己的双眼、手指、胳膊，在活动中进行计算，知道远处的物体与自己的距离。活动的目标并不只是了解“运用跳眼法测量远处的物体与自己的距离”的过程，而是要在活动中形成这样的能力——“能够运用跳眼法测量远处的物体与自己的距离”。之所以将探究实践目标定位于“能力”，而不是“过程”，是因为经历了这样的过程，相当数量的学生仍会出错，还有一定数量的学生即便经过多次测量，仍然“不会”，或是“不能”。因此，探究实践的活动目标是学生具有探究能力、实践能力，最终能够“做”。整体而言，课程“奇特的眼睛”的探究实践目标包括以下几点：（1）会观察瞳孔的变化，能测量瞳孔的大小；（2）会制作生理盲点检测图，能用检测图感受到自己两只眼睛的生理盲点；（3）能运用跳眼法测量远处的物体与自己的距离；（4）能够解释并演示电影、电视画面实际上是快速放映的一张张图画；（5）能够确定自己的主视眼。

四、态度责任

态度责任是学生所形成的对科学、技术、人文艺术，自然界中的生物和非生物，社会中的人、物、事的正确态度和应有的责任。培养全面发展的人，不仅要注重对人的知识和能力的培养，还要培养人的品格和素养。对自然的好奇心，体现具有探究和实践的热情；实事求是，严谨务实的作风；敢于质疑，不迷信权威的独立性；珍爱生命，保护环境的意识；遵守法律法规、遵从伦理道德和对个人、家庭、社会和国家具有责任意识。以课程“奇特的眼睛”为例，如在“比较两只眼和一只眼视物的准确性”活动中，受测者发现自己用两只眼睛看笔尖的时候，能够用自己的手指准确地触及竖立在自己前方的笔尖，但是用一只眼睛看时，自己的手指很难准确触及笔尖。通过这个活动，学生能够切身体会到一只眼睛视物的不便，更进一步体验到在态度上要尊重视觉有障碍的人，深切地认识到在行为上要爱护和帮助有生理缺陷者。再比如，在一张纸的中央剪一个直径为 2 cm 左右的小孔，用其可以检测自己的主视眼是左眼还是右眼。通过检测，学生会发现大多数人的主视眼是右眼，部分人的主视眼是左眼。但主视眼是左眼还是右眼，学生在此之前是不知道的。所以，课程“奇特的眼睛”的态度责任目标是：尊重、关爱和帮助视力有缺陷的人；不歧视主视眼为左眼的人，也不歧视惯用左手的人。

五、案例：活动目标的修订

为了给大家提供更多的案例作为参考，也为了避免文字的重复，在此讨论“活动目标的修订”时，不以第四章的 10 个课程为例，而以“感观总动员”为例来分析。

“感官总动员”原先的活动目标是这样的：

（1）理解大脑是如何产生各种感觉的；

（2）试着解释一些常见的感觉现象；

（3）认同神经系统对人体的重要性。

这样的活动目标有诸多的问题。目标（1）是知识目标，并且指向学生具有此知识，而不是运用此知识去解决一些现实的问题；目标（2）是能力目标，但是要让学生能够“解释一些常见的感觉现象”，非常笼统，不够明确；目标（3）是情感、态度与价值观方面的目标，但也有非常突出的知识韵味。这样的教学目标仍然是三维教学目标，指向知识、能力、情感态度与价值观，没有脱离学科教学设计的束缚，仍然局限于课堂教学目标。从目标上看不出 STEAM 教育的特点，感受不到对学生技术素养、工程素养、人文艺术素养和数学素养的培养。

在“感官总动员”的活动中，首先让学生阅读图 3-2 中两行不完整的文字——“如果您看懂了这两行汉字，说明中文还可以再简化 50%”。学生基本上能够读出来，使学生在科学观念上“认识到人的大脑会根据有限的信息，结合已有的经验，补充形成完整的认识，具有‘脑补’的作用”。此活动设想的目标是训练和提高学生的科学探究能力、科学实践能力，希望学生“能用手机或电脑尝试做出用于‘脑补’实验的文字”。诸如，不能只让学生运用如图 3-2 所示的工具，还要挑战其能力，让其用手机或电脑做出一样的或类似的用于“脑补”实验的文字。

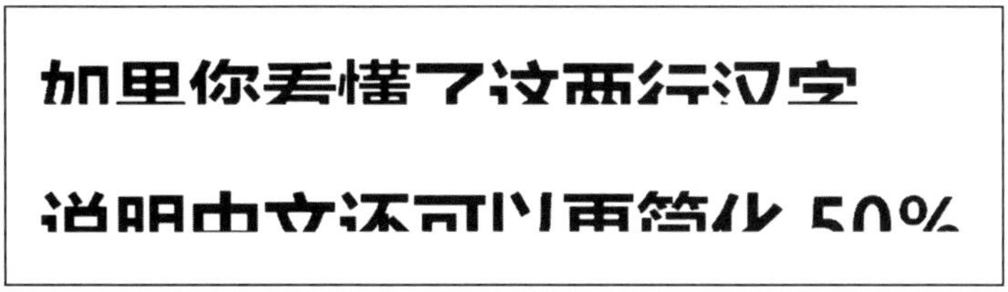

图 3-2 用于“脑补”实验的文字

活动中会让学生看视频：一位男士用刀在切水果，由于和一位女士说话而分神，导致刀切在了手指上，顿时鲜血直流。随着男士一声尖叫，这位女士也被吓到而惊叫，似乎女士的手指也被刀切了一样。同时，看视频的学生也都受到惊吓，似乎刀也切到了这些观看者的手指。运用科学概念和原理来解释这种现象，这就是科学思维目标：能够和他人讨论交流“看到他人被割破手指、打针时，自己感同身受”的现象和机理。

活动中还会让学生在蒙上眼睛、捏住鼻子的前提下，品尝其在日常生活中常见、常吃的食物，然而几乎所有的人在判断“是什么食物”上都遇到了极大的障碍。通过活动让学生明确，“美味”不只依靠嘴来品尝，亦需要鼻子闻气味、用眼睛看其颜色和形状，进而让学生能够关爱感冒患者，能够理解感冒患者食之无味的饮食状况。通过整个活动，学生认识到了脑的重要性，最终还要使学生养成骑自行车或电动自行车时戴头盔、坐汽车时系安全带等良好习惯，以保证身体安全，保护大脑不受伤害。

基于问题和不足，我们对原先的活动目标进行了修订，新目标指向学生的科学观念、科学思维、探究实践和态度责任。

1. 科学观念：（1）认识到人的大脑会根据有限的信息，结合已有的经验，补充形成完整的认识，具有“脑补”的作用；（2）知道人的视觉对听觉的辅助作用；（3）知道人的嗅觉对味觉的辅助作用；（4）认识到人体的感觉中枢位于大脑皮层，人体对某种刺激的感觉实际是由大脑皮层产生的。

2. 科学思维：（1）能分析视频中运动的物体与其影子的关系，概括出人对物体的运动状态的感觉，取决于运动物体的影子；（2）能够解释大脑对信息进行补充的机理；（3）能够和他人讨论交流“看到他人被割破手指、打针时，自己感同身受”的现象和机理。

3. 探究实践：（1）能用手机或电脑尝试做出用于“脑补”实验的文字；（2）能用电脑尝试制作出用于“脑补”实验的图形。

4. 态度责任：（1）关爱感冒患者，理解感冒患者食之无味的窘境；（2）保护脑安全，养成骑自行车或电动自行车时戴头盔、坐汽车时系安全带的良好习惯。

第四节　材料器具

生物学 STEAM 课程中的每一个探究实践活动都提供了材料器具的具体名称及相关信息。材料器具，顾名思义包括实验探究的材料、仪器设备和工具，诸如“制作 DNA 分子双螺旋结构模型”课程所用的材料有鞋带、中国结线材、皮筋、筷子和 A4 纸，所用的工具有铅笔、直尺和裁纸刀。而“瓜果电池”课程中除了材料、工具，还需要数字万用表、干电池等仪器设备。明确列出材料器具是为了使学生在开展 STEAM 活动时能够更好地开展。生物学 STEAM 课程中的材料器具具有以下诸多特点。

一、生活中常见易得

外科医生做手术、工程师造高铁、科学家设计火箭，需要运用专门的器械、精密的仪器、昂贵的材料。然而，STEAM 课程的任务是培养具有科学、技术、人文艺术和数学素养的公民，直接目的并不是培养科学家。例如，估测远处的物体与自己的距离，所用的工具就是自己的眼睛、胳膊、手指，用笔和纸来计算；构建一个模型来呈现细菌繁殖的指数级增长的状况，用家里的大豆和玻璃杯即可；模拟“转基因”活动的材料器具有电脑、打印机、A4 纸、裁纸刀、剪刀、圆柱状的透明广口瓶、清洁球、胶水、透明胶带，这些均是家中常用的物品，获得这些材料器具几乎没有什么困难。

二、价格相对便宜

生物学 STEAM 课程中也有很多材料器具并不是日常生活中常用的，但是在商店或通过网购可购买，而且价格相对便宜。观察瞳孔的变化、测量瞳孔的大小所用的瞳孔笔可网购。在 STEAM 课程相关材料器具信息处，给出了瞳孔笔的提示信息：医用的发黄色光的瞳孔笔，专用于照射眼睛，可在药店、网上商城等购买，价格为每支 23 ～ 59 元，建议选择有刻度的（有大小不一的圆），便于测量瞳孔的直径。再比如，人眼前的物体移走后，眼中视网膜上的所形成的像并不会马上消失，一般会暂留 0.1 ～ 0.4 s 的时间，称之为视觉暂留。电影实际上就是快速播放的一个个画面，速度高达每秒 24 幅画面。因为视觉暂留，所以我们在看电影时看到的是连续的动作。生活中可以利用“手翻书”来切身体会视觉暂留现象，“手翻书”可在网上商城等购买，价格为每本 65 元左右。

三、不断改进、更新和完善

材料的不同会影响工程质量的高低。STEAM 课程所用的材料是多种多样的，但一开始所用的材料相对单一。随着活动的开展，会发现更多物美价廉的材料，给材料的改进、更新和完善提供了可能性。例如，编结 DNA 分子双螺旋结构模型，原先所用的材料是鞋带。然而，一方面旧鞋带并不多，且长短、粗细难以搭配；另一方面，商场鲜见专卖鞋带的（通常和鞋子一起卖），即便有卖，颜色也很单一，不易配色。笔者通过探究发现，编结中国结的线材，有多种直径（粗细）和不同颜色。实践发现，直径为 5 mm 的线材编结的 DNA 分子模型太粗、不美观，而直径为 2 mm、1.5 mm 的线材编结的 DNA 分子模型太细，不易演示和观察，而且编结时很勒手、费力，直径为 3.5 mm 的线材最适于编结 DNA 分子模型。在颜色上，黄色和红色的搭配更加显眼、直观。随着活动的持续和深入，笔者发现主绳可用一根筷子代替，从而更节约成本，而且用一根筷子和两根线材编出来的 DNA 分子模型可插在其他物体上直立摆放。

STEAM 课程的核心是探究和实践，最终成果是工程。完成工程不能赤手空拳，整个过程都要运用工具来实施。能够使用工具并能够制造工具是人类智慧的体现，这在 STEAM 课程中表现得非常突出。在“模拟昆虫的虹吸式口器”的课程中，用矿泉水瓶和吸管等材料制作公道杯模型时，需要在矿泉水瓶底部扎一个小孔，操作者将铁钉放在点燃的蜡烛上烧，待铁钉温度升高后，用其在矿泉水瓶底钻孔，操作难度不大，但因为蜡烛燃烧不完全，在铁钉上附着了很多炭黑，导致在瓶底扎出的孔也有很多炭黑。针对此问题，将蜡烛改为酒精灯。实践发现，用酒精灯既避免了炭黑，因其外焰温度高，又节约了时间。但是，这种烧铁钉的方式太原始，工作效率不高。“工欲善其事，必先利其器”，经过探寻，发现了电器维修的工具——电烙铁非常方便。将电烙铁通电，1 分钟即热，轻轻地在矿泉水瓶底部一点，即可形成一个小孔，还可根据需要扩大孔的直径，省力省时。工具的更新极大地提高了模型制作的效率，原先做一个公道杯模型需要 30 分钟，现在 30 分钟内可以做出 5 到 6 个。

四、需要探究和实践

虽说 STEAM 课程清晰地为每一个活动列出了材料器具的名称及相关信息，但是准备材料、获取器具的工作，本身就是一个实践活动。在此过程中，学生会遇到问题和障碍，需要提出假设，建设性地克服障碍、解决问题。所以说，学生在准备材料器具阶段，就已经开始了探究和实践活动。在开发“瓜果电池”课程的过程中，依据相关文献的说明，要用的材料是西红柿，并且为了使做出来的西红柿电池具有良好的性能，需要用手揉捏西红柿，以破坏其细胞壁，使细胞液流出细胞。但是，西红柿电池有时有电、有时没电，效果不理想。有一次备课，笔者要给高中生物学骨干教师演示瓜果电池，但家中没有西红柿，只有土豆。抱着怀疑的态度——西红柿汁液丰富，效果不佳，土豆中的汁液比其少多了，能做成有效的电池吗？结果出人意料，土豆电池的效果非常好——电量稳定，保持时间长，且土豆易携带，方便带入教室。在土豆这一材料的启示下，笔者又开发了多种多样的瓜果电池的原材料：苹果、梨、冬瓜、西瓜、橘子、南瓜、白兰瓜、红薯、山药、大蒜、白萝卜、樱桃。面对众多的瓜果蔬菜，笔者在反思，这些瓜果蔬菜的本质作用就是提供电解质溶液，那么在自来水中加入可乐，使其富含电解质，能做成可乐电池吗？基于这种假设，开发小组立即实验，实验证明可乐电池也可行。进一步探究，仅用自来水做成自来水电池，会有电吗？令人欣喜的是，自来水电池也成功了。但是，自来水电池的成功令人生疑，难道电池不需要电解质？为了证实或证伪，开发小组严格地用干净的纸巾擦干杯子，倒入刚买的纯净水，插入洁净的铜条、锌条，连接电子表，可电子表不显示数字；再换一个电子表，仍不显示数字。这时，在纯净水中倒入一些自来水，电子表立刻呈现出了数字。这说明，纯净水不能用来做电池。由此可以发现，瓜果电池的材料已不仅仅是瓜果蔬菜，还包括可乐、自来水、茶水、菊花水、雪碧等。这充分地说明，准备材料器具的过程，就是一个科学探究和实践的过程。

五、泛学科性和无学科性

大中小学实验室中的材料器具具有明显的学科特点，只看这些材料和器具，便可知其学科类别。诸如：显微镜、载玻片、盖玻片系生物学实验室的材料器具；万用表、安培表、电阻表、弹簧、杠杆、滑轮组属于物理实验室的；碳酸氢钠、硫酸、氯化钠等系化学实验室的；地球仪、三球仪、地图等是地理学科教学所用的。

STEAM 课程中所用到的材料器具有一些是有学科性的，但更多的是泛学科性的——不局限于一个学科的材料器具，也有很多是无学科性的——不是学科课程的材料器具，与学科没有关联。例如，在“细菌繁殖的速度”课程的材料器具中，天平具有明显的物理学科性质，而其他材料器具——玻璃储物罐、清洁球、大豆、纸盘、纸杯都没有学科性。在“制作 DNA 分子双螺旋结构模型”的课程中，所用到的直尺是泛学科性的，数学、物理、化学、生物学等都要用到；而其他材料——鞋带、中国结线材、皮筋、筷子、A4 纸、铅笔、裁纸刀无学科性。但哪些属于泛学科性材料器具，哪些属于无学科性材料器具，是不必刻意区分的。即便是针对学科问题，也要打破思维定式，运用学科的、泛学科的、无学科的方式方法、材料器具予以解决。

第五节　探究与实践活动

STEAM 课程的核心内容就是科学探究与科学实践，STEAM 教育的形式就是学生进行科学探究和科学实践。生物学 STEAM 课程，在本质上就是生物学 STEAM 活动，是以学生为主体的生物科学探究活动和科学实践活动。

一、科学探究活动

美国在 20 世纪 80 年代开始实施的“2061 计划”特别突出和强调科学探究，计划通过在科学教育中实施科学探究活动，提高学生的科学素养，并致力于在 2061 年提高全体美国人的科学素养。20 世纪 90 年代，由美国国家研究理事会推出的《美国国家科学教育标准》将“科学探究”作为科学教育的核心理念，让学生在“做科学”中理解科学，其中的“科学教学标准”以“探究”为基础编制科学大纲，“专业进修标准”要求通过“探究”来学习科学内容，“科学内容标准”要求科学以“探究”为特点。我国基础教育课程改革也特别突出和重视探究。2001 年《全日制义务教育生物课程标准（实验稿）》、2003 年《普通高中生物课程标准（实验）》和 2011 年《义务教育生物学课程标准（2011 年版）》均以“倡导探究性学习”为课程理念。STEAM 课程从某种意义上说就是科学探究活动，而且是真正的科学探究，因为教师和学生面对的问题是真问题，师生都不知道问题的答案，都要在探究中解决问题。STEAM 课程中的探究是探索性的，常常会走进“死胡同”，也常常百思不得其解。例如，师生在木材加工厂获得的圆木，用锯锯开，让木工师傅打磨处理，看到了非常清晰的年轮（图 3-3）。其树龄多大？哪是早材？哪是晚材？如何根据年轮和圆木形状判断树木生长的方位——哪一面朝南，哪一面朝北？这些问题没有参考答案，也没有标准答案，需要自己搜索资料，咨询专家，通过团队协作来解答。

图 3-3 年轮

每一个 STEAM 活动都有待解决的问题，这些问题需要花费时间、精力、资源来解决。诸如，如何用牛奶写密信？收到一封密信后，如何使其显现？怎样把白皮鸡蛋变成红皮鸡蛋？又怎样把红皮鸡蛋变成白皮鸡蛋？如何在鸡蛋壳上呈现树叶的形状或文字（诸如“生日快乐”“祝你成功”）？出差十天半个月无人在家，怎么做一个自动浇花器给植物浇水？菜粉蝶的虹吸式口器与公道杯的虹吸现象具有一样的原理——虹吸原理，如何制作一个便宜、直观的公道杯模型，让学生能够明确看到其内部结构、感受虹吸原理呢？细菌的繁殖是呈指数增长的，如何构建模型将其直观呈现？用什么工具来检测人的哪只眼是主眼，哪只眼是副眼？怎么做这个工具？面对这些真实的问题（不是他人知道、他人会做而向你提出的问题），要想解决，必须要去探究。

探究需要“做”，但只按他人探究出来的步骤“做”，不是探究。例如，按照教师的指点，学生将一生一熟两个鸡蛋放在桌面，用力使其旋转——能够轻松旋转、速度快、持续时间长的是熟鸡蛋，难以旋转且速度慢、持续时间短的是生鸡蛋。探究是解决疑难的手段，是想方设法的过程，要有奇思妙想。因此，要判断一个活动是不是 STEAM 活动，必不可少的衡量标准之一就是是否含有真正的科学探究。生物学 STEAM 课程所呈现的均是科学探究的结果，但在这些课程和结果的背后，花费了大量的心血，克服了重重困难，进行了反反复复的探究。STEAM 课程希望学生做的并不是“按图索骥”——仅按教材上的步骤一步一步做下来，而要发现真问题，真正去解决问题。科学探究不以成败论英雄，如果问题经过多次尝试没有解决，也不失是一个好的探究活动。

二、科学实践活动

2011 年，美国国家研究理事会开发的《K-12 科学教育的框架：实践、跨学科概念和核心概念》提出了“科学实践”（Scientific Practice）的概念，取代了《美国国家科学教育标准》特别倡导的“科学探究”（Scientific Inquiry），认为科学实践处于科学教育中的首要地位。2013 年，美国科学教育标准制定委员会著的《新一代科学教育标准》（NGSS）通篇所用的是“科学实践”，而不是“科学探究”。之所以用“科学实践”取代“科学探究”，原因有三点。第一，不同的人对科学探究的理解不一。理解不一是正常的，问题在于不同专家的理解不一，师生的理解不一，不同学科的理解不一，“不一”到天壤之别，偏离了科学探究的本质。很多教师将科学探究作为学习科学的唯一方式，将所有的科学实验“探究化”处理。第二，科学探究重视完整的研究过程，要经历提出问题、做出假设、设计实验、实施实验、得出结论、讨论交流等步骤，使得科学探究教条化、模式化。第三，过去几十年科学教育中的科学探究未达到预期的效果和目的。科学探究的理念导致科学教育中重过程、轻结论的倾向性严重，科学探究的结果与预期目标相去甚远。

中国的科学教育密切关注国际科学教育改革动向。2017 年我国教育部颁布的各学科课程标准也做了相应的变更和调整。《普通高中生物学课程标准（2017 年版）》删除了“倡导探究性学习”的课程理念，取而代之的是“教学过程重实践”。生物学 STEAM 课程特别突出、重视科学实践，实践操作贯穿活动的始终。STEAM 课程与学科课程最大的差别之一就是以学生为主体的实践。例如，“奇特的眼睛”中“探究与实践活动”下的具体活动——观察和测量瞳孔大小、制作生理盲点检测图并运用、体验视觉暂留现象、比较两只眼和一只眼视物的准确性、确定主视眼、运用跳眼法测量远处物体与自己的距离，均是实践活动。这些活动的执行者非常明确，均是学生。活动目标所用的动词都是行为动词，旨在让学生做科学。STEAM 活动的核心是实践，即做科学，而不是听科学、看科学。

三、解决问题的活动

纵览课程中的 STEAM 活动，几乎都是学生在明确清晰的指引下，按部就班地实践，只是一个“做的活动”，没有根本解决问题。不解决问题的活动能称之为 STEAM 活动吗？

以“制作自动浇花器”的案例来说明。按照课程中所说的步骤制作自动浇花器，没有哪个步骤是一帆风顺的，所有人在实践操作的过程中都会遇到或多或少的问题。

（1）取一个大的可乐瓶，撕去外面的瓶标（瓶子上的标签），使其透明。立刻遇到材料的问题，去哪里找可乐瓶呢？有的人去超市买了一大瓶可乐，可是，这么多可乐一时半会儿也喝不掉，只能过几天再做；有的人则将可乐倒入其他瓶中保存；还有的将喝不完的可乐倒掉了；也有人比较节约，去垃圾筒里寻找被丢弃的空可乐瓶，洗净瓶子，撕去瓶标待用。

（2）将电烙铁通电。这个工具怎么用，很多人并不熟悉，需要摸索。

（3）用电烙铁在可乐瓶底部、侧面 2 cm 处钻 1 个小孔。插上电源不到 1 分钟，就有人急不可耐地在瓶上钻孔，可怎么也钻不动。原因是操之过急，电烙铁还不热。耐心等待后，才能顺利钻孔。

（4）将可乐瓶盖拧下，用电烙铁在瓶盖中间钻一个孔。但有可能成功钻孔后钻到了桌子，把桌子烙了一个印，要考虑以后如何避免。

（5）将一根软管插入瓶盖中间的小孔。因为孔太小了，软管插不进去；只能再次将电烙铁通电，待其变热后，扩大孔的直径，再插入软管，孔又太大了，怎么办？——用热熔塑胶棒去密封。

（6）将热熔塑胶枪通电，等待 3 ～ 5 分钟后，将热熔塑胶“打”在软管与瓶盖之间的小缝隙，常常会密封不严。

（7）将接好软管的瓶盖盖上瓶子，拧紧。之后将软管另一端固定在瓶身下部侧面的出水口旁，用热熔塑胶固定。

（8）往瓶中装水。在往瓶中装水才时发现步骤（7）欠考虑——将软管的进气口端固定在瓶身上，会导致瓶盖拧不开。如果强行拧开瓶盖，会使插入瓶盖中间的软管与瓶盖分离。怎么办？只能再想办法解决这一问题。经过考虑，将固定软管出气口端的、已经凝固的塑胶撕下，然后用两根橡皮筋将软管束缚在瓶身上。橡皮筋既起到了固定的作用，又使其具有一定的灵活性，从而不影响瓶盖的转动。

（9）试用。将做好的自动浇花器装上水，放在花盆的盆托中，瓶中的水通过下部的小孔流出。但是，出人意料的是，水一直流，直到溢出花盆的盆托仍在不停地流，原因是瓶下部侧面进气孔的高度高于花盆托的深度。怎么解决这一问题？经过深入的思考，将软管的进气孔往下移，使其气孔低于花盆托的边缘，继续试验。当瓶中的水流到花盆托中，已经淹没软管的进气口时，理论上来讲水应该不再流出，可事与愿违，水仍在不停地流出。原因出在哪呢？经过分析、观察，推测问题应该是软管与瓶盖中间的小孔密封不严导致的，原因是软管太软。于是，到五金杂货店买了一米长、直径合适（与瓶盖上的小孔的直径相当）的稍硬的塑料管，能够弯曲，且能用剪刀剪开。用此管代替软管，插入瓶盖中间的小孔，密封，再实验，终于成功了。

从表面上来看，生物学 STEAM 课程似乎只是科学实践，而且都是一些没有思维含量、没有难度的实践活动。这样设置是为了降低难度，让学生先做起来，激发其学习兴趣。在做的过程中，困难会不期而至。面对困难，在兴趣的支持下，学生会自然而然地思考、探究、尝试解决问题。由此来看，在看似平淡、简单的科学实践活动中，需要进行大量的思考，渗透着大量的拓展性的科学探究活动。因此，STEAM 活动是解决问题的活动。

四、完成工程的活动

STEAM 活动与科学探究、科学实践的相同点在于，STEAM 活动就是科学探究和科学实践活动。不同点在于，科学探究的主要目的是解决“是什么”“为什么”的问题。科学实践的目的是“做科学”，而 STEAM 活动的主要目的是完成工程，具有成果。生物学 STEAM 课程中的每一个课程都有工程，其成果或者是物化的产品，或者是数字化的数据，形式多样。

“制作再生纸”的课程就是让学生把用过的纸变废为宝，制作成再生纸，这是一个具有挑战性的工程，所制成的再生纸就是实实在在的物化的产品。“奇特的眼睛”课程的成果，既有物化的——生理盲点检测图、主视眼检测图纸，也有数字化的——瞳孔的直径、远处物体与自己的距离。工程的成果也不尽是物化的和数字化的成果，还有其他形式的成果（表 3-1）。

表 3-1 10 个中学生物学 STEAM 案例的成果一览表

序号	案例名称	成果名称
案例 1	奇特的眼睛	（1）瞳孔的直径；（2）生理盲点检测图；（3）远处物体与自己的距离；（4）主视眼检测图纸
案例 2	制作 DNA 分子双螺旋结构模型	（1）用绳编结的 DNA 分子双螺旋结构模型；（2）用绳和筷子编结的 DNA 分子双螺旋结构模型；（3）用 A4 纸折叠的 DNA 分子双螺旋结构模型；（4）DNA 分子双螺旋结构模型折叠图纸；（5）“粗吸管—牙签—中国结线材”DNA 分子双螺旋结构模型

续表

序号	案例名称	成果名称
案例 3	细菌繁殖的速度	（1）细菌的物理模型；（2）细菌繁殖的数学模型（Excel 表格）；（3）细菌繁殖的物理模型（玻璃杯、大豆）；（4）某人的日工资指数增长的数学模型（Excel 表格）
案例 4	瓜果电池	（1）土豆电池及其电压；（2）冬瓜电池；（3）冬瓜电池为数字时钟供电；（4）人体（1 人、多人）串联的冬瓜电池，并为数字时钟供电；（5）茶水电池；（6）自来水电池
案例 5	制作再生纸	（1）再生纸；（2）利用再生纸
案例 6	纸的趣味实验	（1）用纸切开火腿肠；（2）用纸切开土豆；（3）纸桌子及其支撑力；（4）嵴的内膜、外膜模拟模型；（5）壁虎攀爬的模拟模型；（6）莫比乌斯环
案例 7	转基因	（1）大肠杆菌质粒模型；（2）人 11 号染色体上的胰岛素基因模型；（3）含质粒的大肠杆菌模型；（4）转入了人的胰岛素基因的大肠杆菌
案例 8	鸡蛋趣味实验	（1）区别生、熟鸡蛋；（2）测量鸡蛋能够承受的最大重量；（3）空投鸡蛋；（4）蛋壳上有美丽图案、祝福语的鸡蛋；（5）能弹跳的鸡蛋
案例 9	模拟昆虫的虹吸式口器	（1）运用虹吸原理清除水槽底部的杂物；（2）仿制公道杯
案例 10	制作自动浇花器	（1）自动浇花器；（2）用自动浇花器给花浇水

五、永不终止的探究和实践

生物学 STEAM 课程所呈现的只是生物科学探究和实践的一个片段。在完成阶段性的工程任务之后，还会发现新的问题，仍有很多技术需要革新，而且几乎所有的工程都有不尽如人意之处，需要完善和提升。简言之，STEAM 活动永远在路上，科学、技术、工程、人文艺术和数学的探究与实践活动永无止境。例如，设计和开发的“两眼生理盲点的检测图”，在检测时将图前后移动，能否设计和开发出“左右移动”的生理盲点检测图呢？理论上是可以的。初步思路如下：（1）在一张纸条的左侧画一个“十”字，在另一张纸条的左侧画一个实心黑色圆点，将其重叠、左右并列（图 3-4）；（2）被测者用挡板遮盖左眼，右眼直视“十”字；（3）将画有实心黑色圆点的纸条向右缓慢拉动，直到人的右眼视野中没有黑色圆点为止，此时感受到生理盲点的存在。将这两张纸条旋转 180°，可用来检测和感受左眼的生理盲点。这个设计是左右拉伸式的生理盲点检测图的雏形，但其在技术上、美观上、实用上还有不合理的地方，还不是很成熟，需要进一步探究和实践。

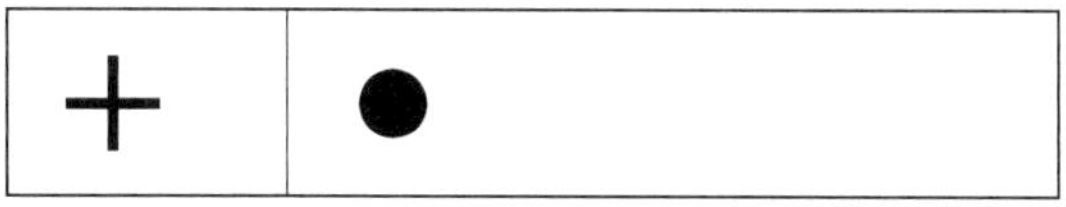

图 3-4　左右拉伸式的生理盲点检测图模型

在“制作再生纸”的课程中，虽说将用过的 A4 纸做成了再生纸，但是制作出来的再生纸非常粗糙，而且纸张非常小，只有普通手机屏幕般大小；这样的再生纸在日常生活中没有实际用处，也就是说“制作再生纸”的课程仅具有教育教学价值，并没有解决生活中的实际问题。

“模拟昆虫的虹吸式口器”实际上模拟的是公道杯，核心内容是虹吸现象和虹吸原理，并没有真正模拟出昆虫的虹吸式口器。如何做出一个虹吸式口器，且具有虹吸作用，是一个值得进一步探究的课题。在“相关概念和原理”处，学生仅从认知上理解了虹吸作用并不是完全由大气压产生的，根本原因是虹吸管两侧管内液体所受重力不平衡。如何切实使学生感受到真空中的虹吸现象呢？从想法上来说，可制作一个透明的密闭箱，用真空泵抽气使之形成“真空”(实际上并不是真空，只是空气很稀薄而已)，在“真空”中演示虹吸现象。这个工程有诸多难题需要解决，具有很大的挑战性。

诸多案例均说明，STEAM 课程的开发仍存在巨大的空间，只要你有探究意识、实践能力，以及发现问题和解决问题的愿望，STEAM 活动的设计与开发将永无止境。

第四章

STEAM 课程案例

在我们开发的119个STEAM课程中，与生物学有比较密切联系的课程有“花儿开在T恤上”“土豆饮水”“蜗牛的爬行”“变色的玫瑰花”“年轮中的信息”“比比你们的肺活量”“体检”“生锈的苹果块”“植物叶片沉浮的秘密”“制作豆腐”“肺通气模型与吸烟”“榨果汁”等。这些课程中，有些不是真正的STEAM课程，而是生物学实验、生物学实践、生物学探究。在比较的基础上，本书筛选了10个尚可的生物学STEAM课程案例供大家讨论、分析，同时也欢迎大家提出批评、指导意见，以便进一步改进、提高和完善。

案例 1　奇特的眼睛

［**适用年级及学生基础**］“奇特的眼睛”适用于八年级及以上年级，学生要具备以下基础：在生物学学科学习过“眼睛”的内容，已学习感觉器官、反射弧、瞳孔（pupil）、生理盲点等知识；在数学学科学习过相似三角形，掌握相似三角形的概念，能够判定相似三角形；通过物理学科的学习，知道光的直线传播。

一、情境创设

在距离地面 600 km 左右的太空中，有一只探索太空的“眼睛”——哈勃空间望远镜，它可以观察到 100 多亿光年（light year）远的地方！而能力这么超强的哈勃空间望远镜只是人类眼睛的延伸。“君子生非异也，善假于物也”（荀子《劝学》）说的就是这个道理，意思是说君子的资质秉性跟一般人没有不同，只是君子善于借助外物罢了。我们的眼睛也有很多奇特的地方，在平时的生活中，你可曾观察过自己瞳孔的变化？你是否知道眼睛还有盲点？是否知道眼睛还可以当作测量距离的工具？人在用手习惯上有左右之分，其实眼睛也有。

二、相关概念和原理

1. 眼睛

眼睛简称眼，是人的视觉器官，是人体最重要的感觉器官之一。人体所接受的外部信息大部分是通过眼接受的。眼也是人体中最复杂的感觉器官。[1]

---

[1] 吴相钰，陈守良，葛明德. 陈阅增普通生物学 [M].3 版 . 北京：高等教育出版社，2009：178.

2. 瞳孔

瞳孔（图 4-1），就是人们平时所说的黑眼珠中心的黑色小圆孔，是光线进入眼睛的通道。瞳孔可以调节进入眼睛的光线多少。光线强时，瞳孔括约肌收缩，瞳孔缩小，进入眼睛的光量减少；光线弱时，瞳孔开大肌收缩，瞳孔散大，进入眼睛的光量增多。

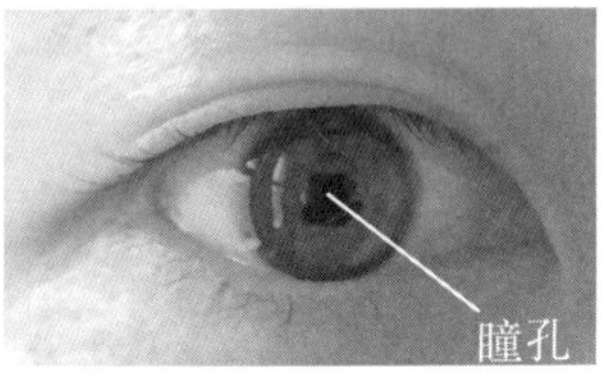

图 4-1　瞳孔

3. 生理盲点

视网膜上有很多感光细胞（photoreceptor cell），感光细胞的外段含有特殊的感光色素，在感光换能中起重要作用。视觉纤维在视网膜上汇集穿出眼球的部位是视神经盘，是视神经的始端，此处没有感光细胞，因而落于该处的光线不能被感知，故称盲点，又称为生理盲点（physiological blind spot）。生理盲点的位置在视网膜内黄斑中心的鼻侧约 3 mm 处（图 4-2）。由于平时用两眼看物体，一侧盲点可以被另一侧视觉补偿，所以人们并未觉察自己的视野中有一处无视觉感受的区域。[1]

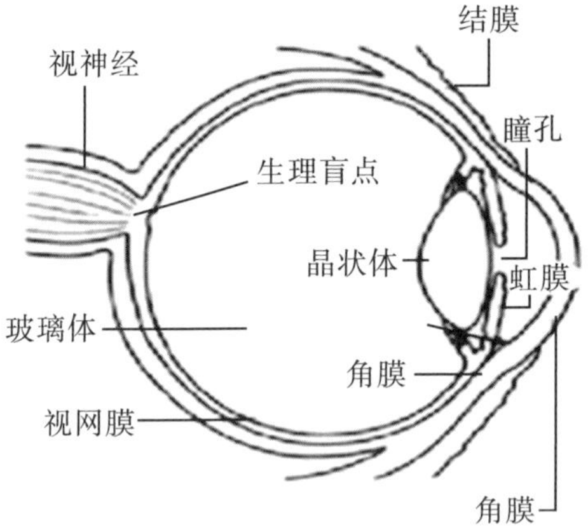

图 4-2　眼球纵剖面示意图

4. 跳眼法

跳眼法是在没有测量工具的情况下，用手指和眼睛测量远处物体与自

[1] 吴相钰，陈守良，葛明德 . 陈阅增普通生物学 [M].3 版 . 北京：高等教育出版社，2009：178-180.

己的距离的一种简略方法。其基本步骤是：将右手伸向正前方，竖起拇指，这时左眼（瞳孔）、右眼（瞳孔）、拇指构成了一个直角三角形。闭上左眼，使右眼（R）、拇指（O）、被测物（A）三者在同一条直线上（三点一线）。之后，闭上右眼，睁开左眼，则拇指在远方的位置移向 B 处。根据经验估计物体 A 与 B 之间的距离，将其乘 10 即为目标物体 A 与自己的距离。

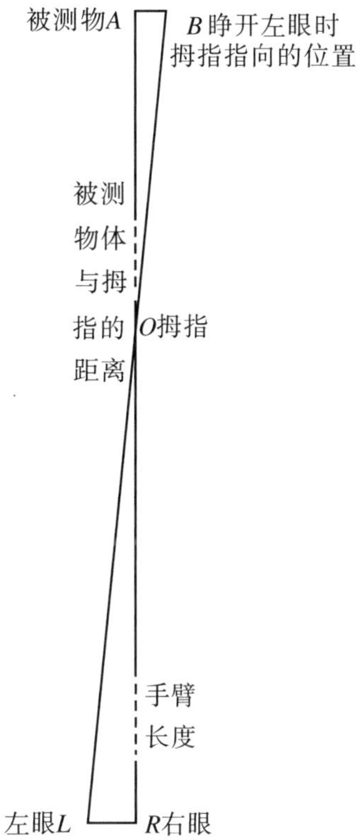

图 4-3　跳眼法原理图

跳眼法所用的生物学知识是：人的两瞳孔间距约为 6 cm，手臂长度约为 60 cm，即手臂长度是两眼瞳孔距离的 10 倍。其数学和物理学原理分别是：相似三角形原理和光沿直线传播原理。如图 4-3 所示，因为 $\triangle ABO \backsim \triangle RLO$，则 $AO:AB = RO:RL$，又因为 $RO:RL = 10:1$，所以 $AO:AB = 10:1$，则 $AO = 10AB$。

5. 两只眼睛感光

人的双眼所观察到的事物会在大脑中叠加，同样的道理，如果有一个地方两只眼睛都可以看到，而其他地方只有一只眼睛可以看到，则两眼都看到的地方要比其他地方亮，因为这个地方是两只眼睛都感光而形成的。只有一只眼睛可以看到的地方，则会暗一些。

6. 视觉暂留

当人们眼前的物体被移走之后，该物体反映在视网膜上的像不会立即消失，会继续暂留一段时间，一般为 0.1 ～ 0.4 s，我们称之为视觉暂留（visual persistence）。因此，在翻书速度很快的时候，一张张图画的动作就连了起来。这反映了视觉具有一定的惰性，也是产生错觉（illusion）的原因之一。

7. 立体视觉

两只眼睛看东西比一只眼睛看东西有优势：第一，两只眼睛看东西时的视野更大；第二，人的两只眼睛分别长在鼻子的两侧，相距约 6 cm，两只眼睛的视角不同，因此大脑会根据左右眼获得的不同图像进行处理、整合，产生立体视觉，以便更好地判断物体的距离。而一只眼睛看东西，只有一个视角，也会有一定的立体感，但立体感不足，判断距离会存在很大的不确定性。立体视觉（stereoscopic vision）是双眼视觉的最高级形式。

8. 主视眼

主视眼也称主眼、优势眼。每个人有两只眼睛，但一般而言只有一个主眼，可能是左眼，也可能是右眼，另一只眼称为副眼。主眼所看到的东西会被大脑优先接受。由于主眼运动多，获得的补给也多，往往发育得比副眼好。

三、活动目标

1. 科学观念：（1）建立角膜、虹膜、视锥细胞、视杆细胞、视网膜、视神经之间的联系，深入理解眼睛的概念；（2）能够说出主视眼的内涵。

2. 科学思维：（1）思维中具有眼睛的立体模型；（2）比较两只眼睛和一只眼睛视物时的立体感，认识到两只眼睛视物时定位更加准确。

3. 探究实践：（1）会观察瞳孔的变化，能测量瞳孔的大小；（2）会制作生理盲点检测图，能用检测图感受到自己两只眼睛的生理盲点；（3）能运用跳眼法测量远处的物体与自己的距离；（4）能够演示并解释电影、电视画面实际上是快速放映的一张张图画；（5）能够确定自己的主视眼。

4. 态度责任：（1）尊重、关爱和帮助视力有缺陷的人；（2）不歧视主视眼为左眼的人，也不歧视惯用左手的人。

四、材料器具

“奇特的眼睛”相关材料器具信息见表 4-1。

表 4–1 “奇特的眼睛”相关材料器具信息

名称	信息
瞳孔笔	医用的发黄色光的瞳孔笔（图 4-4），专用于照射眼睛，可在药店、网上商城购买，每支 23 ～ 59 元；建议选择有刻度的（有大小不一的圆），便于测量瞳孔的直径
手翻书	可在网上商城购买，每本 65 元左右
刻度尺	可在文具店购买
小镜子	可在商店购买

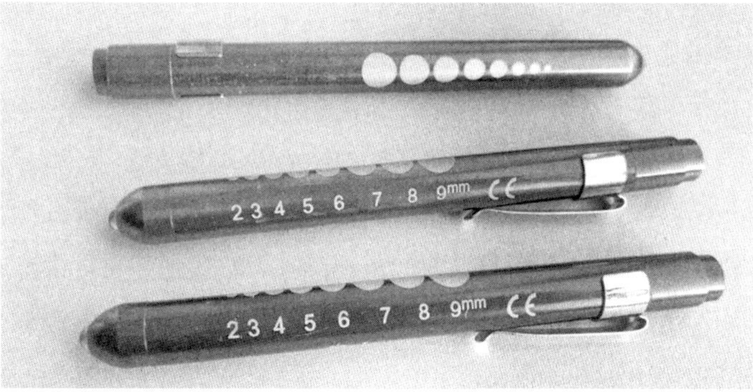

图 4-4 瞳孔笔

五、探究与实践活动

1. 观察和测量瞳孔大小

（1）在室内（光线不是特别强）用一只手拿着镜子，观察镜子中自己的瞳孔大小。

（2）用另一只手按动瞳孔笔顶端的开关，使其发光，照射自己的一只眼睛，观察瞳孔的变化，比较两只眼睛瞳孔的大小。

（3）观察同伴的瞳孔。

（4）用瞳孔笔照射同伴的一只眼睛，看其瞳孔是否会变化。

（5）比较同伴两只眼睛的瞳孔的大小。

（6）对照瞳孔笔上的圆，确定瞳孔的直径。

（7）填写表 4-2。

表 4–2

项目	自己的瞳孔直径 /mm		同伴的瞳孔直径 /mm	
	在室内光线下	用瞳孔笔照射时	在室内光线下	用瞳孔笔照射时
右眼				
左眼				

（注意：照射光不能太强烈，眼睛不适时应休息一下。不要用普通手电筒、手机上的手电筒照射眼睛。）

思考与讨论：用瞳孔笔照射瞳孔时，瞳孔为什么会缩小？移走瞳孔笔之后，瞳孔为什么又会变大？

2. 制作生理盲点检测图并运用

（1）打开电脑，新建 Word 文档 A。

（2）录入文字，标题为“测右眼盲点”，段落中的文字为：“被检查者遮蔽左眼，用右眼注视图中的‘十’字，将图从正前方 30 cm 距离处开始向眼前移动，当缓缓移到眼前大约 18 cm 时，被检查者视野中原有的黑色圆点忽然消失了。若将图形继续前移，黑点又会出现。”建议将重点词语字号放大，或加下划线（图 4-5）。

（3）在文字下方的左侧，插入一个“十”字；在右侧，插入一个黑色圆点，使二者相距 7 ～ 10 cm（图 4-5）。

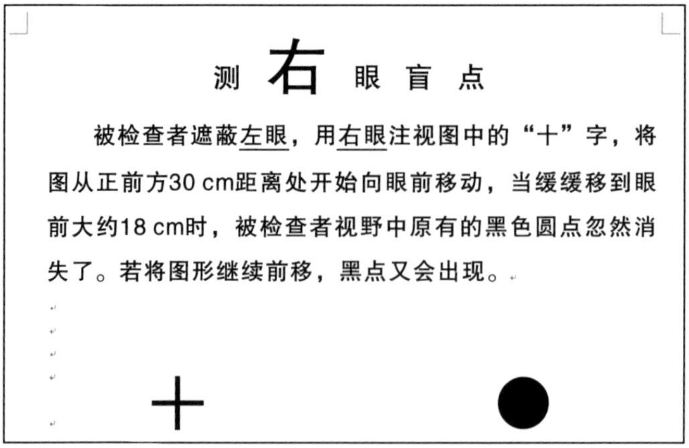

图 4-5　右眼生理盲点检测图

（4）复制文档A并粘贴至新的文档，将新文档中的“右”字改成“左”字，“左”字改成“右”字；用手按电脑键盘上的“PrtSc”键。

解读：PrtSc是Print Screen的缩写，按此键可以将显示器所显示的页面复制到剪贴板。

（5）新建“画图”文件，用鼠标点击工具栏中的“粘贴”（键盘Ctrl+V）；再用鼠标点击工具栏中的“选择”，选择文字部分，将其“剪切”下来（图4-6）。

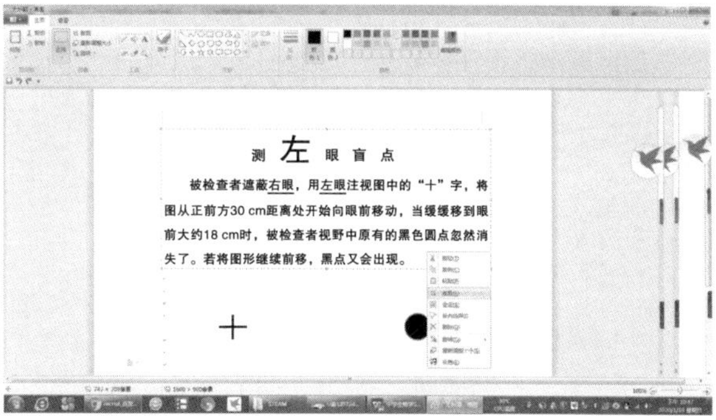

图4-6 剪切文字

（6）将剪切下来的图片“粘贴”在“新建Word文档A”页面中的最下面（图4-7）。

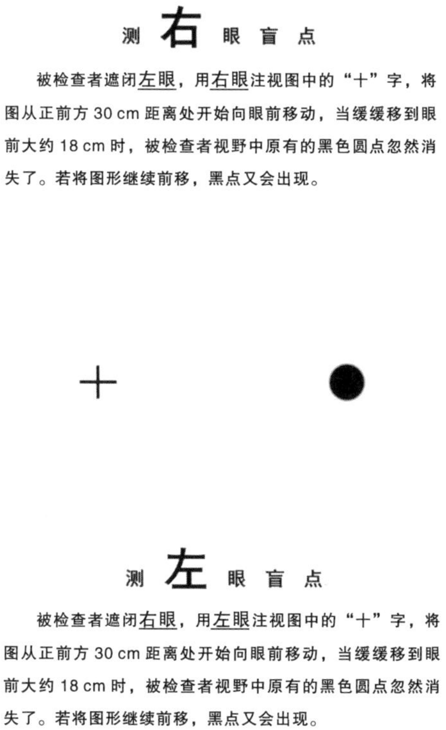
测 右 眼 盲 点

被检查者遮闭左眼，用右眼注视图中的“十”字，将图从正前方30 cm距离处开始向眼前移动，当缓缓移到眼前大约18 cm时，被检查者视野中原有的黑色圆点忽然消失了。若将图形继续前移，黑点又会出现。

测 左 眼 盲 点

被检查者遮闭右眼，用左眼注视图中的“十”字，将图从正前方30 cm距离处开始向眼前移动，当缓缓移到眼前大约18 cm时，被检查者视野中原有的黑色圆点忽然消失了。若将图形继续前移，黑点又会出现。

图4-7 粘贴文字于Word文档A最下面

（7）选中最下面的文字（实际上是图片），用鼠标点工具栏中的“旋转”，“向左旋转 90°（L）”两次，或“向右旋转 90°（R）”两次（图 4-8）。

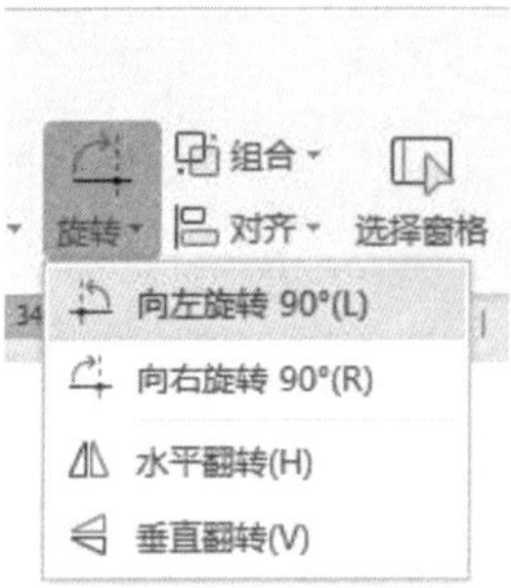

图 4-8　旋转

（8）生理盲点检测图制作完成，用打印机打印数份（图 4-9）。

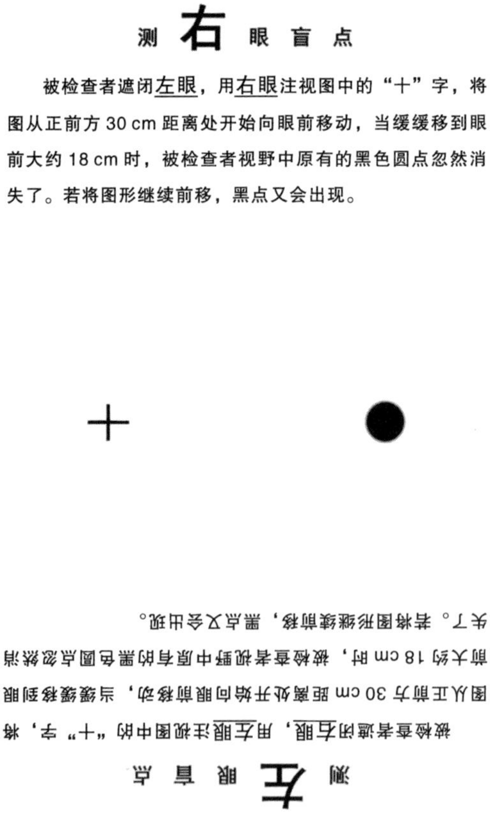

图 4-9　生理盲点检测图

（9）用右手拿着生理盲点检测图，置于正前方 30 cm 处，与眼睛高度相当。

（10）用左手捂住自己的左眼，用右眼直视检测图中的“十”字，此时可以发现黑色圆点在视觉的余光中。

（11）将检测图慢慢移向自己，右眼始终看着“十”字，只用余光去观察黑色圆点。

（12）在检测图距离自己大约 18 cm 时，会发现视野余光里的黑色圆点不见了。

（13）继续将检测图移近，会发现余光里又出现了黑色圆点。

“生理盲点检测图”文档二维码如图 4-10。

图 4-10　“生理盲点检测图”文档二维码

思考与讨论：

（1）在检测图距离自己大约 18 cm 时，为什么余光里的黑色圆点不见了？

（2）为什么在检测图距离自己很远或很近时，余光里总有黑色圆点？

（3）如何检测左眼的生理盲点？

（4）你在检测生理盲点时，“十”字和黑色圆点的距离一定得是 7 ～ 10 cm 吗？

继续探究：将“十”字和黑色圆点的距离变大或缩小，还能检测生理盲点吗？

图 4-11 “体验生理盲点”视频二维码	思考与讨论： （1）从习惯上而言，应该用一只眼直视“十”字，用余光去感受黑色圆点，但在操作中，可用眼直视黑色圆点，用余光感受“十”字吗? （2）本视频（图 4-11）在制作中出现了一个科学性错误，请你找出，并指出错在哪里[1]。

3. 运用跳眼法测量远处物体与自己的距离

设置情境：跳眼法是我国军队在战争年代常用的一种估测距离的方法。请大家观看电影《亮剑》片段（图 4-12）：我军新一团被日军包围，敌我力量悬殊。要想突围，最好的办法就是炸掉对面山坡不远处的日军指挥部。可我军仅剩两发炮弹，必须要用这两发炮弹击中目标。在团长李云龙的指挥下，王承柱用跳眼法估测了日军指挥部与我军的距离，由于太过仓促，第一发炮弹没有准确命中目标。于是，王承柱重新用跳眼法测量了距离，之后装填了最后一发炮弹。随着一声巨响，日军指挥部被炸毁。这次任务，王承柱的跳眼法起了重要的作用。

图 4-12 “跳眼法：电影《亮剑》片段”视频二维码

[1] 检测左眼生理盲点时，检测图中“十”字在左，黑色圆点在右。此时遮盖右眼，左眼直视“十”字，在检测图距自己 18 cm 左右时，右侧的黑色圆点消失了，这是完全不可能的，是科学性错误。此时直视“十”字，黑色圆点应放在外侧，原因是生理盲点都在人的鼻侧，即内侧。若黑色圆点在内侧，则其不会从余光中消失。

下面请大家用跳眼法来测量远处物体与自己的距离。

（1）右臂向前方伸出，与眼睛平齐，并与身体垂直。

（2）右手拇指竖直向上，其余四指紧握在一起。

（3）闭上左眼，通过旋转腰部，使右手拇指与远处物体（诸如远处的楼房）上某一点（点 A）重合。

（4）睁开左眼，闭上右眼。此时，拇指的影像落在远处物体右侧某点（点 B），估计两点之间的实际横向距离（AB）。

（5）将这段估出的距离（AB）乘 10，得到的就是目标与自己的大概距离。

（6）填写表 4-3。

表 4–3

测量者的瞳距 /cm		AB 两点的距离 /m	
测量者的臂长 /cm		远处物体与测量者的距离 /m	

进一步探究：（1）用尺子具体测量远处物体与自己的距离，或步测远处物体的距离；（2）实地测量 A、B 两点的距离。

方法：从测量处走向被测物体的步数（迈步速度要均匀，步幅大小基本一致），乘自己的步幅（一步的距离，以脚的中心算）。

思考与讨论：

（1）测出 AB 的距离后，一定要乘 10 吗？

（2）用跳眼法所测的远处物体的距离与实际距离有多少误差？原因是什么？

4. 墙上的圆

（1）将一张纸卷成圆筒。

（2）像使用望远镜一样把纸筒放在自己的一只眼上。

（3）两只眼睛都睁开，看身边的白墙。

（4）你是否发现通过圆筒看到墙上有一个圆（图 4-13）？

（5）试着用另一只眼观察，还有同样的效果吗？

“墙上的圆”视频二维码如图 4-14。

图 4-13　通过圆筒看墙的效果

图 4-14　“墙上的圆”视频二维码

思考与讨论：通过圆筒看墙，发现墙上有一个圆，圆内更亮，还是圆外更亮？为什么？

5. 体验视觉暂留现象

（1）拿出手翻书，用左手握紧书脊。

（2）右手捏着书边，松动拇指，让页面以一定速度翻动（图 4-15）。

（3）可以看到页面上的人物像动画片里一样动了起来。

“体验视觉暂留现象”视频二维码如图 4-16。

图 4-15　拿手翻书的姿势

图 4-16　“体验视觉暂留现象”视频二维码

注意：翻书的速度要适当，太快或太慢效果都不好。

思考与讨论：为什么页面上静态的人物动了起来？

6. 比较两只眼和一只眼视物的准确性

（1）施测者拿一支笔，竖直放到受测者前方，与受测者眼睛的高度一致。

（2）受测者在两眼都看笔尖的情况下，伸出一只手的食指，由上而下尝试触碰笔尖（至少做 3 次）。

（3）受测者捂住自己的一只眼睛，再用食指由上而下尝试触碰笔尖（至少做 3 次）（图 4-17）。

（4）换另一只眼睛尝试，结果怎样？

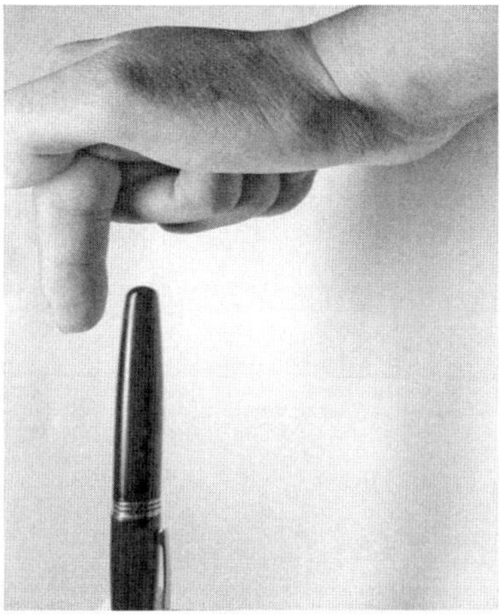

图 4-17　尝试触碰笔尖

注意：笔放的距离不要离自己太远，以手臂伸直可以够着的范围为宜。

（5）受测者一只手拿笔帽，另一只手拿笔杆；伸向正前方，笔帽与笔杆相向，与两眼等高。

（6）两眼都睁开，将笔帽与笔杆合上（至少做 3 次）。

（7）闭上一只眼睛，重做（至少 3 次）。

（8）填写表 4-4。

表 4–4

项目	触碰笔尖		合上笔帽	
	总次数	成功次数	总次数	成功次数
两眼视物				
仅右眼视物				
仅左眼视物				

“一只眼睛的距离感”视频二维码如图 4-18。

图 4-18　“一只眼睛的距离感”视频二维码

思考与讨论：为什么仅有一只眼睛睁开时成功的次数少？

7. 确定主视眼

（1）准备一张用过的 A4 纸（注意节约用纸）。

（2）在纸的中央剪一个直径为 2 cm 左右的孔。

（3）手拿着这张纸，置于自己的正前方。

（4）通过纸中央的孔，用“两只眼睛”看远处的物体，诸如墙上的插座、一朵花、黑板上的某个字。

（5）闭上左眼（注意手和纸不要移动、头和眼也不要移动），还能看到那个物体吗？如果能看到，则你的右眼是主视眼。

（6）睁开左眼，闭上右眼（注意手和纸不要移动、头和眼也不要移动），还能看到那个物体吗？如果能看到，则你的左眼是主视眼。

［**案例评析**］“奇特的眼睛”主张在知识学习的基础上运用知识，让学生通过实践——观察和测量瞳孔大小、检测生理盲点、体验视觉暂留、感受一只眼睛视物时判定的不准确性，使其具有切身的体会。同时，通过实践掌握书本上学不到的知识，例如“跳眼法”“主视眼”。案例也充分体现了工程学特点，诸如物化的产品——生理盲点检测图，获得的数据——瞳孔的大小、远处物体与自己的距离，结论——哪只眼是主视眼。完成这些任务对学生的技能具有不小的挑战，尤其是“制作生理盲点检测图”，此

外“运用跳眼法测量远处物体与自己的距离”需要学生具有肢体技能、计算技能、计算机技能。案例中也隐含着人文素养，诸如为了“不伤害”眼睛，学生不用日常生活中的手电筒、手机上的手电筒去照射眼睛（因为光线太强，具有伤害性）；制作的生理盲点检测图要美观实用；对“一只眼有视力障碍者的不便”感同身受；对主视眼是右眼或左眼的人一视同仁，进而不歧视惯用左手者；同时特别尊重学生学习的自主性和独立性，突出教师的帮助者角色。案例综合运用了生物学、物理、数学及计算机等学科的知识和能力。

案例 2 制作 DNA 分子双螺旋结构模型

［**适用年级及学生基础**］“制作 DNA 分子双螺旋结构模型”适用于高一及以上年级，学生要知道核酸的两大类型，明确 DNA 分子双螺旋结构的主要特点，能够区分右手螺旋和左手螺旋，知道 DNA 分子双螺旋的直径、相邻碱基对的间距。

一、情境创设

2007 年，国务院决定在教育部直属的六所师范大学实行师范生免费教育。免费师范生在校学习期间免除学费、免缴住宿费，并补助生活费，也就是我们常说的“两免一补”。[1]“两免一补”可以使每一个免费师范生在大学四年的时间内，为家庭省下 7 万～ 8 万元。2018 年 7 月，国家将“免费师范生”改称为“公费师范生”[2]。这一系列的措施，都是为了“把最优秀的学生吸引到师范院校来，把最有才华的学生培养成人民教师”[3]。事实也

[1] 见《国务院办公厅转发教育部等部门关于教育部直属师范大学师范生免费教育实施办法（试行）的通知》（国办发〔2007〕34 号）.

[2] 见《国务院办公厅关于转发教育部等部门教育部直属师范大学师范生公费教育实施办法的通知》（国办发〔2018〕75 号）.

[3] 王付友 . 爱洒教育：史宁中代表回忆温总理对教育事业的关怀 [J]. 吉林人大，2007（4）：17.

图 4-19　DNA 分子双螺旋结构模型

的确如此，这些公费师范生的高考成绩非常突出，都是优秀的高中生。比如，陕西师范大学的公费师范生，很多人的高考成绩都超过了“985”高校的录取分数线。但是，这些学生在基础教育阶段的学习也有不足。比如，有些生命科学学院的公费师范生，他们的生物学成绩非常好，但掌握的多是书本知识，实践能力欠缺；很多人在高中时没有制作过 DNA 分子双螺旋结构模型（图 4-19）；一个班里 50 个学生，只有十多个学生见过 DNA 分子结构模型，拆装过模型的仅有三四个。问其原因，有的说是学校没钱买，有的说是老师不让拆装。不可否认，我国还有很多学校缺少经费，不能购买必备的仪器和设备，也有不少教师虽然知识渊博，但实践能力和组织实践教学的能力不足。然而，国家课程文件明确要求“教学过程重实践”，要让学生“制作 DNA 分子双螺旋结构模型”[1]。基础教育应该严格按照国家的文件精神来实施。

二、相关概念和原理

1. 核酸

核酸是细胞内携带遗传信息的物质，包括两大类：一类是脱氧核糖核酸（desoxyribonucleic acid），简称 DNA；另一类是核糖核酸（ribonucleic acid），简称 RNA。DNA 主要分布在细胞核内，RNA 大部分存在于细胞质中。核酸的基本组成单位是核苷酸（nucleotide），一个核苷酸是由一分子含氮的碱基（base）、一分子五碳糖（pentose）和一分子磷酸（phosphoric

[1] 中华人民共和国教育部 . 普通高中生物学课程标准（2017 年版）[M]. 北京：人民教育出版社，2018：2，18.

acid）组成的。[1]

2. 脱氧核糖核酸

脱氧核糖核酸（DNA）的基本组成单位是脱氧核糖核苷酸，简称脱氧核苷酸，由一分子含氮的碱基、一分子脱氧核糖和一分子磷酸组成。脱氧核糖核酸由几十个乃至上亿个脱氧核苷酸按一定的次序连接构成，是一条很长的链，通常 DNA 含有两条这样的长链。

3. 含氮碱基

含氮碱基是组成核酸的一种化合物，典型特征为都含有 N 元素，分为嘌呤和嘧啶两类，为碱性且构成核酸的基团。含氮碱基共有五种：腺嘌呤（A，adenine）、鸟嘌呤（G，guanine）、胞嘧啶（C，cytosine）、胸腺嘧啶（T，thymine）、尿嘧啶（U，uracil）。两两可以配对，A 与 T 或 A 与 U 配对，G 与 C 配对，构成核酸的内侧链。

DNA 的含氮碱基共有四种，分别是腺嘌呤（A）、鸟嘌呤（G）、胞嘧啶（C）、胸腺嘧啶（T）。RNA 的含氮碱基也有四种，分别是腺嘌呤（A）、鸟嘌呤（G）、胞嘧啶（C）、尿嘧啶（U）。DNA 与 RNA 的第一个不同点在于，DNA 含有胸腺嘧啶（T），RNA 含有尿嘧啶（U）；第二个不同点是，DNA 所含的五碳糖是脱氧核糖（图 4-20），RNA 所含的五碳糖是核糖。

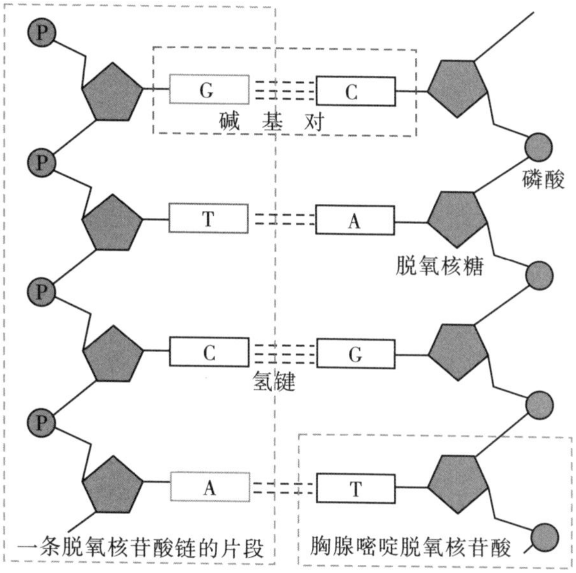

图 4-20　DNA 分子的结构模式图

[1] 人民教育出版社课程教材研究所生物课程教材研究开发中心．普通高中课程标准实验教科书　生物 1　必修　分子与细胞 [M]. 北京：人民教育出版社，2004：26-28.

4.DNA 分子双螺旋结构

DNA 分子双螺旋结构是 DNA 基本结构通过螺旋形成的立体构型，即双链进行螺旋形成的如“螺旋扶梯”的结构。

DNA 分子双螺旋结构的主要特点有：（1）DNA 分子是由两条链构成的，这两条链按反向平行方式盘旋成双螺旋结构；（2）DNA 分子中的脱氧核糖和磷酸交替连接，排列在外侧，构成基本骨架，碱基排列在内侧；（3）两条链上的碱基通过氢键连接成碱基对，并且碱基配对有一定的规律，A（腺嘌呤）一定与 T（胸腺嘧啶）配对，G（鸟嘌呤）一定与 C（胞嘧啶）配对。

5. 左手螺旋和右手螺旋

用左手握着一个圆柱体，竖起拇指，沿着四根手指的方向绕着圆柱体缠线，线圈向拇指的方向上升，所形成的螺旋即为左手螺旋（图 4-21）。也就是说，从上面来看，左手螺旋按顺时针方向旋转上升。例如，图 4-22 中外观螺旋形的大楼，其螺旋方向为左手螺旋。

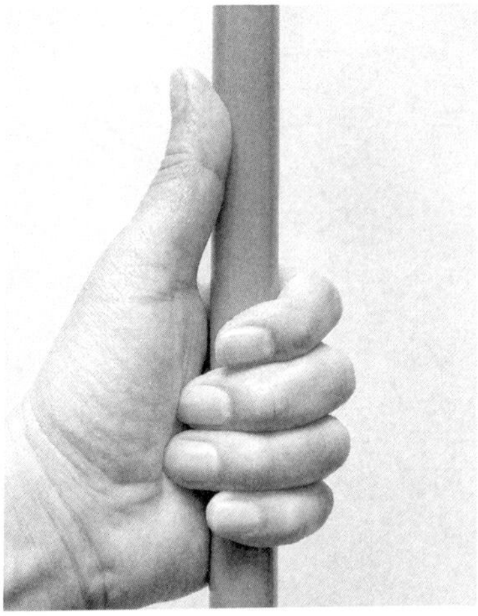

图 4-21　左手握着一个圆柱体

图 4-22　左手螺旋的大楼

用右手握着一个圆柱体，竖起拇指，沿着四根手指的方向绕着圆柱体缠线，线圈向拇指的方向上升，所形成的螺旋即为右手螺旋（图 4-23）。换言之，从上面看，右手螺旋按逆时针方向螺旋上升。

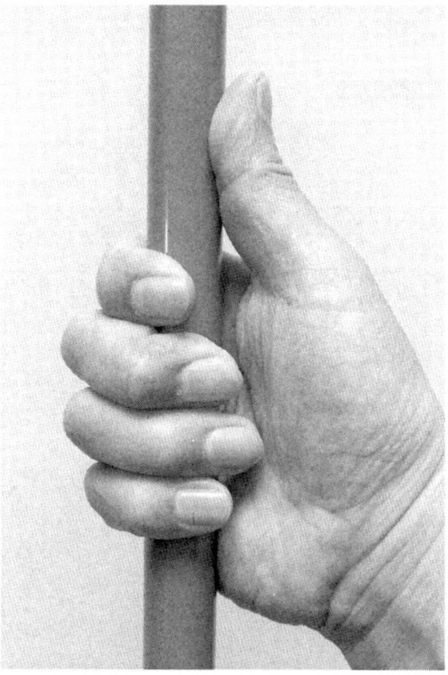

图 4-23 右手握着一个圆柱体

6.DNA 分子的螺旋方向

人们发现，天然的 DNA 分子是以右手螺旋结构形式存在的，沃森和克里克于 1953 年建构的 DNA 分子双螺旋结构模型就是右手螺旋的。1979 年 12 月，英国《自然》杂志报道科学家发现了一种与右手双螺旋模型颇不相同的 DNA：它的脱氧核糖－磷酸骨架具有反常的“Z”字形走向，并以左手方式旋转[1]。右手双螺旋 DNA 是生物系统中普遍存在的形式，左手双螺旋 DNA 是一种全新的 DNA 结构类型。

7.DNA 双螺旋模型中的数字

DNA 双螺旋的直径约为 2 nm，相邻碱基对之间的距离为 0.34 nm 并且沿轴旋转 36°。因此，从任一碱基对开始向上数 10 个碱基对或向下数 10 个碱基对之后，碱基对又转回原来的位置，即它们方向一致，是平行的，二者相距 3.4 nm。腺嘌呤（A）与胸腺嘧啶（T）之间有 2 个氢键，鸟嘌呤（G）与胞嘧啶（C）之间有 3 个氢键。A 与 T 数量之比是 1∶1，G 与 C 数量之比也是 1∶1。[2]

[1] 一成. 左手双螺旋：DNA 结构的新发现 [J]. 化学通报，1980（5）：61.

[2] 吴相钰，陈守良，葛明德. 陈阅增普通生物学 [M].3 版. 北京：高等教育出版社，2009：26-27.

三、活动目标

1. 科学观念：（1）能够说出 DNA 分子的构成成分；（2）明确 DNA 分子的双螺旋结构。

2. 科学思维：（1）能判断和区别右手螺旋与左手螺旋；（2）能够指出自己制作的 DNA 分子双螺旋结构模型的优点和不足。

3. 探究实践：（1）用编结法制作 DNA 分子右手双螺旋结构模型；（2）用编结法制作 DNA 分子左手双螺旋结构模型；（3）改进编结法制作 DNA 分子双螺旋结构模型；（4）用折纸法制作 DNA 分子右手双螺旋结构模型；（5）用折纸法制作 DNA 分子左手双螺旋结构模型；（6）在电脑上制作折叠 DNA 模型图纸。

4. 态度责任：（1）能够对制作方法进行改进和完善；（2）想方设法用不同材料制作 DNA 分子双螺旋结构模型；（3）尝试制作比例科学的 DNA 分子双螺旋结构模型。

四、材料器具

“制作 DNA 分子双螺旋结构模型”相关材料器具信息见表 4-5。

表 4-5　“制作 DNA 分子双螺旋结构模型”相关材料器具信息

名称	信息
鞋带	把穿了多年的、准备废弃的鞋子的鞋带取下，长度相同，大约 60 cm；颜色至少有两种；数量至少有 3 根
中国结线材	编织线，1 号线（线粗 9 mm）、2 号线（线粗 6 mm）、3 号线（线粗 4.5 mm）、4 号线（线粗 3 mm）、5 号线（线粗约 2 mm）、6 号线（线粗约 1.5 mm）、7 号线（线粗约 1 mm），颜色有红色、黄色、蓝色，至少要买两种不同颜色的线；4 号线 500 g，长约 110 m，含运费共 185 元左右，编出来的模型有中指粗细；网上商城有售
皮筋	橡皮筋、橡胶圈、牛皮筋
铅笔、A4 纸、直尺、裁纸刀	自己已有文具，若有缺少器具可在文具店购买
筷子	家里使用过的筷子即可

五、探究与实践活动

1. 用编结法制作 DNA 分子双螺旋结构模型（右手螺旋）

（1）将不同颜色的中国结线材剪成 60 cm 长的小段。

（2）取两种不同颜色的中国结的编织线 3 根，例如黄色 2 根、红色 1 根（亦可黄色 1 根、红色 2 根）。

（3）将黄色的线对折两次，作为主线（图 4-24）。

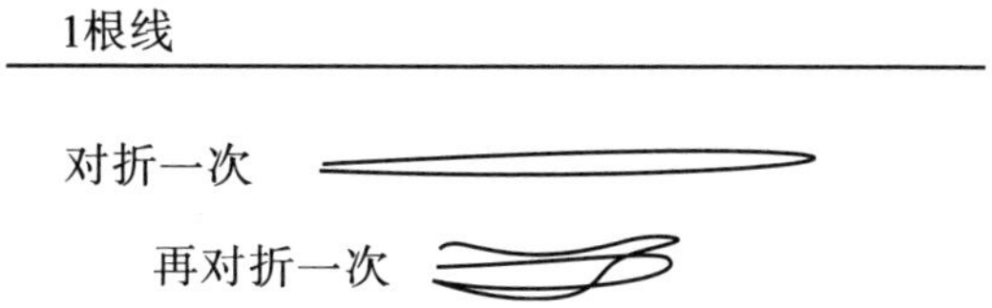

图 4-24　将 1 根线对折两次

（4）将另外 2 根线（1 根红色、1 根黄色）作为副线。

（5）将 2 根副线和 1 根主线顶端对齐，用皮筋绑扎，扎紧（图 4-25）。

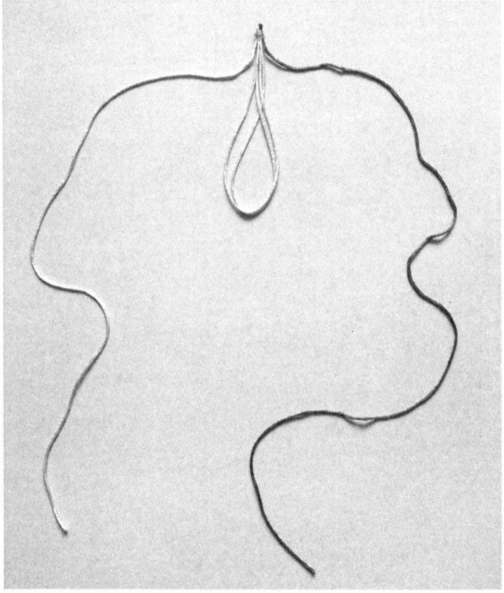

图 4-25　将 2 根副线和 1 根主线用皮筋绑扎

（6）将左边的副线从主线的下面绕到对侧，形成半圆；将右边的副线从主线的上面绕到对侧，也形成半圆（左下、右上）（图 4-26）。

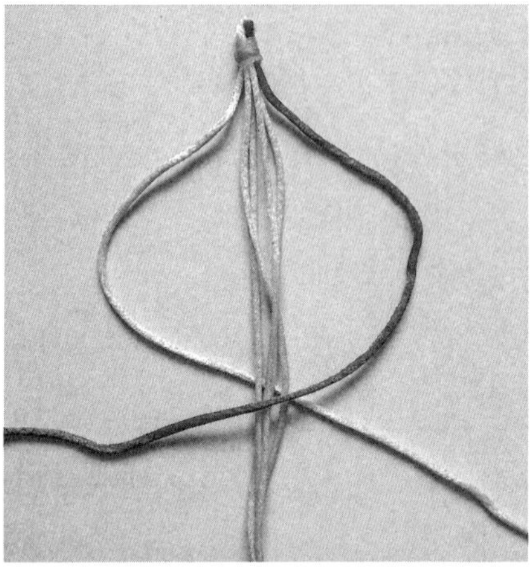

图 4-26　左下右上绕主线

（7）把从左到右的线，从下向上穿过（右）半圆；把从右到左的线，从上向下穿过（左）半圆（图 4-27）。

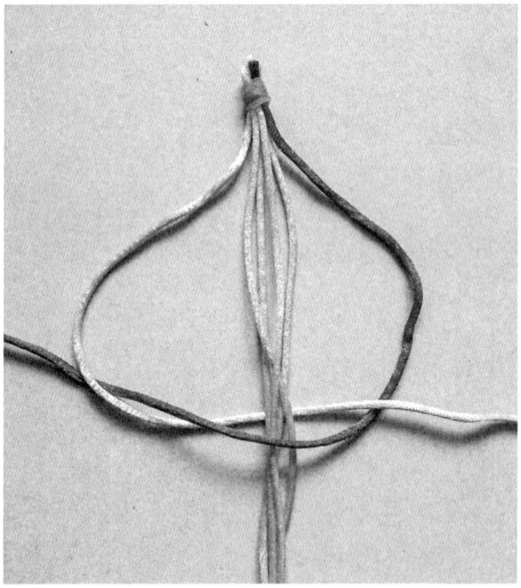

图 4-27　下线上穿，上线下穿

（8）将左右两根线用力拉紧。

（9）重复（6）（7）（8）步骤。

注意：只区分左右，不要关注颜色。

（10）编结到最后，即成为一个 DNA 分子双螺旋结构模型（右手螺旋)(图 4-28)。

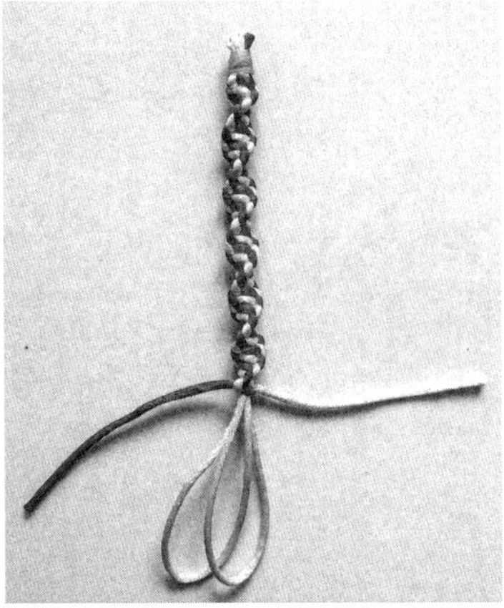

图 4-28　3 根线编结的 DNA 分子双螺旋结构模型

解读：

（1）凸出的是两个螺旋，每个螺旋都由两种颜色构成，分别代表磷酸和脱氧核糖；凹下去的是连接两个螺旋的碱基对，也有两种颜色，分别代表两种碱基对：A — T、G — C。

（2）将左边的副线从主线的下面绕到对侧，形成半圆。将右边的副线从主线的上面绕到对侧，也形成半圆，即“左下、右上”绕过主线，所编织的 DNA 分子结构模型系右手螺旋。编结左手螺旋，则相反，即“左上、右下”绕过主线。

（3）编结 DNA 分子结构模型有助于学生对 DNA 分子双螺旋结构的直观认识，但此模型也有很多不足，诸如连接脱氧核糖 – 磷酸骨架的碱基对虽说有两种，但是它们相间排列，与事实不符，没有哪一种生物的 DNA 分子的碱基对是如此有规律地相间排列的。

建议：

（1）编结 DNA 分子结构模型时，要用力拉紧，这样编结的 DNA 分子结构模型更笔挺。

（2）编结到最后时，可以用皮筋将剩余的主线、副线扎起来。

“编结 DNA 分子结构模型”视频二维码如图 4-29。

图 4-29 “编结 DNA 分子结构模型”视频二维码

拓展实践：

（1）下列两个 DNA 分子双螺旋结构模型（图 4-30），其螺旋方向不同，哪一个是右手螺旋，哪一个是左手螺旋？

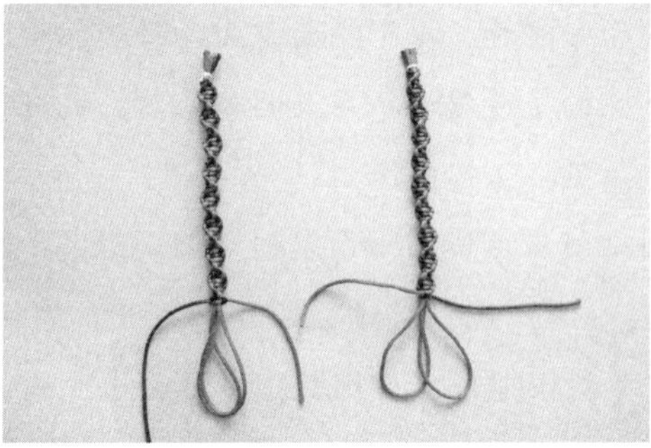

图 4-30 螺旋方向不同的两个 DNA 分子结构模型

（2）在熟练编结 DNA 分子右手双螺旋结构模型的基础上，尝试编制 DNA 分子左手双螺旋结构模型。

2. 改进编结法制作 DNA 分子双螺旋结构模型

用 3 根中国结线材编结 DNA 分子双螺旋结构模型，除了浪费线材，还有一个不足是太软，不能直立放置，不便于展示和观察。鉴于此，可以使用 1 根筷子和 2 根中国结线材编结 DNA 分子结构模型。

（1）取 1 根筷子和 2 根不同颜色的线。

（2）将 2 根线与筷子的粗端对齐，用皮筋绑扎（图 4-31）。

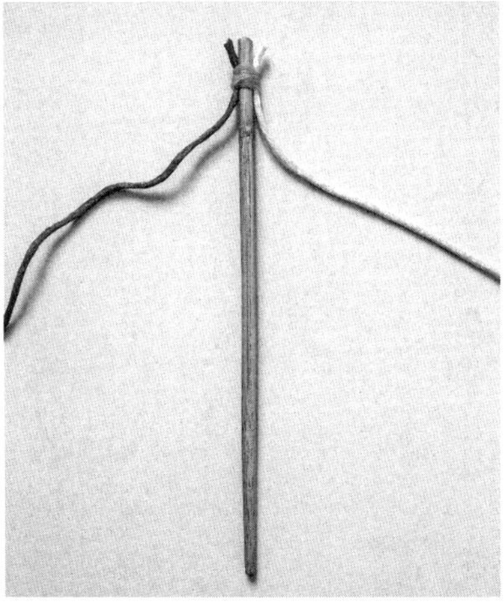

图 4-31 将 1 根筷子与 2 根线绑扎起来

（3）将左侧的线从筷子的下面绕到对侧，形成半圆；将右侧的线从筷子的上面绕到对侧，也形成半圆（左下、右上)(图 4-32）。

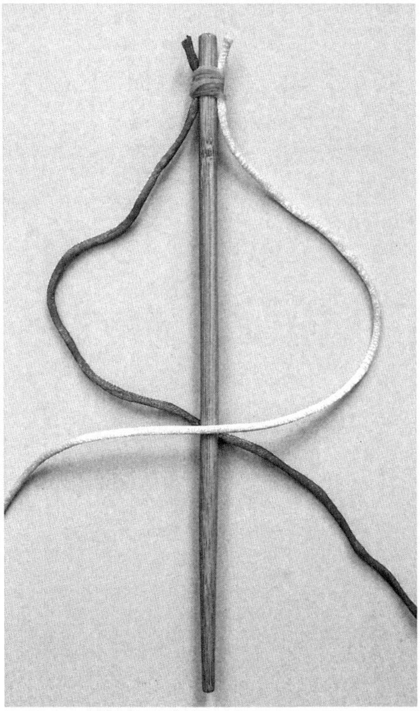

图 4-32 左下、右上绕筷子

（4）把从左到右的线，从下向上穿过（右）半圆；把从右到左的线，从上向下穿过（左）半圆（图 4-33）。

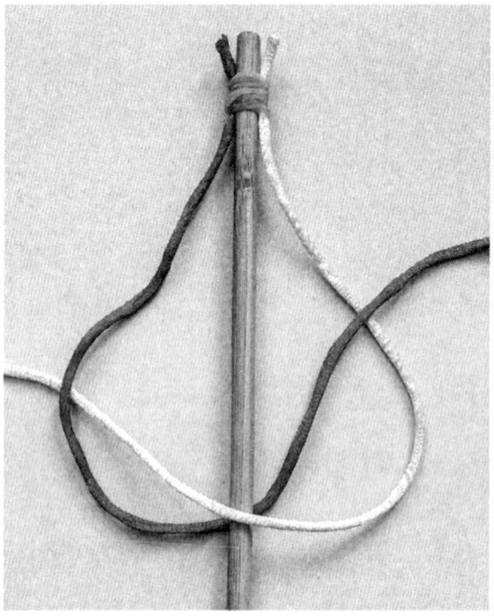

图 4-33　下线上穿，上线下穿

（5）将左右两根线用力拉紧。

（6）重复（3）（4）（5）步骤。

注意：只区分左右，不要关注颜色。

（7）编结到最后，即成为一个 DNA 分子双螺旋结构模型（右手螺旋）（图 4-34）。

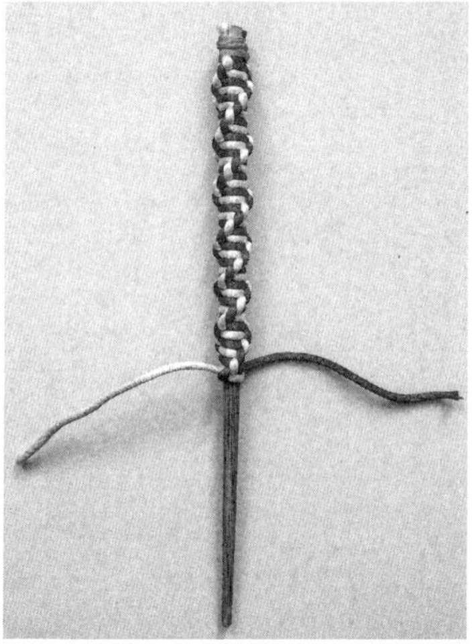

图 4-34　2 根线和 1 根筷子编结的 DNA 分子双螺旋结构模型

思考与讨论：比较 3 根线编结的 DNA 分子双螺旋结构模型和 2 根线、1 根筷子编结的 DNA 分子双螺旋结构模型各自的优点和不足。

拓展实践：尝试用珠子、塑料片等不同材料编结 DNA 分子双螺旋结构模型（图 4-35）。

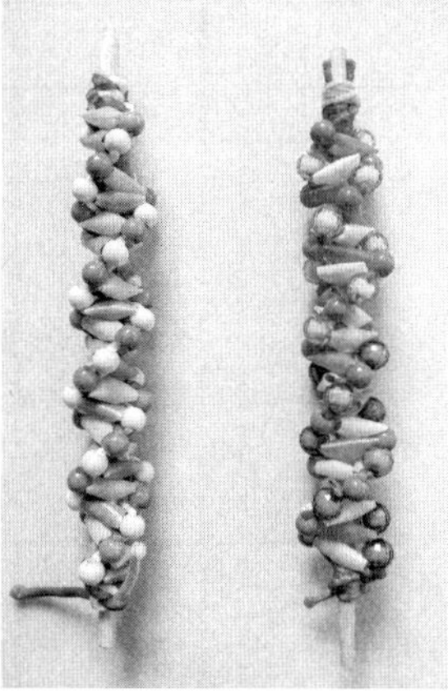

图 4-35　陕西师范大学生命科学学院学生编结的 DNA 分子双螺旋结构模型

3. 用 A4 纸折叠 DNA 分子双螺旋结构模型

（1）取一张 A4 纸，将其左右对折，然后展开，在对折处画线（图 4-36）。

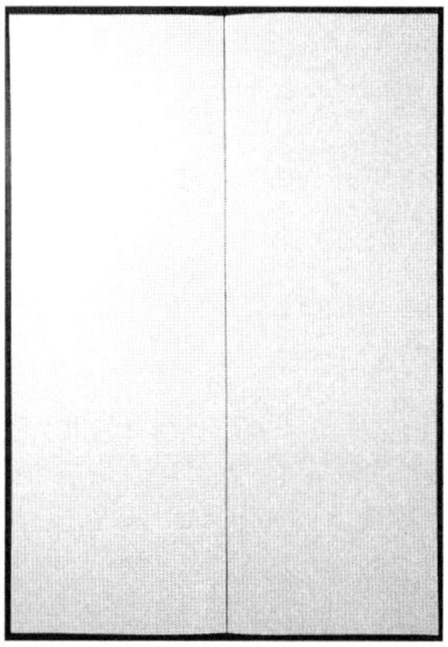

图 4-36　在一张 A4 纸中间画线

注意：画线时，要用力，这样有利于折痕的形成。

（2）在折线左右两边 1.5 cm 处画两条平行线，再在距 A4 纸两边 1.5 cm 处画两条平行线（图 4-37）。

（3）对折 A4 纸，使左右两边完全重合。此时，左右两边有两个窄长条，中间有一个宽长条（图 4-38）。

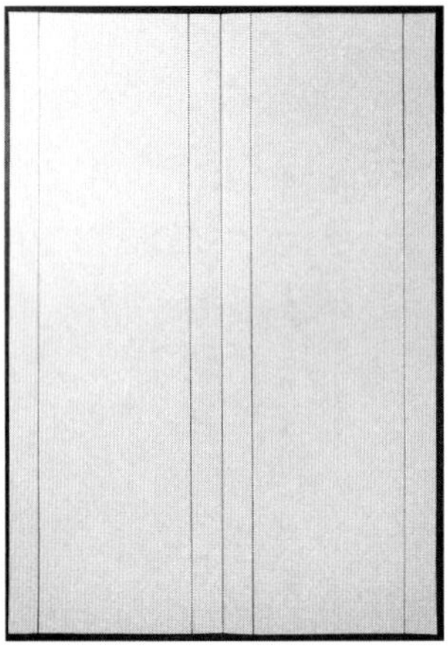

图 4-37　画四条平行线

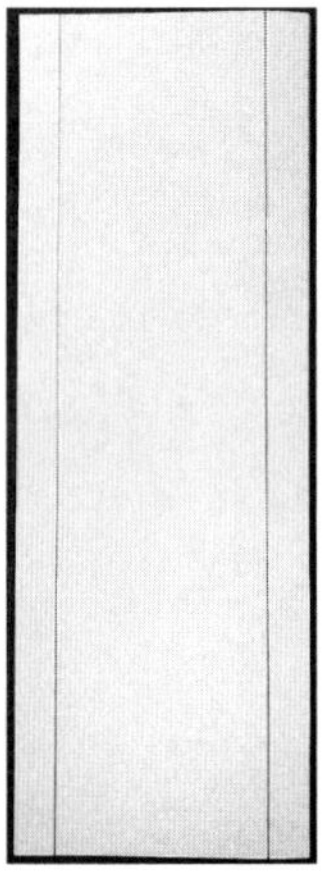

图 4-38　对折

（4）将中间的宽长条分为 18 或 19 个 1.5 cm 宽的长方形，用裁纸刀把最后多余（不够 1.5 cm 宽）的纸裁掉（图 4-39）。

（5）从每个长方形的右上角到左下角画对角线，类似“人”字的一撇，而不是一捺（图 4-40）。

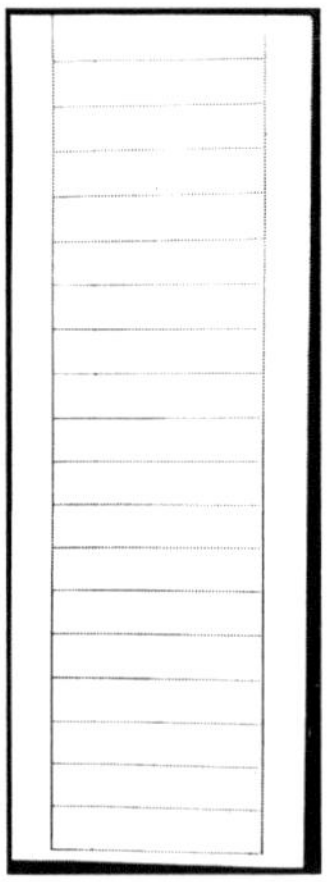

图 4-39　画 19 个宽 1.5 cm 的长方形

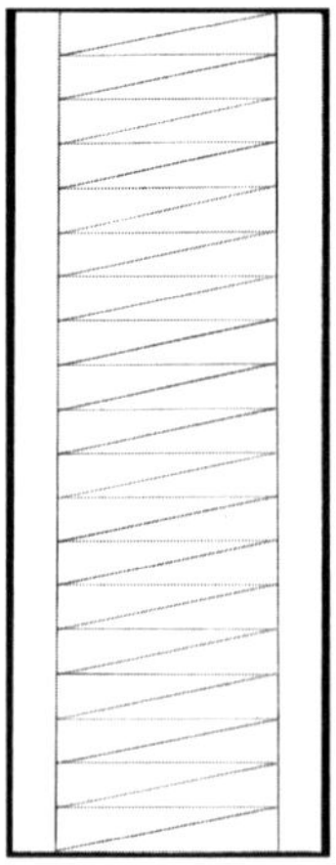

图 4-40　从右上角到左下角画对角线

（6）依次将长方形的长边“凸向自己”折下折痕，可用指甲或直尺用力压，注意不要折左右两边 1.5 cm 宽的窄长条。

（7）再依次将对角线“凹向自己”折下折痕（不要凸向自己，要凸向你前面那个人），用力折，但不要折左右两边 1.5 cm 宽的窄长条。

（8）将左右两边 1.5 cm 宽的窄长条，一边向上折叠，一边向下折叠（哪边向上，哪边向下无所谓，只要方向相反即可）（图 4-41）。

图 4-41　将左右两边的窄长条向相反方向折

（9）用手捏着第一个宽长条的中间，使对角线向外折（折向他人），长边向内折（折向自己）（图 4-42）。

（10）依次折叠，可得到一些“圆饼”；将数层“圆饼”相互嵌套，形成一个培养皿的形状（图 4-43）。

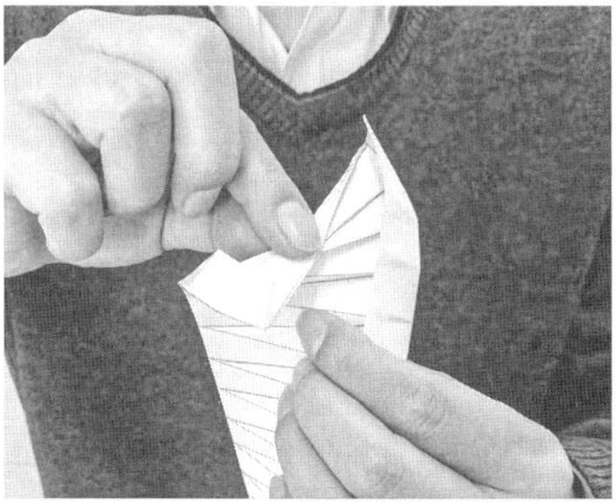

图 4-42　对角线向外折，长边向内折

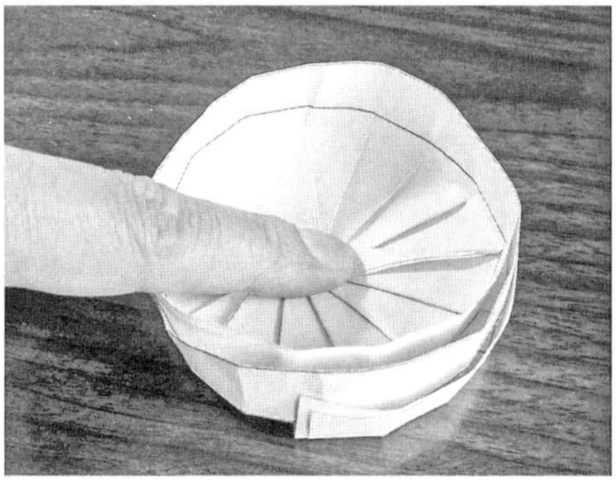

图 4-43　折叠成培养皿的形状

注意：要时刻整理外侧窄长条，使窄长条竖立。

（11）压实“圆饼”（培养皿），然后将“圆饼”（培养皿）拉开，一个漂亮的 DNA 分子双螺旋结构模型就完成了（图 4-44）。

"用 A4 纸折叠 DNA 分子双螺旋结构模型"视频二维码如图 4-45。

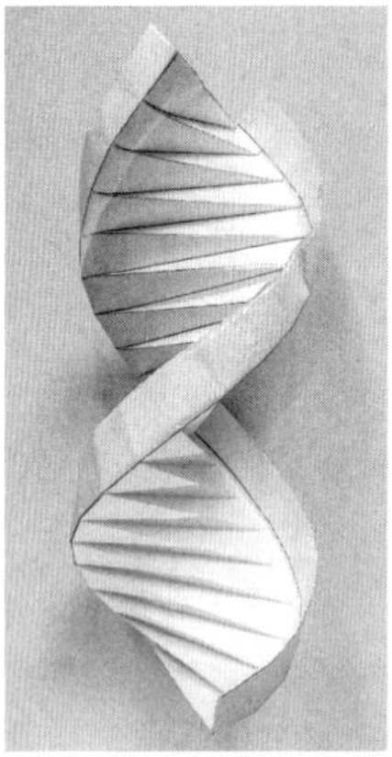

图 4-44　用 A4 纸折叠的 DNA 分子双螺旋结构模型

图 4-45　"用 A4 纸折叠 DNA 分子双螺旋结构模型"视频二维码

拓展实践：（1）从右上到左下画长方形的对角线，可以保证折叠的 DNA 分子模型是右手螺旋；如果从左上到右下画长方形的对角线，则可以折叠左手螺旋 DNA 分子双螺旋结构模型。请你在折叠右手螺旋 DNA 分子双螺旋结构模型的基础上，尝试折叠左手螺旋 DNA 分子双螺旋结构模型。（2）尝试在折叠成的 DNA 分子双螺旋结构模型上标出四种碱基、磷酸和脱氧核糖（图 4-46）。

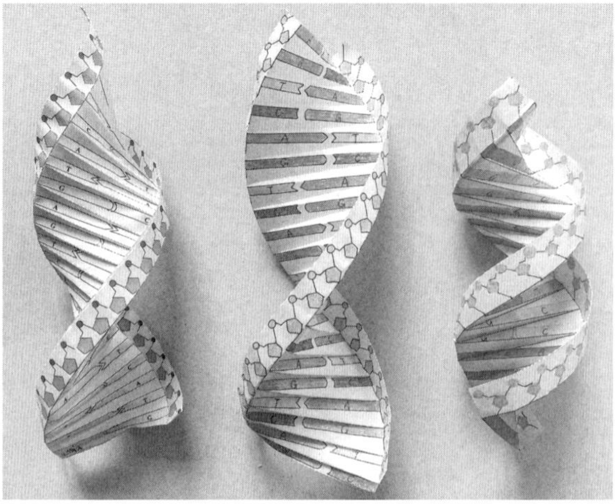

图 4-46　陕西师范大学生命科学学院学生折叠的 DNA 分子双螺旋结构模型

思考与讨论：用A4纸折叠DNA分子双螺旋结构模型，有什么困难？折出的纸质模型有什么不足？

4. 改进折纸法制作DNA分子双螺旋结构模型

用纸笔画线制作DNA分子双螺旋结构模型会使折叠非常容易，原因在于笔在画线时形成了压痕，折叠时顺势而为即可完成。但是，画线的工作占用了大量的时间。能否在Word上设计出这样的图形，然后用打印机打印出来呢？另外，在折叠对角线时，因为背面没有（对角）线，所以需要估计着折叠，能否在Word文档中将背面的对角线画出来呢？我们可以尝试设计。

（1）打开电脑，新建一个Word文档，将其命名为“折叠DNA模型图纸”（以下简称“图纸”）。

（2）双击鼠标，打开“图纸”。

（3）打开工具栏中“文件”的下拉列表框，选择“文件”“页面设置”（图4-47）。

图4-47 选择“文件”“页面设置”

（4）将页边距的上、下、左、右都设置为 0（图 4-48）。

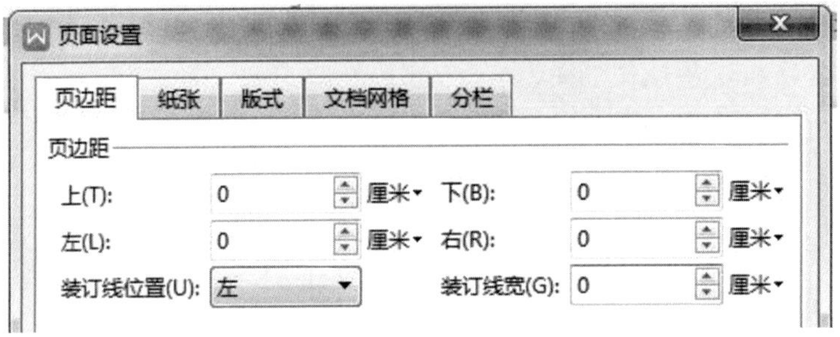

图 4-48　将页边距的上、下、左、右都设置为 0

（5）在工具栏中选择“插入”“表格”“插入表格”，在列数输入“6”，在行数输入“19”，做成一个“19 行 ×6 列”的表格（图 4-49）。

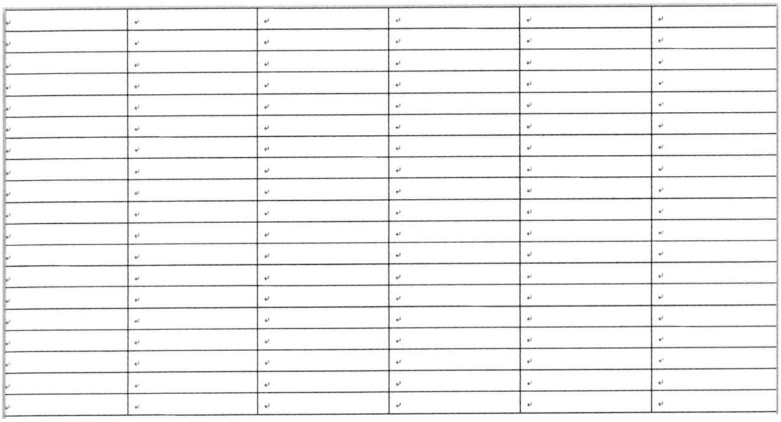

图 4-49　做成 19 行 ×6 列的表格

（6）在界面的右下角，将 Word 页面设置成 100% 的比例（图 4-50）。

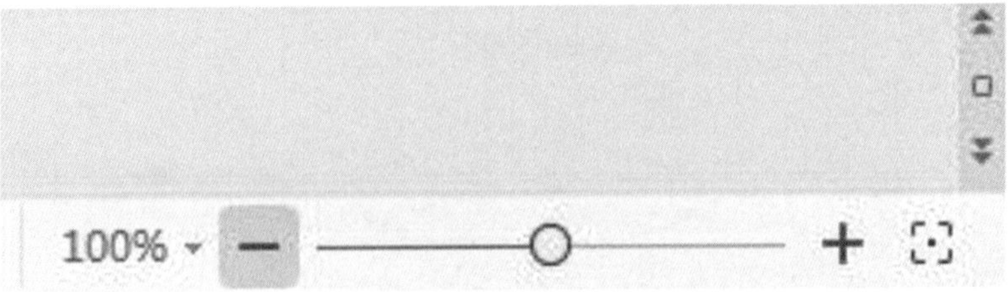

图 4-50　将页面设置成 100% 的比例

（7）将第 1 列、第 3 列、第 4 列、第 6 列的宽度设置成 1.5 cm（图 4-51）。

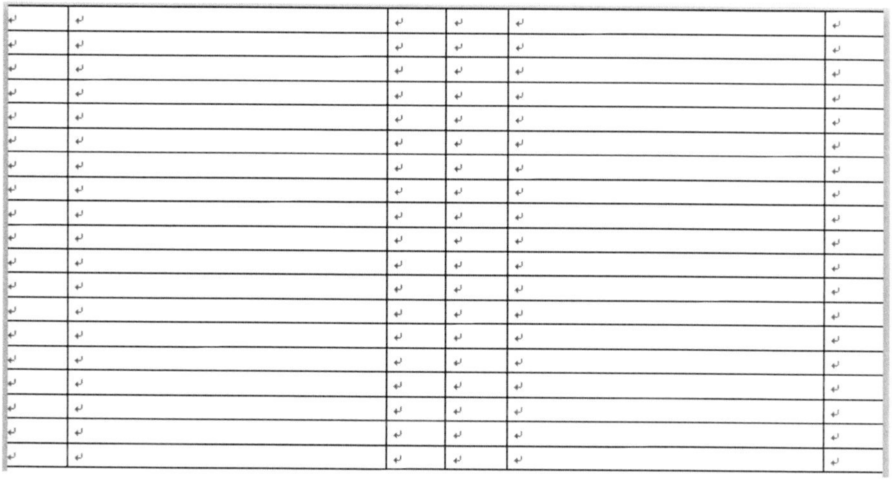

图 4-51 将第 1 列、第 3 列、第 4 列、第 6 列的宽度设置成 1.5 cm

（8）用鼠标将表格的底线拖动到页面的最底端，选中所有表格；用鼠标点击工具栏中的“表格工具”“自动调整”“平均分布各行”（图 4-52），则各行高度变大且一致。

图 4-52 平均分布各行

（9）选中表格左侧一列，用鼠标点“开始”、边框的图标，分别点击

“下框线”“上框线”“内部横框线”，则左侧一列框线消失（图 4-53）。

图 4-53　消去左侧一列框线

（10）同样的做法，使第 3 列、第 4 列、第 6 列的框线消失（图 4-54）。

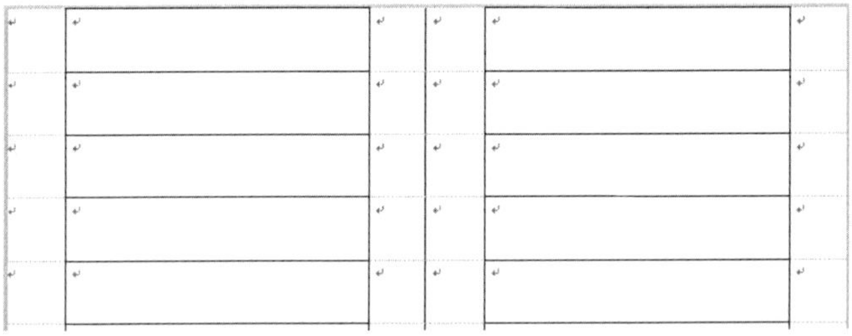

图 4-54　消去第 3 列、第 4 列、第 6 列的框线

（11）选中右侧的框线，用鼠标点击工具栏中的“表格样式”，点线形图标，选择一种虚线（图 4-55）。

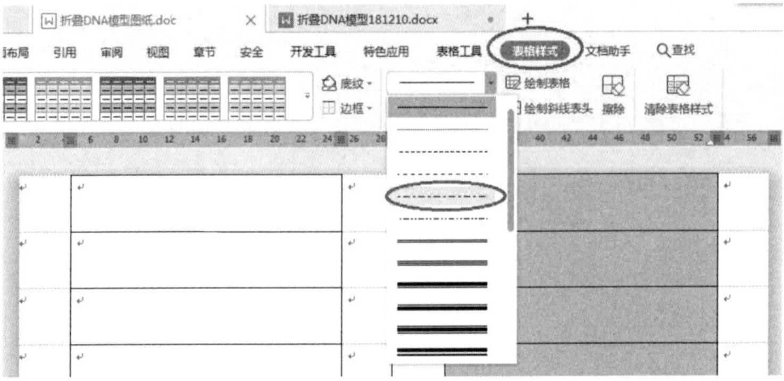

图 4-55　选择虚线

（12）用鼠标点击工具栏中的“开始”、框线图标、“所有框线”，则右侧框线变成虚线（图 4-56）。

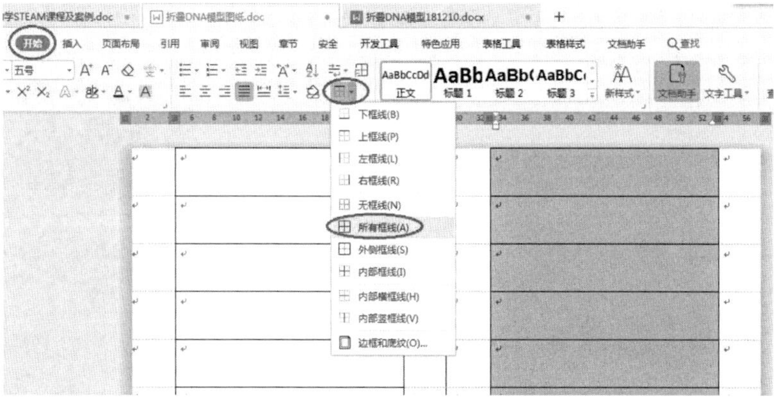

图 4-56　将右侧框线变成虚线

解读：左侧框线是实线，表示正面，在折叠时这一面朝上；右侧框线是虚线，表示背面，在折叠时这一面朝下。

（13）点击“表格样式”，选择“线形”为实线；点击“表格工具”选择“绘制表格”，鼠标变成笔的形状；在左侧长方形从右上到左下画对角线（图 4-57）。

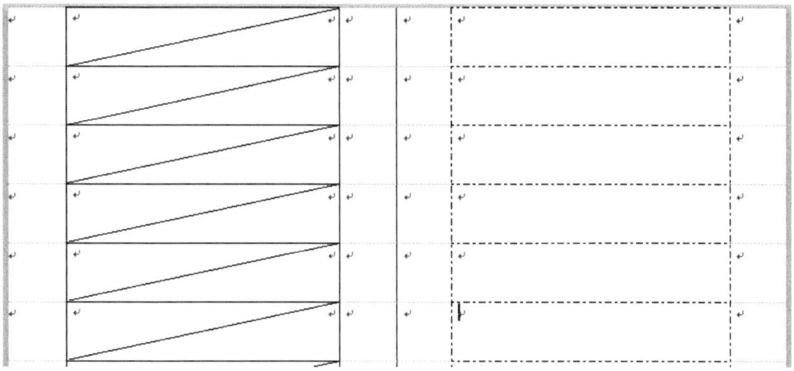

图 4-57　画左侧长方形的对角线（实线）

解读：从右上到左下画对角线，可以使折叠出的 DNA 分子结构模型系右手螺旋。

（14）在右侧长方形从左上到右下画对角线，将其画成虚线（图4-58）。

“折叠DNA模型图纸”文档二维码如图4-59。

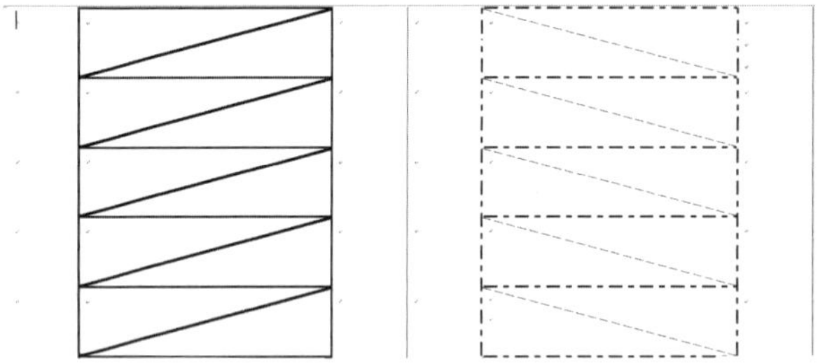

图4-58　画右侧长方形的对角线（虚线）

图4-59　“折叠DNA模型图纸”文档二维码

解读：左侧长方形从右上到左下画对角线，右侧长方形从左上往右下画对角线，这样可以使A4纸左右对折时，左侧和右侧的对角线正好重叠。

（15）将图形用A4打印出来，左右对折A4纸，实线朝上，虚线朝下。

（16）按照“用A4纸折叠DNA分子双螺旋结构模型”所述的方法进行折叠。

5. 拓展活动

用粗吸管、牙签、中国结线材（两种颜色）、热熔塑胶枪、热熔塑胶棒制作比例相对科学的DNA分子双螺旋结构模型。

要求：（1）双螺旋的直径为2个单位长度；（2）牙签之间的距离为0.34个单位长度；（3）相邻两根牙签之间的角度为36°；（4）每根牙签与其上面或下面的第10根牙签平行（图4-60）。

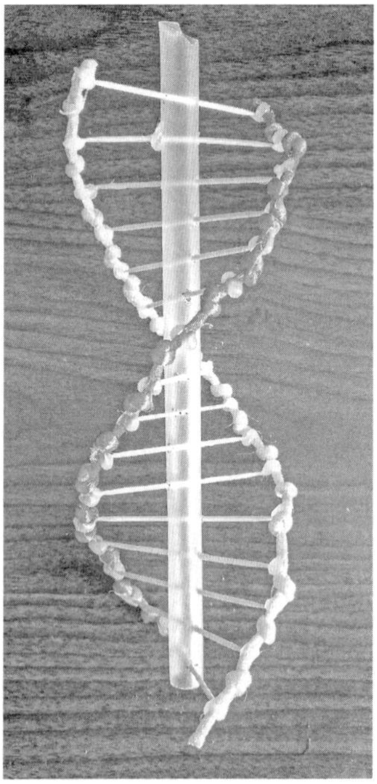

图4-60　比例相对科学的DNA分子双螺旋结构模型

思考与讨论：在上面的比例相对科学的DNA分子双螺旋结构模型中，指出其碱基对、磷酸、脱氧核糖及螺旋方向。

［**案例评析**］“制作 DNA 分子双螺旋结构模型”所用材料由“鞋带”变成“中国结线材”，由“3 根线”变成“1 根筷子和 2 根线”，这种探究利于解决现实问题。制作 DNA 分子双螺旋结构模型体现了课程标准倡导的“教学过程重实践”的课程理念。课程对编结而成的 DNA 分子模型进行了客观的评价，指出了其不足。“指出不足”既是问题，也是对学生批判精神、质疑能力的培养，还能促进学生进一步探究和实践，体现了 STEAM 课程“没有终点、永无止境”的特点。课程让学生制作左手螺旋和右手螺旋两种 DNA 分子结构模型，这既是对科学知识的运用，也是科学思维的提升。这个课程很好地巩固学生所学的 DNA 知识，体现了“理论与实践相结合”。此课程还体现了艺术和数学学科的整合——有的学生制作的 DNA 分子结构模型美观，在螺旋直径、碱基对的距离以及旋转角度上非常科学，有的则不美观，也不成比例。通过比较鉴别，学生的审美情趣也得到提升。

案例 3　细菌繁殖的速度

［**适用年级及学生基础**］“细菌繁殖的速度”适用于高一、高二年级。学生学习过原核细胞、原核生物的相关内容，知道细菌的结构及其繁殖方式。在数学课程中学习过等差数列、等比数列的内容，能够区别算术级数增长和几何级数增长。在高中生物学课程中学习过种群增长的“J”型曲线。

一、情境创设

有人说：如果将一张 A4 纸对折 42 次，那么这张纸的高度将会超过地球到月球的距离。真的会这样吗？答案是不会。但我们还是认真地折了一张 A4 纸：对折 1 次、2 次、3 次、4 次、5 次，轻而易举，对折第 6 次时有一些难度，对折第 7 次时非常吃力，对折第 8 次时无能为力。我们拿出一卷非常薄、非常长的卫生纸，展开后有 10 m，但是仍然是对折到第 8 次时以失败告终。

在实践中将一张 A4 纸对折 42 次不可行。但是在理论上，将一张 A4 纸对折 42 次，其厚度有多少呢？能达到地月（地球与月球）的距离吗？资料显示，月球绕地球运动的轨道呈椭圆形，在近地点地月距离为 363 300 km，在远地点地月距离为 405 500 km，平均距离为 384 400 km。

我们来测量、计算、验证：

一令 A4 纸（500 张）的厚度是 5.3 cm，则一张纸的厚度是 $5.3 \div 500 = 0.010\,6$（cm）。

一张 A4 纸对折 42 次，其层数为 $2^{42} = 4\,398\,046\,511\,104$，将其乘一张 A4 纸的厚度 0.010 6 cm，得 46 619 293 018 cm，换算后为 466 192.9 km。

从理论上来讲，如果能够把一张足够大的纸折叠 42 次，那么就能够铺设一条通往月球之路。在理想状态下，细菌的繁殖增长速度犹如一张纸连续对折厚度的增长速度。

二、相关概念和原理

1. 细菌

细菌（bacteria）为原核生物，没有以核膜（nuclear membrane）为界的细胞核（nucleus），也没有核仁（nucleolus），只有拟核（nucleoid）。细菌的结构简单，多以二分裂（binary fission）方式进行繁殖，是在自然界中分布最广、个体数量最多的有机体。细菌主要由细胞壁（cell wall）、细胞膜（cell membrane）、细胞质（cytoplasm）、拟核等部分构成，有的细菌还有荚膜（capsule）、鞭毛（flagella）、菌毛（pili）等特殊结构（图 4-61）。

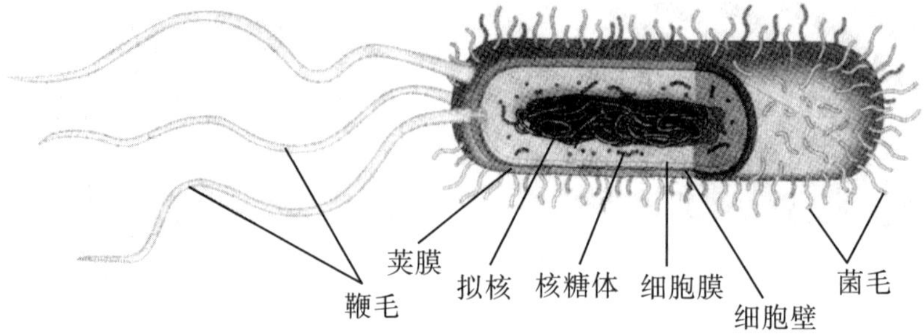

图 4-61　细菌的结构

2. 二分裂

二分裂是指细菌、硅藻和大部分原生动物等单细胞生物进行繁殖时，拟核分裂一次形成两个拟核，新核分别向两侧移动，伴随着新核的移动细胞的原生质也向新核周围移动，最终细胞纵向或横向一分为二，形成两个新的个体。简言之，1个细胞分裂成2个，2个细胞分裂成4个，4个分裂成8个。

3. 指数增长

当一个量在一个既定的时间周期中，其百分比增长是一个常量时，这个量就显示出指数增长（exponential growth）。例如，某地人口有5 000人，每年以2%的比例增加，则1年后的人口数量为5 000×（1+2%），2年后的人口数量为$5\ 000\times(1+2\%)^2$，3年后的人口数量为$5\ 000\times(1+2\%)^3$……n年后的人口数量为$5\ 000\times(1+2\%)^n$。

4. 算术级数增长

从第二项开始，每一项都是由前一项加一个常数，此序列的增长方式就是算术级数增长。从本质上而言，算术级数增长就是一个等差数列。例如，1、2、3、4、5、6、7、8、…，其增长方式是算术级数增长；2、5、8、11、14、17、20、23、26、29、…，每个数都是前一个数加3，也是算术级数增长。

等差数列是指从第二项起，每一项与它的前一项的差等于同一个常数，这个常数叫做等差数列的公差，通常用字母d表示，通项公式为$a_n=a_1+(n-1)\cdot d$。前n项和公式为$S_n=a_1\cdot n+[n\cdot(n-1)\cdot d]/2$或$S_n=[n\cdot(a_1+a_n)]/2$。

5. 几何级数增长

几何级数增长就是成倍数增长，用数学术语来说就是a的n次幂的增长，类似于通常所说的“翻番”。例如，2、4、8、16、32、64、128、256、512、…，这一列数是2的不同次幂，即2^1、2^2、2^3、2^4、2^5、2^6、2^7、2^8、2^9、…，实际上是一个等比数列，首项a_1为2，公比q为2。再比如，3、9、27、81、243、729、…，这一列数是3的不同次幂，即3^1、3^2、3^3、3^4、3^5、3^6、…，这个等比数列的首项a_1为3，公比q为3。

等比数列是指从第二项起，每一项与它的前一项的比值等于同一个非零常数的一种数列。这个常数叫做等比数列的公比，通常用字母 q（$q \neq 0$）表示，等比数列的第一项 $a_1 \neq 0$。等比数列的通项公式为 $a_n=a_1 \cdot q^{n-1}$，求和公式为 $S_n=[a_1(1-q^n)]/(1-q)$，条件是 $q \neq 1$；$a_n=na_1(q=1)$。

在几何上，正方形的边长与面积存在如下关系（表 4-6）：正方形的边长为 1 cm 时，面积为 1 cm^2；边长为 2 cm 时，面积为 4 cm^2；边长为 3 cm 时，面积为 9 cm^2；边长为 4 cm 时，面积为 16 cm^2；边长为 5 cm 时，面积为 25 cm^2……边长的增长方式是算术级数增长，而面积的增长方式为几何级数增长。

表 4–6　正方形的边长与面积

边长 /cm	1	2	3	4	5	6	7	…
面积 /cm^2	1	4	9	16	25	36	49	…

6. 细菌种群数量的增长

不同细菌的分裂速度快慢不一，大肠杆菌繁殖一代需要 20 min，结核杆菌繁殖一代需要 18 ～ 20 h。大多数细胞分裂一次需要 20 ～ 30 min。在资源充足和空间无限的环境中，细菌种群的增长不会受种群密度的影响。1 个细菌产生的后代个数，可以用公式 $N_n=2^n$ 表示，其中 N 代表细菌数量，n 表示第几代。根据公式可知，N_0 等于 1（即 2^0），N_1 等于 2（即 2^1），N_2 等于 4（即 2^2）。在自然界中，有很多物种在食物和空间条件充裕、气候适宜、没有敌害等的条件下，其种群数量增长的方式与细菌类似。如果以时间为横坐标，种群数量为纵坐标画曲线来表示，曲线大致呈“J”型，称为种群增长的“J”型曲线。[1]

但实际上，随着细菌个体的迅速增加，导致有害代谢产物的快速积累以及营养物质的减少，细菌不可能始终保持高速度的无限繁殖。经过一段时间后，细菌繁殖速度渐减，死亡菌数增多，活菌增长率随之下降并趋于停滞。最后由于营养耗尽或毒素太多导致死菌多于活菌，种群数量下降。

---

[1] 人民教育出版社课程教材研究所生物课程教材研究开发中心 . 普通高中课程标准实验教科书　生物 3　必修　稳态与环境 [M]. 北京：人民教育出版社，2004：66.

三、活动目标

1. 科学观念：（1）知道细菌的形态和结构，明确细菌种群数量的增长方式；（2）能解释细菌种群的数量不能无限增长的原因。

2. 科学思维：（1）能够区分指数增长、算术级数增长和几何级数增长；（2）能够指出“细菌繁殖模型”的局限性。

3. 探究实践：（1）会制作一种细菌模型；（2）会用大豆模拟细菌在理想条件下的繁殖过程；（3）会运用等比数列的公式计算细菌种群的数量；（4）能建构细菌分裂的数学模型；（5）会用 Excel 工作表中的函数计算倍增的大豆粒数及其重量；（6）会用 Excel 工作表中的函数计算 1 分钟倍增后的结果。

4. 态度责任：（1）充分发挥可回收废物在模型制作中的价值；（2）认同模型在科学研究和教育教学中的价值；（3）认识到细菌对人类有害也有利，对于细菌的利用要趋利避害。

四、材料器具

“细菌繁殖的速度”相关材料器具信息见表 4–7。

表 4–7　“细菌繁殖的速度”相关材料器具信息

名称	信息
玻璃储物罐	可用生活中用过的蜂蜜瓶（广口、有盖子），最好透明
清洁球	厨房用的清洁球，也可以用一团毛线、鞋带（系成环状，揉在一起）代替
纸盘、纸杯、烧杯、玻璃杯（选用其中一种即可）	纸盘或纸杯容易买到，且便宜，但纸杯不透明，不易观察；烧杯透明，易观察，但所需数量大，实验室可能没有那么多大小相同的烧杯；玻璃杯透明，也容易观察，但购买所需费用较高（数量为 30 个）
大豆	2 kg
天平	网上商城有售

五、探究与实践活动

1. 制作细菌模型

（1）取一个玻璃储物罐，表示细菌的荚膜、细胞壁、细胞膜。

（2）拧开储物罐的盖子，把一个清洁球放入其中，表示拟核中的DNA。

（3）将储物罐的盖子拧上，一个细菌的模型制作完成（图 4-62）。

图 4-62　细菌模型

思考与讨论：细菌的模型与真正的细菌有哪些不同之处？如何完善这个细菌模型？

2. 模拟细菌的繁殖

（1）准备 2 kg 大豆，每粒大豆代表 1 个细菌。

（2）取 30 个纸盘，放在桌上，分别编号为 1、2、3、4、5、6、7、8、9、10……。

（3）在 1 号纸盘中放入 1 粒大豆（代表 1 个细菌）。

（4）在 2 号纸盘中放入 2 粒大豆（代表 2 个细菌）。

（5）在 3 号纸盘中放入 4 粒大豆（代表 4 个细菌）。

（6）在 4 号纸盘中放入 8 粒大豆（代表 8 个细菌）。

（7）在 5 号纸盘中放入 16 粒大豆（代表 16 个细菌）。

（8）在 6 号纸盘中放入 32 粒大豆（代表 32 个细菌）。

（9）在 7 号纸盘中放入 64 粒大豆（代表 64 个细菌）。

（10）在 8 号纸盘中放入 128 粒大豆（代表 128 个细菌）。

（11）在 9 号纸盘中放入 256 粒大豆（代表 256 个细菌）。

（12）在 10 号纸盘中放入 512 粒大豆（代表 512 个细菌）。

……

（13）填写表 4-8。

表 4-8

纸盘号	1	2	3	4	5	6	7	8	9	10	11	12	13	14	15
大豆粒数	1	2	4	8	16	32	64	128	256	512	…				
重量 /g	…														
纸盘号	16	17	18	19	20	21	22	23	24	25	26	27	28	29	30
大豆粒数															
重量 /g															

“细菌繁殖的速度”视频二维码如图 4-63。

图 4-63 “细菌繁殖的速度”视频二维码

思考与讨论：（1）相邻的纸盘中的大豆具有什么样的数量关系？（2）从哪个纸盘开始，大豆已经盛不下了？（3）2 kg 大豆够用吗？

计算：（1）请你通过计算完成上面的表格；（2）预计第 30 号纸盘需要放大豆多少粒？其质量有多少千克，多少吨？（3）第 n 号纸盘中的大豆粒数是多少？（4）细菌个数用 N 表示，分裂次数用 n 表示，用公式表示二者之间的关系。

绘图：用横坐标表示细菌分裂次数，纵坐标表示细菌个数，画出二者关系的曲线图。

3. 用 Excel 工作表中的函数进行验证

（1）打开电脑，新建 xls 工作表，将其命名为“细菌的繁殖”。

（2）用鼠标双击，打开工作表“细菌的繁殖”，在第一栏中录入文字“纸盘号”。

（3）在“纸盘号”一列中录入数字“1”（图 4-64）。

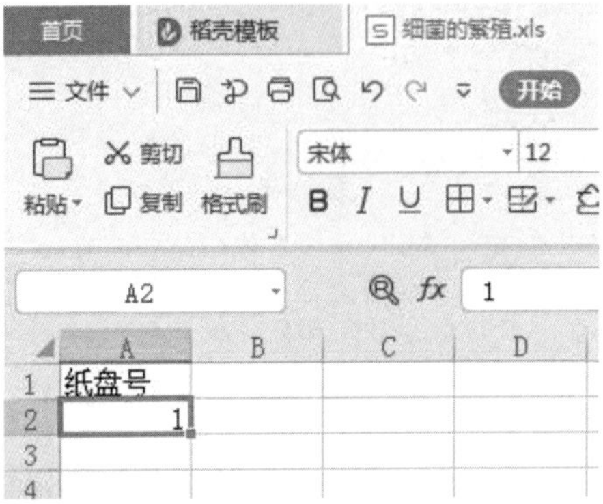

图 4-64　在 Excel 表格中录入文字和数字

（4）将鼠标指针移到数字 1 小方框右下角，使指针变为“+”，按住鼠标左键并向下拖动鼠标，下面方框中逐渐出现数字 2、3、4、5、…，直到出现 30 为止。

（5）在第二列第一个方框中录入文字“大豆粒数”，在“1”号纸盘的右侧录入数字“1”。

（6）用鼠标点击“大豆粒数”一列“1”下的小方框，在将文字的输入法变成英文之后，用鼠标点击编辑栏中 *fx*（插入函数）右侧的空白处（图 4-65）。

图 4-65　点击编辑栏中 *fx*（插入函数）右侧的空白处

（7）在 *fx* 右侧插入函数一栏中录入“＝”（键盘上有），之后用鼠标点击“大豆粒数”下的“1”一栏，录入乘号“*”（同时按键盘上的“Shift”键和“*”键），录入数字“2”，按 Enter 键（图 4-66）。

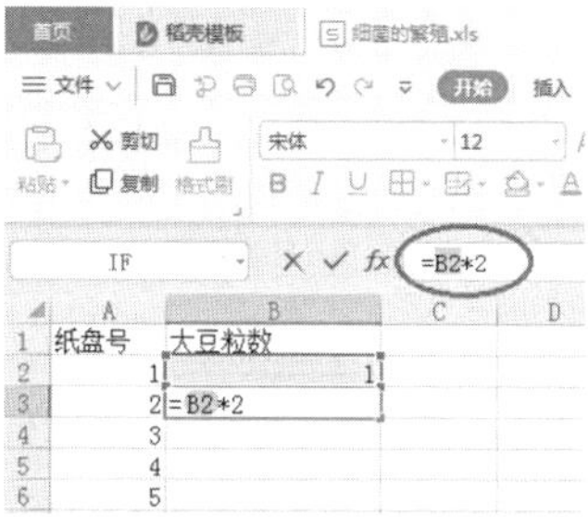

图 4-66　插入函数

解读：“＝ B2 * 2”这个公式的意思是每个纸盘中的大豆的粒数，都是上一个纸盘中的大豆粒数的 2 倍。

（8）用鼠标点击“大豆粒数”一列中的“2”小方框，将鼠标的指针移至小方框右下角，使指针变为“+”，按住鼠标左键并向下拖动鼠标，一直拖到第 30 号纸盘（图 4-67）。

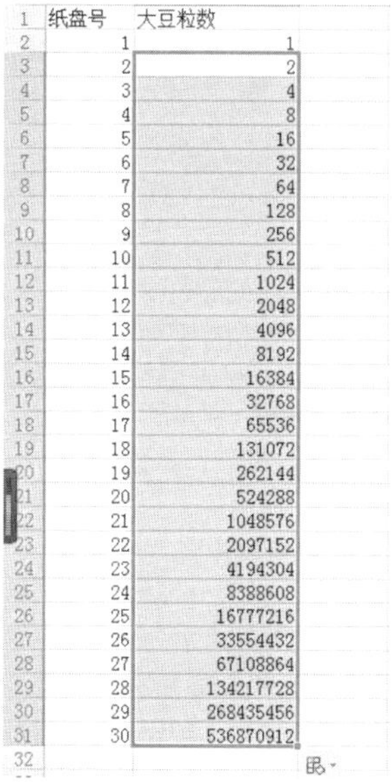

	纸盘号	大豆粒数
2	1	1
3	2	2
4	3	4
5	4	8
6	5	16
7	6	32
8	7	64
9	8	128
10	9	256
11	10	512
12	11	1024
13	12	2048
14	13	4096
15	14	8192
16	15	16384
17	16	32768
18	17	65536
19	18	131072
20	19	262144
21	20	524288
22	21	1048576
23	22	2097152
24	23	4194304
25	24	8388608
26	25	16777216
27	26	33554432
28	27	67108864
29	28	134217728
30	29	268435456
31	30	536870912

图 4-67　用 Excel 计算各纸盘中的大豆粒数

（9）在 Excel 表格的第三列第一行录入“重量 /g”。

（10）称量一粒大豆的重量。称取一小盘大豆的重量（3.692 g），除以大豆的粒数（18 粒），得到一粒大豆的平均重量（0.205 g)(图 4-68）。

图 4-68　称量一小盘大豆的重量

思考与讨论：想知道一粒大豆的重量，为什么不直接称取一粒大豆的重量，而要称取那么多的大豆呢？

（11）将一粒大豆的重量（0.205）录入“重量 /g”一栏下第一行，在其下一行的小方框中插入函数“=C2 ∗ 2”（图 4-69），或者插入函数“=B3 ∗ 0.205”（图 4-70），按 Enter 键，用鼠标向下拖动小方框右下角的“+”，一直拖到第 30 号纸盘。

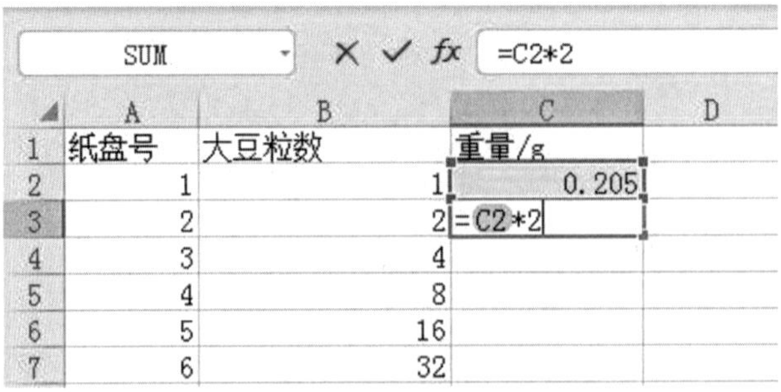

	A	B	C	D
1	纸盘号	大豆粒数	重量/g	
2	1	1	0.205	
3	2	2	=C2*2	
4	3	4		
5	4	8		
6	5	16		
7	6	32		

图 4-69　插入函数“=C2 ∗ 2”

解读：函数“=C2 ∗ 2”指的是 C3 栏中的数字等于 C2 栏中的数字乘

2，用鼠标向下拖动，表示下面的每一栏都是上一栏的数字乘 2。

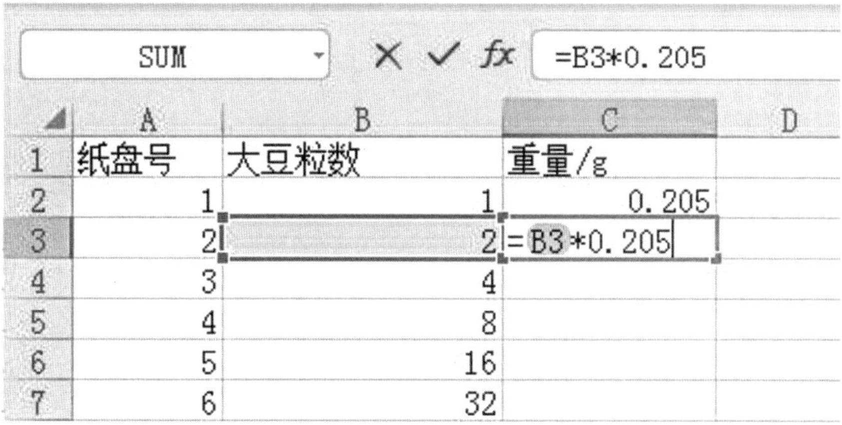

SUM　=B3*0.205

	A	B	C	D
1	纸盘号	大豆粒数	重量/g	
2	1	1	0.205	
3	2	2	=B3*0.205	
4	3	4		
5	4	8		
6	5	16		
7	6	32		

图 4-70　插入函数“=B3 * 0.205”

解读：函数“=B3 * 0.205”指的是 C3 栏中的数字等于 B3 栏中的数字乘 0.205，用鼠标向下拖动，表示右侧一栏的数字都等于左侧一栏的数字乘 0.205。

（12）在第 4 列第 1 行录入“重量 /t”；在其下的小方框中插入函数“=C2/1 000 000”(图 4-71)，按 Enter 键，用鼠标向下拖动小方框右下角的“+”，一直拖到第 30 号纸盘。

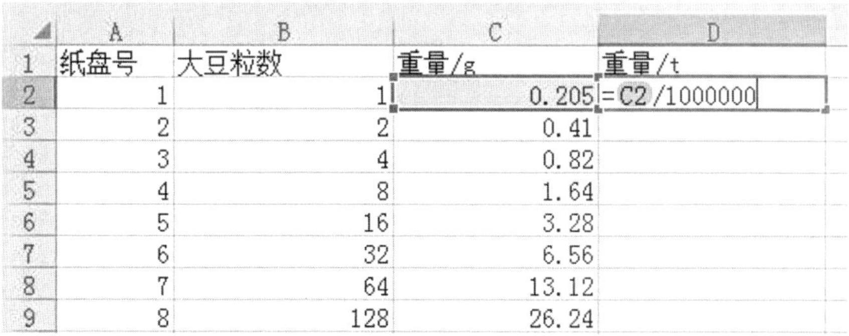

	A	B	C	D
1	纸盘号	大豆粒数	重量/g	重量/t
2	1	1	0.205	=C2/1000000
3	2	2	0.41	
4	3	4	0.82	
5	4	8	1.64	
6	5	16	3.28	
7	6	32	6.56	
8	7	64	13.12	
9	8	128	26.24	

图 4-71　插入函数“=C2/1 000 000”

解读：函数“=C2/1 000 000”指的是 D2 栏中的数字等于 C2 栏中的数字除以 1 000 000。之所以除以 1 000 000，是因为 $1\ \text{g}=\frac{1}{1\ 000\ 000}\text{t}$。

（13）30 个纸盘中的大豆粒数及重量一目了然（图 4-72）。

	A	B	C	D
1	纸盘号	大豆粒数	重量/g	重量/t
2	1	1	0.205	0.000000205
3	2	2	0.41	0.00000041
4	3	4	0.82	0.00000082
5	4	8	1.64	0.00000164
6	5	16	3.28	0.00000328
7	6	32	6.56	0.00000656
8	7	64	13.12	0.00001312
9	8	128	26.24	0.00002624
10	9	256	52.48	0.00005248
11	10	512	104.96	0.00010496
12	11	1024	209.92	0.00020992
13	12	2048	419.84	0.00041984
14	13	4096	839.68	0.00083968
15	14	8192	1679.36	0.00167936
16	15	16384	3358.72	0.00335872
17	16	32768	6717.44	0.00671744
18	17	65536	13434.88	0.01343488
19	18	131072	26869.76	0.02686976
20	19	262144	53739.52	0.05373952
21	20	524288	107479.04	0.10747904
22	21	1048576	214958.08	0.21495808
23	22	2097152	429916.16	0.42991616
24	23	4194304	859832.32	0.85983232
25	24	8388608	1719664.64	1.71966464
26	25	16777216	3439329.28	3.43932928
27	26	33554432	6878658.56	6.87865856
28	27	67108864	13757317.12	13.75731712
29	28	134217728	27514634.24	27.51463424
30	29	268435456	55029268.48	55.02926848
31	30	536870912	110058537	110.058537

图 4-72　30 个纸盘中的大豆粒数及重量

思考与讨论：假设晚上 10 时你上床睡觉时手上有 5 个细菌，按照细菌每 20 分钟分裂一次计算，到第二天早上 6 时，你的手上会有多少个细菌？实际上，第二天早上你的手上会有那么多细菌吗？为什么？

4. 拓展迁移

一个经营得特别好的公司想雇用一名大学生在暑假期间兼职工作一个月（30 天），很多学生听到消息后蜂拥而至参加面试。其中有一道面试题目是这样的："假设公司给你的工资有两种支付方式可选：第一种方式是，每天给你 10 000 元，30 天共计 30 万元；第二种方式是，第 1 天给你 1 分钱，第 2 天给你 2 分钱，第 3 天给你 4 分钱，第 4 天给你 8 分钱，第 5 天给 1 角 6 分，第 6 天给 3 角 2 分，总之后面每天给的钱均为前一天的两倍。哪一种付工资的方法对你更有利？”有的学生说第一种更好，有的学生说第二种方式工资更高，但只是猜测，拿不出确切的证据。还有的学生说用第一种方式可得到 30 万元，而用第二种方式能拿到 2^{29} 分，即（$2^{29}/100$）元。这个说法对吗？具体是多少钱呢？

（1）请你用等比数列的知识来计算第二种方式所获得的工资总额。

（2）请你用 Excel 工作表比较这两种方式每天应得到的工资及总额（图 4-73）。

	A	B	C	D	E
1	天数	方式1工资/元	累积/元	方式2工资/元	累积/元
2	第1天	10000	10000	0.01	0.01
3	第2天	10000	20000	0.02	0.03
4	第3天	10000	30000	0.04	0.07
5	第4天	10000	40000	0.08	0.15
6	第5天	10000	50000	0.16	0.31
7	第6天	10000	60000	0.32	0.63
8	第7天	10000	70000	0.64	1.27
9	第8天	10000	80000	1.28	2.55
10	第9天	10000	90000	2.56	5.11
11	第10天	10000	100000	5.12	10.23
12	第11天	10000	110000	10.24	20.47
13	第12天	10000	120000	20.48	40.95
14	第13天	10000	130000	40.96	81.91
15	第14天	10000	140000	81.92	163.83
16	第15天	10000	150000	163.84	327.67
17	第16天	10000	160000	327.68	655.35
18	第17天	10000	170000	655.36	1310.71
19	第18天	10000	180000	1310.72	2621.43
20	第19天	10000	190000	2621.44	5242.87
21	第20天	10000	200000	5242.88	10485.75
22	第21天	10000	210000	10485.76	20971.51
23	第22天	10000	220000	20971.52	41943.03
24	第23天	10000	230000	41943.04	83886.07
25	第24天	10000	240000	83886.08	167772.15
26	第25天	10000	250000	167772.16	335544.31
27	第26天	10000	260000	335544.32	671088.63
28	第27天	10000	270000	671088.64	1342177.27
29	第28天	10000	280000	1342177.28	2684354.55
30	第29天	10000	290000	2684354.56	5368709.11
31	第30天	10000	300000	5368709.12	10737418.23

图 4-73 两种付工资方式的比较

［**案例评析**］“细菌繁殖的速度”课程体现的“科学”内容有：细菌是原核生物，以二分裂方式繁殖，一般呈指数增长，在理想状况下，其种群数量呈几何级数增长。“技术”要求有：能够使用 Excel 工作表，会在 Excel 工作表中设置函数，能够正确使用天平，熟练称量和计算 1 粒大豆的重量。“工程”产品有：细菌的模型、模拟细菌繁殖的大豆模型、模拟细菌繁殖的 Excel 表格、工资表。“人文”内容有：废物利用，节约资源；模型的直观性、美观性；感受到理论的科学性和局限性。同时，“数学”内容贯穿始终，如几何级数增长、等比数列、函数等。除了 STEAM 内容，此课程特别突出模拟实验，将“细菌繁殖”的微观世界直观化、可视化，将抽象的“工资翻番”具象化，使数据一目了然。

案例 4　瓜果电池

［**适用年级及学生基础**］“瓜果电池”适用于九年级及以上年级，学生需具有锌锰电池的基础知识；且在化学课程中学习过电解质、置换反应、金属活动性等概念，通过生物学课程的学习，明确了细胞中的无机物；在日常生活中见过发光二极管，会使用数字万用表。

一、情境创设

自然界中存在着许多活的“发电机”（generator），它们生来就能够发电，用于防御天敌、捕获猎物等，以便更好地在自然界中生存，其发电器官是由肌肉转变而来的。例如，广布于热带和亚热带近海的电鳐，以能够发电伤人而闻名于世。大的电鳐发出的电足以击倒成人，其“发电器”在胸鳍内侧、头的后方，所放电的电压一般可以达到 75 ～ 80 V，最高可达 200 V。

主要分布于南美洲亚马孙流域的电鳗也能放电，“发电器”位于尾部。电鳗是放电能力最强的淡水鱼类，输出的电压可以达到 300 ～ 800 V，能够将人击昏，有水中的“高压线”之称。

产于非洲河流中的电鲶，因为长着像猫咪一样的小胡子，所以人们又称其为电猫。电鲶是一种淡水鱼类，放电电压为 200 ～ 450 V，但其发电器官并不是肌肉变成的，而是由真皮腺转化来的。电鲶的电不仅用于自卫、捕获猎物，还用于攻击同类，而且对同类的进攻性更强。如果把两条电鲶养在一起，它们可能会打斗起来，甚至将对方电击致死。

这些动物都有电，那么植物有电吗？用植物体或植物的器官能够做成电池吗？近年来，科学家利用生物材料，制造出了多种类型的发电装置，我们称之为生物电池，为生物资源的开发和利用开辟了一条新的道路。

二、相关概念和原理

1. 化学电池

化学电池（chemical cell）指的是能够将化学能（chemical energy）转变为电能（electric energy）的装置，主要部分是电解质溶液（electrolyte solution）和浸入溶液的两个电极（electrode），一个为正极（positive electrode），一个为负极（negative electrode）。使用的时候，用导线连接两个电极，获得电能。

2. 锌锰电池

锌锰电池是法国科学家勒兰社（Leclanche）于 1868 年发明的，实际上是锌（Zn）二氧化锰（MnO_2）电池，是一种化学电池。锌锰电池以锌为负极，二氧化锰为正极；电解质溶液是中性氯化铵（NH_4Cl）、氯化锌（$ZnCl_2$）的水溶液。电解质溶液通常制成凝胶状呈现不流动状态，故又称为锌锰干电池。

干电池（dry cell）的负极就是用锌做成的筒形外壳，正极是位于中央的石墨棒，石墨棒的顶盖上有铜帽。石墨棒的周围是凝胶状的电解质溶液。其电极反应式为：

负极（锌筒）：$Zn-2e^-=\!=Zn^{2+}$。

正极（石墨）：$2MnO_2+2NH_4^++2e^-=\!=Mn_2O_3+2NH_3+H_2O$。

干电池的电压大约为 1.5 V，不能充电再生。

3. 熔融状态

常温下是固体的物质在达到一定温度后熔化成为液态，称为熔融状态。

4. 电解质

溶于水溶液中或在熔融状态下就能够导电的化合物称为电解质。

5. 置换反应

置换反应是指一种单质与一种化合物反应，生成另一种单质与另一种化合物的化学反应，可表示为：$A+BC \rightarrow B+AC$。例如，铁与硫酸铜的反应：$Fe+CuSO_4 = Cu+FeSO_4$。

6. 金属活动性

如果 $A+BC \rightarrow B+AC$，那么金属 A 的活动性强于金属 B 的活动性。常见金属的活动性顺序（由强到弱）为：钾、钙、钠、镁、铝、锌、铁、锡、铅、(氢)、铜、汞、银、铂、金。

7. 细胞中的无机物

水是构成细胞的重要成分，也是活细胞中含量最多的化合物。水是细胞内良好的溶剂。细胞中含有很多无机盐（inorganic salt），大多数无机盐以离子形式存在。含量较多的阳离子有 Na^+、K^+、Ca^{2+}、Mg^{2+}、Fe^{2+}、Fe^{3+} 等，阴离子有 Cl^-、SO_4^{2-}、PO_4^{3-}、HCO_3^- 等。[1] 植物细胞中还有液泡，液泡中不仅含有上述无机物，还储存有糖、蛋白质、磷脂、单宁、有机酸、植物碱、色素等。

8. 瓜果电池

瓜果中的液体相当于电解质溶液，由于铜和锌的金属活动性不同，其中较活泼的金属锌能置换出酸性液体中的氢离子——锌电极上的锌单质失去电子形成锌离子，进入酸性液体中。失去的电子通过导线流到铜电极，与酸性溶液中的氢离子结合，形成氢分子。导线中的电流驱动发光二极管工作。在瓜果电池中，铜为正极，锌为负极。

---

[1] 人民教育出版社课程教材研究所生物课程教材研究开发中心 . 普通高中教科书　生物学　必修 1 分子与细胞 [M]. 北京：人民教育出版社，2019：20-22.

9. 发光二极管

发光二极管是一种将电能直接转换成光能的半导体固体显示器件，简称 LED（light emitting diode）。发光二极管的 PN 结 [1] 封装在透明塑料壳内，发光二极管的驱动电压低、工作电流小，具有很强的抗振动和冲击能力、体积小、可靠性高、耗电少和寿命长等优点，广泛用于信号指示等电路中。发光二极管具有极性，长的引脚为正极，短的引脚为负极。

三、活动目标

1. 科学观念：（1）明确化学电池的原理；（2）掌握瓜果电池的作用机理。

2. 科学思维：（1）识别瓜果电池的正极和负极；（2）识别小灯泡、发光二极管、数字时钟的正、负极；（3）验证人体的导电性；（4）通过实践，明确纯净水不能导电。

3. 探究实践：（1）使用数字万用表测量干电池的电压；（2）制作土豆电池、西红柿电池、苹果电池、梨电池、冬瓜电池、南瓜电池、红薯电池、萝卜电池、车厘子电池、西瓜皮电池、山药电池、大葱电池、白菜电池和大蒜电池，并测量其电压；（3）体验生物资源的开发利用技术；（4）制作并应用茶水电池；（5）制作并应用自来水电池。

4. 态度责任：在测量电压、连接电路时，安全操作、一丝不苟，严防错误。

四、材料器具

数字万用表、5 V 碱性干电池、数字时钟、玻璃杯、铜条、锌条、鳄鱼夹导线（红、蓝两种）、瓜果蔬菜（土豆、西红柿、苹果、梨、冬瓜、南瓜、红薯、萝卜、车厘子、西瓜皮、山药、大葱、白菜、大蒜）、小灯泡、发光二极管、茶叶、自来水、纯净水等。

---

[1] PN 结具有单向导向性，是将 P 型半导体与 N 型半导体制作在同一块半导体基片上而成的。

五、探究与实践活动

1. 使用数字万用表测量干电池的电压

（1）将万用表的黑表笔插入“COM”插孔，将红表笔插入“VΩmA”插孔（图 4-74）。

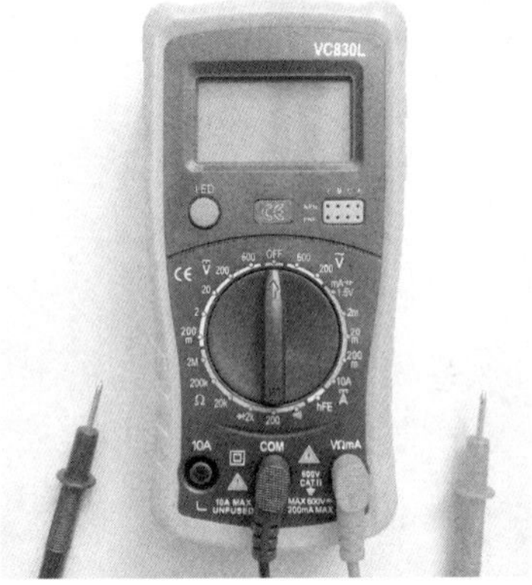

图 4-74　分别将黑、红表笔插入万用表

解读：“COM”插孔是公共插孔，不管测什么，黑表笔都要插入这个孔，“VΩmA”插孔表示测的是电压。

（2）将量程开关转至直流电压恰当的量程上。

解读：V 上有“…”和“−”，表示直流电压；V 上有“～”，表示交流电压。根据经验，干电池的电压是 1.5 V，所以将量程开关转至“2”。

（3）取一节干电池，分别用黑表笔、红表笔连接电池的正极和负极，数字万用表所显示的数字即为红表笔所接一极的电压和极性（图 4-75）。

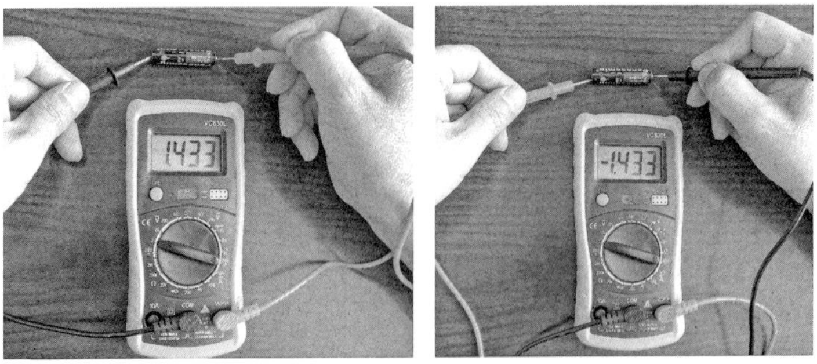

图 4-75　一节干电池的电压

思考与讨论：（1）将红表笔连接干电池的正极时，所测电压为 1.433 V，将红表笔连接干电池的负极时，所测电压为 −1.433 V(图 4−75)，解释其正、负的内涵；（2）干电池的电压应该是 1.5 V，但是测出来的电压却是 1.433 V，为什么？

（4）取两节干电池，将其串联。

（5）将数字万用表的量程开关旋转至直流电压的“20”。

注意：转换功能和量程时，表笔应离开测试点。

（6）用红表笔连接串联电池组的正极，用黑表笔连接串联电池组的负极，数字万用表所显示的数字即为两节干电池的电压（图 4-76）。

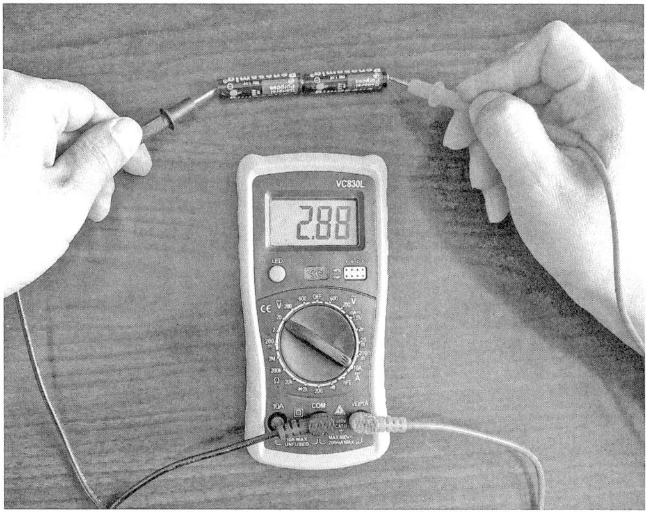

图 4-76　两节干电池的电压

拓展活动：（1）将两节干电池并联，并测量其电压；（2）将三节干电池串联，并测量其电压。

2. 制作土豆电池并测量其电压

（1）取一个土豆，插入两根铜条（或锌条），两根金属条要有一定距离，不能接触。

（2）用数字万用表测量其电压，土豆的电压为 0（图 4-77）。

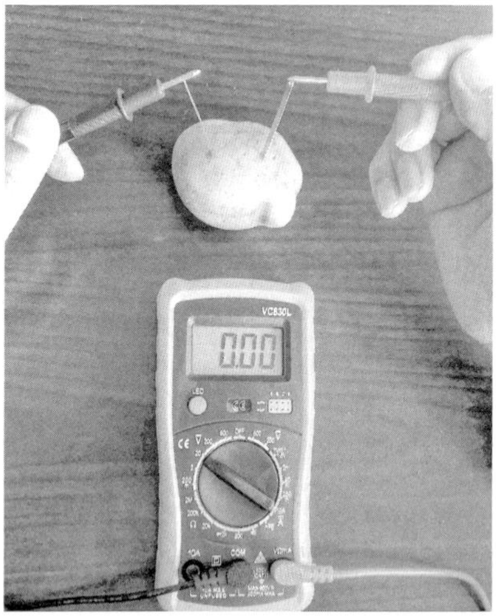

图 4-77　土豆上两根铜条之间的电压

（3）将土豆中的两根相同金属条换成一根铜条、一根锌条，再用数字万用表测量电压，显示的最大值为 1.62 V（图 4-78）。

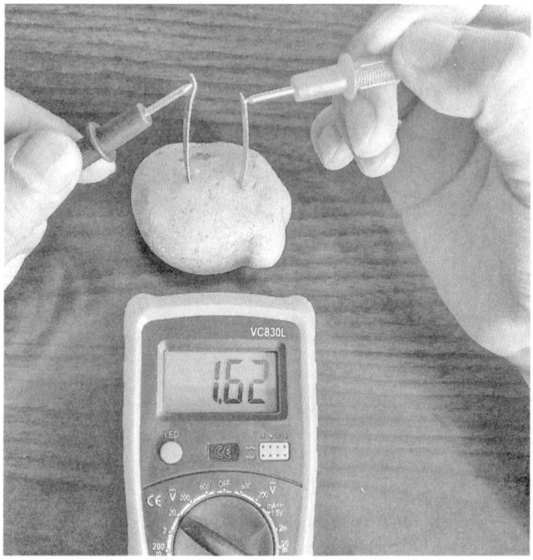

图 4-78　土豆上铜条和锌条之间的电压

思考与讨论：（1）在 A 土豆中插入两根铜条，在 B 土豆中插入两根锌条，在 C 土豆中插入一根铜条、一根锌条，A、B、C 三个土豆，哪一个是土豆电池，为什么？（2）用数字万用表测量干电池的电压时，数字比较稳定，但是土豆电池的电压很不稳定，数字大小差距很大（土豆电池的电压显示有 0.04、0.10、0.59、0.67、0.79、0.98、1.25、1.44、1.62），请解释其原因。

（4）将两个土豆用一根金属条串联起来，在一个土豆上插一根铜条，在另一个土豆上插一根锌条，用数字万用表测量电压，看其（最大）电压是否和一个土豆的电压不同（图 4-79）。

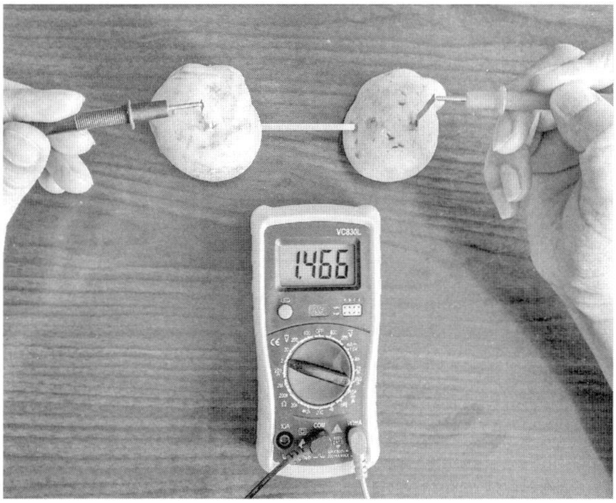

图 4-79　两个土豆串联做成的电池

（5）将一个土豆切片，在一片土豆片上插一根铜条和一根锌条，用数字万用表测量电压，看其（最大）电压是否和一个完整土豆的电压相同（图 4-80）。

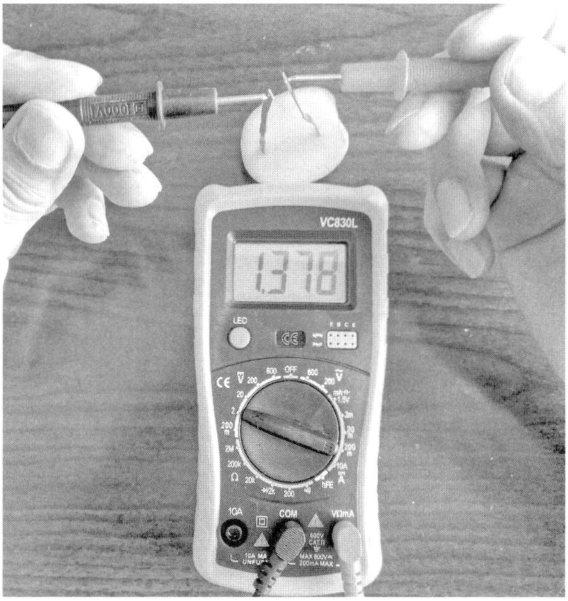

图 4-80　一片土豆片做成的电池

拓展活动：（1）分别用西红柿、苹果、梨、冬瓜、南瓜、红薯、萝卜、车厘子、西瓜皮、山药、大葱、白菜、大蒜等制作电池；（2）用数字万用表测量不同瓜果电池的最大电压，填写表 4–9。

表 4-9

瓜果名称									
最大电压 /V									

思考与讨论："瓜果电池"中的"瓜"指的是"葫芦科植物，茎蔓生，叶子像手掌，花多是黄色，果实可以吃。种类很多，如西瓜、南瓜、冬瓜、黄瓜等"[1]，也指这些植物的果实。"果"指的是"果实"，包括"水果"。然而，制作"瓜果电池"的生物材料中，"大葱""白菜"等既不是瓜，也不是果，而是蔬菜——可以做菜吃的草本植物，其中以十字花科和葫芦科的植物居多，如白菜、菜花、萝卜、黄瓜、洋葱、扁豆等[2]，所以将这些电池称为"瓜果电池"并不准确。说出你的观点，并请你拟定一个更恰当的名称。

3. 制作并应用冬瓜电池

（1）用一块冬瓜，做成冬瓜电池，用红色的鳄鱼夹导线连接铜片，用蓝色的鳄鱼夹导线连接锌片。

（2）将冬瓜电池与小灯泡连接，观察其是否发光（图 4-81）。

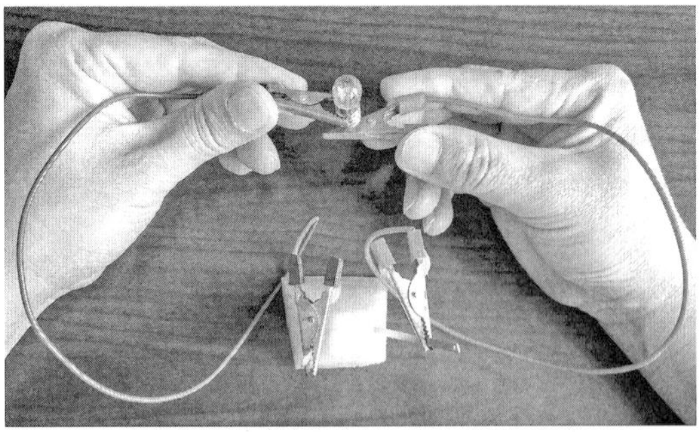

图 4-81　将冬瓜电池与小灯泡连接

[1] 中国社会科学院语言研究所词典编辑室 . 现代汉语词典 [M]. 增补本 . 北京：商务印书馆，2002：456.

[2] 同 [1]：1171.

思考与讨论：连接铜片的红色鳄鱼夹导线应该接触小灯泡的哪里？连接锌片的蓝色鳄鱼夹导线应该接触小灯泡的哪里？

（3）将冬瓜电池与发光二极管连接，观察其是否发光（图 4-82）。

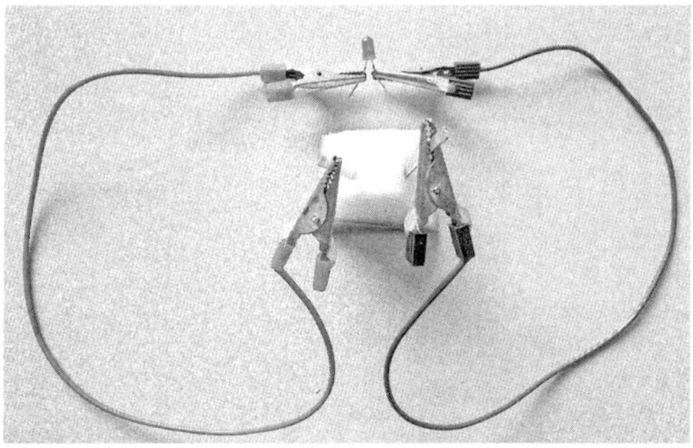

图 4-82 将冬瓜电池与发光二极管连接

思考与讨论：为什么要将长的引脚与铜片用导线连接，将短的引脚与锌片连接？

（4）将冬瓜电池上的铜片与数字时钟的蓝色导线连接，锌片与数字时钟的红色导线连接时，数字时钟不显示数字，请分析原因。

（5）将冬瓜电池上的铜片与数字时钟的红色导线连接，锌片与数字时钟的蓝色导线连接时，观察数字时钟是否显示数字（图 4-83）。

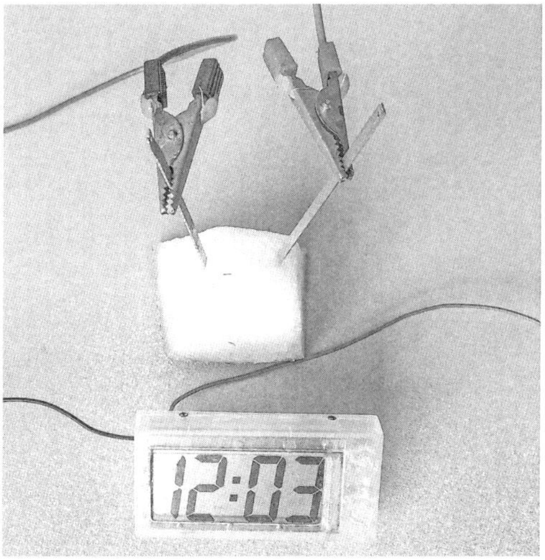

图 4-83 将冬瓜电池与数字时钟连接

（6）用两块冬瓜串联起来做成冬瓜电池，连接数字时钟（图 4-84）。

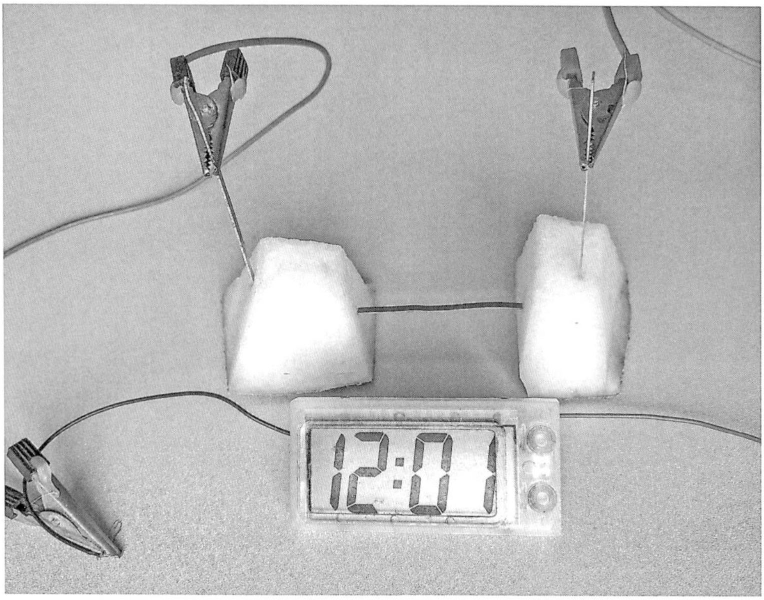

图 4-84 将两块冬瓜串联起来做成的电池

（7）拔出连接两块冬瓜的金属片，用左手拿一块冬瓜，右手拿另一块冬瓜，数字时钟仍然显示数字（图 4-85），说明了什么？

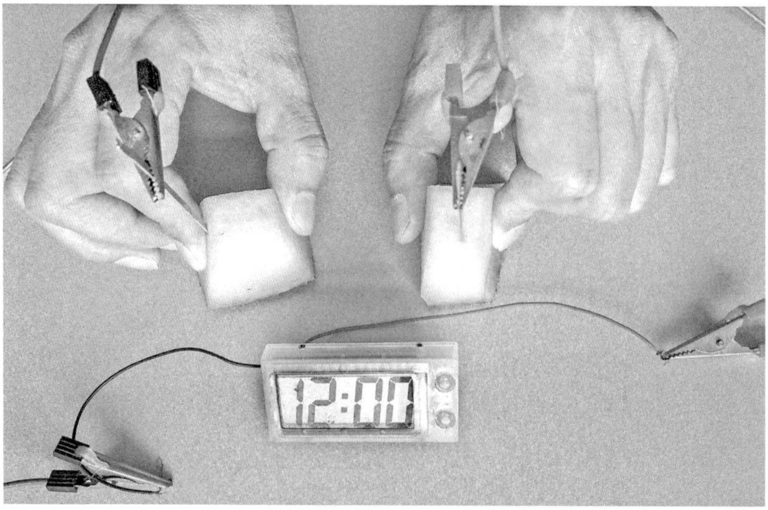

图 4-85 一人用左、右手分别拿着两块冬瓜

拓展实践：手拿冬瓜的时候，用手接触冬瓜瓤，时钟显示数字；两手接触冬瓜皮，时钟还显示数字吗？为什么？

（8）两个人各接触一块冬瓜瓤，然后手拉手使时钟显示数字（图 4-86）。

“瓜果电池”视频二维码如图 4-87。

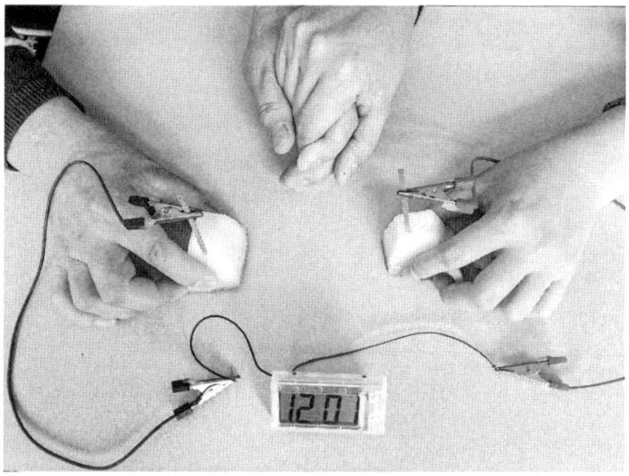

图 4-86　两个人手拉手将两块冬瓜连接起来

图 4-87　“瓜果电池”视频二维码

拓展实践：（1）三个人、四个人、五个人手拉手连接两块冬瓜，使数字时钟显示数字；（2）用土豆、西红柿、苹果、梨、冬瓜、南瓜、红薯、萝卜、车厘子、西瓜皮、山药、大葱等做成电池，分别连接数字时钟，看哪一种材料供电时间最长？最后是什么原因使数字时钟不显示数字了？

4. 制作并应用茶水电池

（1）取一个玻璃杯，放入一些茶叶。

（2）倒入 80 ℃的温开水冲泡。

解读：水温过高，易烫伤人；水温过低，茶泡不开，所以用 80 ℃左右的水冲泡。

（3）用红色导线的鳄鱼夹将铜片固定在杯壁上，用蓝色导线的鳄鱼夹将锌片固定在杯的另一侧。

（4）连接数字时钟，观察其是否显示数字（图 4-88）。

图 4-88　茶水电池

思考与讨论：用茶水做成的电池属于瓜果电池吗？

拓展实践：尝试制作并运用菊花水电池、酱油电池、醋电池、盐水电池、味精电池、鸡精电池、可乐电池、啤酒电池、白酒电池。

5. 比较自来水电池和纯净水电池

（1）将水杯清洗干净，用纸巾擦干。

（2）用纸巾将铜片、锌片擦干净。

（3）用自来水做成自来水电池，连接数字时钟，观察其是否显示数字（图 4-89）。

图 4-89　自来水电池

（4）将水杯、铜片、锌片用纸巾擦干净。

（5）用纯净水做成纯净水电池，连接数字时钟，时钟不显示数字（图 4-90）。

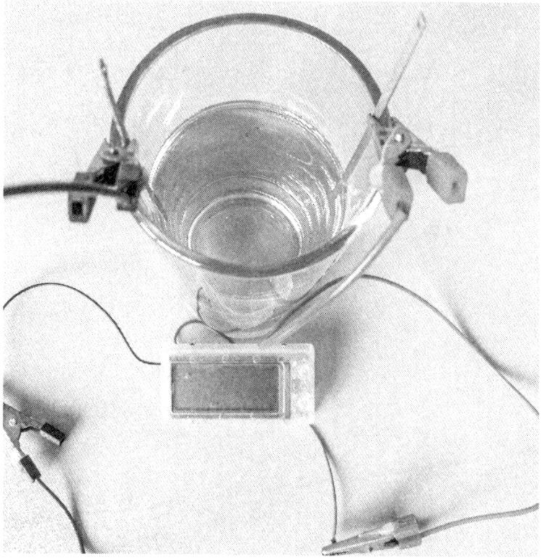

图 4-90　纯净水电池

（6）往纯净水中倒入一些自来水或茶水，则时钟显示数字。

思考与讨论：（1）在做纯净水电池之前，为什么要将水杯、铜片、锌片用纸巾擦干净？（2）将数字时钟与纯净水电池连接，时钟为什么不显示数字？

拓展实践：检验一瓶水是否是纯净水。

［**案例评析**］运用电鳐、电鳗等能放电的生物作为情境引入课题，能够激发学生的学习兴趣。活动目标全面，包括科学观念、科学思维、探究实践和态度责任，尤其是突出科学思维和探究实践，体现了 STEAM 课程的特点。在瓜果电池的材料上，列举了土豆、西红柿等不同种类的瓜果蔬菜，有利于拓展学生思维，激发学生进一步探究和实践。使用数字万用表测量干电池的电压，有利于培养和训练学生使用仪器的技能，为后续活动奠定了基础。一系列活动是从简单到复杂、由低级到高级环环相扣的：先用一个土豆做成土豆电池，接着用两个土豆做成电池，再用冬瓜做成冬瓜电池，可以使学生体验不同瓜果蔬菜做成的电池。用瓜果电池分别给小灯

泡、发光二极管、数字时钟供电，可以使学生明确其耗电状况的差异以及瓜果电池的局限性。在电池的连接方式上，先用导线连接，再尝试用一个人的身体连接，最后让两人、三人、多人手拉手连接，切实体验人体的导电性。除了制作瓜果电池，还引导学生制作茶水电池、可乐电池、自来水电池等，使学生大开眼界，深入思考，思维得到更好的拓展。通过活动还使学生有意外的收获——鉴别和检验纯净水。这一系列活动不仅突破了学科的界限，而且与现实生活密切相关，使学生综合素质得到更有效地提升。

案例 5　制作再生纸

[**适用年级及学生基础**]“制作再生纸”适用于七年级及以上年级，学生需要具备纤维素等生物学知识，长、宽、高、面积、角度等数学知识，了解造纸的基本方法，还需要具备研磨、搅拌、滤干等操作技能。

一、情境创设

在纸出现之前，文字刻在甲骨上，或是写在竹简、丝绢上，这些材料有的十分笨重，有的十分昂贵，给书写造成了许多不便。早在两千多年前的西汉时期，有人便开始用一些植物纤维造纸，但是这种纸十分粗糙，书写起来仍然很不方便。直到东汉时期，有个叫蔡伦的宦官决心为人们寻找一种实用的造纸方法。

蔡伦在河边观察妇女们洗蚕丝和抽蚕丝的“飘絮”过程，发现好的蚕丝拿走后所剩下的破乱蚕丝会在席上形成薄薄的一层，由此受到启发，他采用“飘絮”的方法，用席子去捞那些纸浆，捞出来的纸浆就会在席子上形成薄薄的一层，晾干后就成了纸。因为蚕丝昂贵，不能将其作为材料大批量地生产，而且蚕丝纸难以着墨，不易书写，所以没有推广开来。为了造出既经济又实用的纸，蔡伦用树皮、麻皮、破布、废渔网等常见的材料，把它们捣碎，做成纸浆。终于，蔡伦成功了，造出了价格低廉、便于携带和书写的纸，这一伟大发明被列为我国古代四大发明之一。

当今社会，资源回收已成为环保的重要课题，再生纸的投入生产，不仅可以解决部分垃圾回收问题，也是预防未来资源危机的一种方式。

二、相关概念和原理

1. 再生纸

再生纸（recycled paper）是一种以废纸为原料，经过分选、净化、打浆、抄造等十几道工序生产出来的纸张。

2. 纸浆

纸浆是以植物纤维为原料，经不同加工方法制得的纤维状物质。

3. 纤维素

纤维素（cellulose）是由葡萄糖（glucose）组成的大分子多糖（polysaccharide）(图 4-91)。

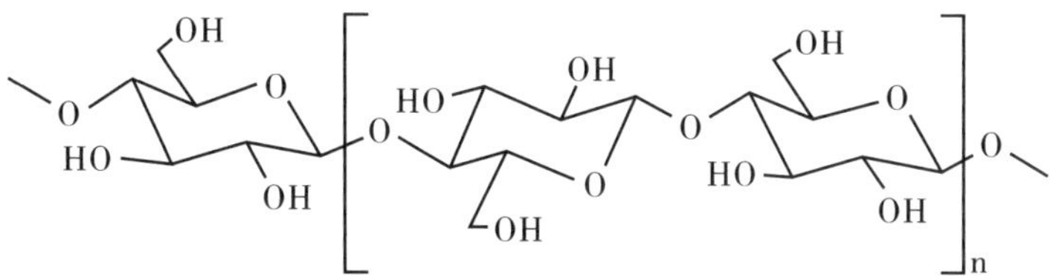

图 4-91 纤维素化学结构式

4. 造纸方法

纸是供写字、印刷、包装所使用的材料。中国人首先发明由人工一张一张制造的简单造纸方法。做法就是把一张过滤网浸入由木材或草的纤维和胶水混合的浆液中，再把滤网取出，滤干水分后即可制成一张网状纤维，将这张网状纤维从滤网取下晾干就是一张纸了。现在的纸大都由木浆制成，但有些高品质的纸仍用棉麻纤维制成，还有部分是用回收废纸制成再生纸。将废旧纸在水中捣碎成纸浆液，经过铺平及滤干的过程，一张再生纸就制成了。

5. 抄纸

抄纸是将纸浆制成纸张的工艺过程。具体而言，先将纸浆用水稀释至一定浓度，再在造纸机的网部脱水，形成湿的纸页，最后经压榨脱水、烘干而制成纸张。

三、活动目标

1. 科学观念：（1）明确再生纸的制作原理；（2）知道再生纸的制作流程。

2. 科学思维：（1）能发现自己制作的再生纸的不足；（2）分析再生纸制作技术的局限。

3. 探究实践：（1）能够运用再生纸的制作原理；（2）会制作再生纸；（3）优化再生纸制作技术。

4. 态度责任：（1）感受我国劳动人民在探索造纸技术方面的勤劳与智慧；（2）体会造纸的不易；（3）节约用纸，保护资源。

四、材料器具

"制作再生纸"相关材料器具信息见表 4-10。

表 4-10 "制作再生纸"相关材料器具信息

名称	信息
废旧纸	用过的 A4 纸、废旧报纸、废弃纸巾
过滤框架、过滤网格、过滤网、压平器、研钵、烧杯	网上商城有售
胶水、剪刀	超市有售
水盆	底部平，诸如平底洗脸盆、水盆
厚书本	用较厚的字典最好，也可用其他表面平滑的重物替代
研钵、剪刀	网上商城购买

五、探究与实践活动

1. 制作再生纸

（1）将一张废旧纸或废弃纸巾撕碎放入水盆中浸泡，时间越长越好（最好浸泡 1 小时左右，浸泡过程中可时不时地用手搓洗碎纸片，降低纸片的韧性)(图 4-92)。

图 4-92　将碎纸片浸泡在水中

（2）将浸泡好的碎纸放入研钵中，用研杵将其捣碎、研磨成浆状（研磨过程中不要加太多水，防止水溅到身上)(图 4-93)。

图 4-93　研磨好的纸浆

注意：进行研磨操作时，研钵应放在不易滑动的物体上，研杵要与研钵保持垂直。

（3）将研磨好的纸浆放在烧杯中，加水使之成为纸浆液（图 4-94）。

图 4-94　纸浆液

（4）把过滤网格和过滤网依次放入过滤框架中，把框架放入盛有水的水盆中，使水恰好能浸没框架（图 4-95），然后将过滤框架拿出。

图 4-95　水盆中的过滤框架

注意：（1）放过滤网前可先将过滤网浸湿，使之更好地与过滤网格贴合。(2) 水盆中的水不宜过多，此步骤主要是为了判断水是否刚好浸没框架。

(5) 向水中滴入两三滴胶水，搅拌均匀 (图 4-96)。

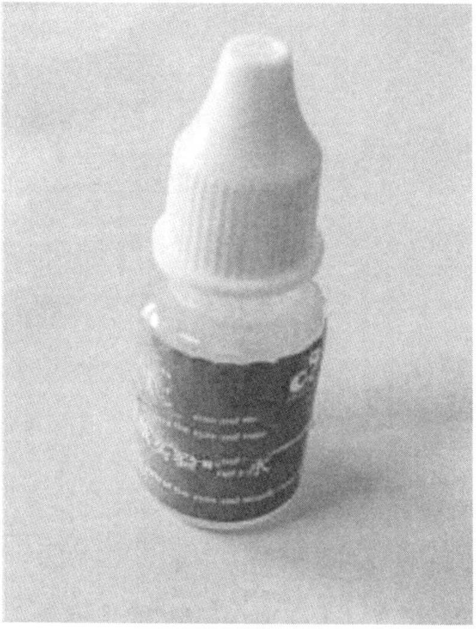

图 4-96　胶水

注意：胶水不要滴太多，否则做出来的再生纸会非常硬。

思考与讨论：在抄纸前，向水中加入胶水的目的是什么呢？

(6) 将烧杯中的纸浆液倒入加有胶水的水中，加以搅拌。

(7) 将框架放入水盆中，刚放进去时可先使框架与水平面成 (大约) 45° 角，倾斜放进水中，抄起水中的纸浆液 (图 4-97)。

图 4-97　抄纸

（8）将框架在水中水平放置，左右前后轻轻推动框架，尽量使纸浆均匀覆盖在过滤网上（图 4-98）。

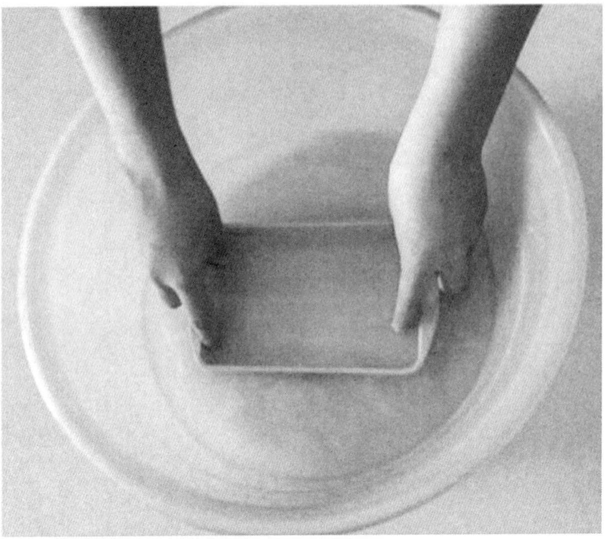

图 4-98　使纸浆均匀铺在过滤网上

注意：若纸浆铺得不均匀，可以使该框架浸没于水中，稍微用手将其拨匀。

（9）待纸浆均匀平铺在过滤网上后，从水盆中拿起框架，保持框架水平，在空中停留一会儿，待上面的水滤干。

（10）在框架内的纸浆上面再放一张过滤网（图 4-99）。

图 4-99　在框架内的纸浆上面再放一张过滤网

注意：放过滤网前可先将过滤网浸湿，使之更好地与纸浆贴合。

（11）用压平器将纸浆内的水压出来（图 4-100）。

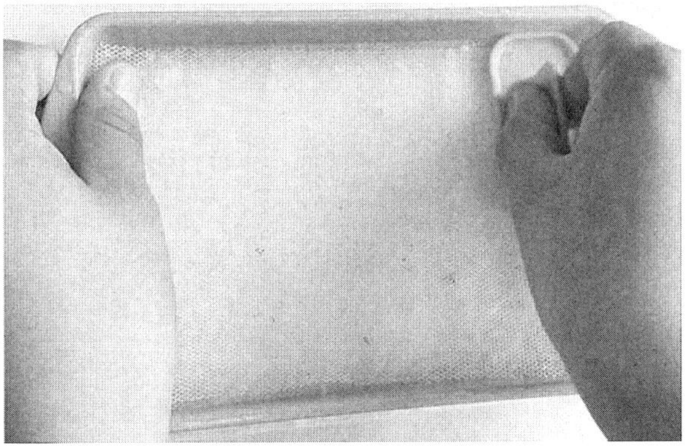

图 4-100　用压平器压出纸浆中的水分

（12）从框架内取出过滤网格，翻过来摆在吸水纸或毛巾上面，用手将水挤出来，然后拿掉过滤网格（图 4-101）。

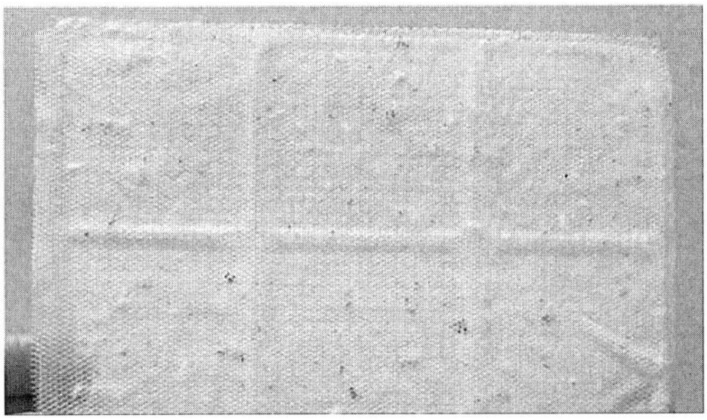

图 4-101　夹有纸浆的两层过滤网

（13）把夹着纸浆的过滤网一起拿下来，夹到废旧纸中间，并将厚书压在上面。

（14）压 5 ～ 10 分钟后，去掉上面的书本，将有纸浆的过滤网放在室内晾干或在阳光下晒干。

注意：若在阳光下晒干，时间不要过长，否则制作出来的再生纸张颜色会偏黄。

（15）去掉上、下两面的过滤网，再生纸就制作好了。

注意：当制作的纸不平坦时，可将其弄湿，再压上重物，重新压平。

（16）修剪制作好的再生纸（图 4-102）。

“制作再生纸”视频二维码如图 4-103。

图 4-102　制作好的再生纸

图 4-103　“制作再生纸”视频二维码

思考与讨论：（1）若浸泡碎纸片的时间不够 1 小时，制作出来的再生纸是否平滑呢？能看到原材料的印迹吗？（2）在将纸浆平铺于过滤网格的过程中，你是怎样让纸浆均匀平铺于过滤网格上的？（3）在晾干再生纸张时，你采用的方法有哪些？（4）以一张 A4 纸为原材料，能制作出几张再生纸呢？各自的有效面积是多大？

2. 评价所制作的再生纸的质量

（1）将你和其他同学制作的再生纸，以及一张 A4 纸放在一起（图 4-104）。

图 4-104　一张 A4 纸和 6 张再生纸

（2）比较纸的耐折度，即纸张受一定力的拉伸后，经过来回折叠而使其断裂所需要的折叠次数。

（3）比较纸张平滑度，即纸张表面凹凸程度特性的一个指标，这个指标对印刷用纸非常重要，它影响印刷油墨的均一转移。

（4）比较纸张尘埃度，用每平方米纸的表面肉眼可见的与纸面颜色有显著区别的斑点个数表示。

（5）比较纸张白度，即白色或接近白色的纸的表面对蓝光的反射率，以相对于氧化镁的百分率表示。

（6）纸张匀度，即纸张内纤维组织分布的均匀程度。

（7）在每一张纸上写字，体验自制的再生纸是否具有实用价值。

思考与讨论：（1）你制作的再生纸和购买的A4纸有哪些差别？原因在哪里？（2）你制作的再生纸的质量与工厂生产的、市场出售的纸的质量有差别，那么你制作再生纸有意义吗？（3）你愿意教其他同学做再生纸吗？

提醒：实践活动之后，（1）将过滤框架、过滤网格、过滤网、压平器清洗干净，晾干放置，以备下次使用；（2）将桌面上的废纸收拾干净放在指定地方，并将用过的水倒进水池；（3）将制作的再生纸标明制作人、制作时间、制作地点等信息，保存在恰当的地方。

［**案例评析**］“制作再生纸”的STEAM课程是典型的项目式教学模式的案例，充分体现了“做中学”的理念，以再生纸的制作过程作为教学活动的主线，组织学生动手实践、动脑思考、生产产品、评价成果，有助于提升学生的实践能力，发展学生的科学思维。该课程充分体现了STEAM教育的特征。（1）以“问题解决”为驱动。为了引导学生关注造纸的原理，认同造纸的不易，形成节约用纸、保护环境的意识，该课程组织学生动手制作再生纸，每个步骤既是操作的过程，也是解决问题的过程。（2）以“实践”为核心，组织学生制作再生纸，明确制作的流程和技术要领，整个活动中学生亲自动手、动脑，相互交流，彼此评价，充分体现了以学生为主体的实践。（3）以“成果”为评价依据，课程要求学生在制作出再生纸后，从耐折度、平滑度、尘埃度、白度、匀度等方面对再生纸进

行评价。(4)以“陶冶情操”“发展情感态度”为目的。首先，学生在制作的过程中体验了劳动的快乐，获得了成就感；其次，学生不仅要掌握制作再生纸的知识和技能，还要关注再生纸的美观性、可利用程度；最后，学生要形成节约用纸的意识，具有保护资源的社会责任感。

案例 6　纸的趣味实验

［**适用年级及学生基础**］“纸的趣味实验”适用于高一及以上年级。学生需要具备小肠结构、线粒体的嵴等生物学知识，掌握范德华力、沸点、燃点等物理知识，明确角度、垂线等数学知识。

一、情境创设

在元旦晚会上，李波给大家表演了一个魔术——“被‘嫌弃’的纸片”。桌上平放着一张剪过的 A4 纸，中间竖起的纸片向左不能填补缺口，向右也不能填补缺口，总是多出来一部分（图 4-105）。转而，他把这张纸还原成了一张完整的 A4 纸，虽然有裁剪的痕迹，但没有缺口。

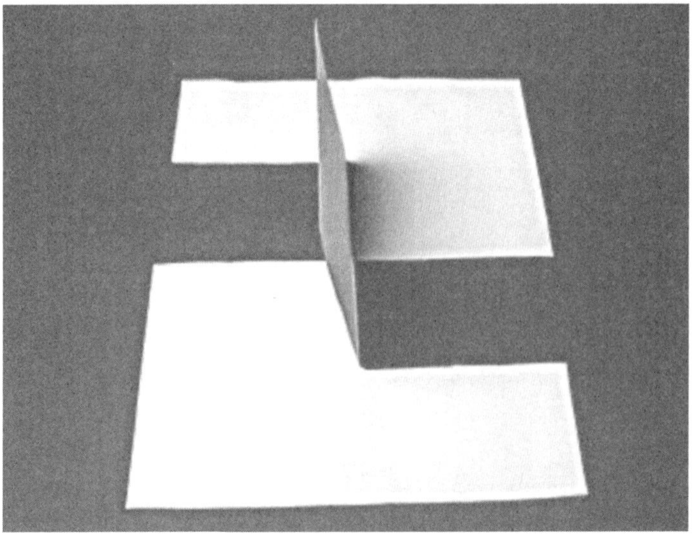

图 4-105　被“嫌弃”的纸片

这张神奇的纸是怎样做成的呢？其实很简单，步骤如下：

（1）取一张 A4 纸，将其左右两等分，上下四等分，确定三个点（图 4-106）。

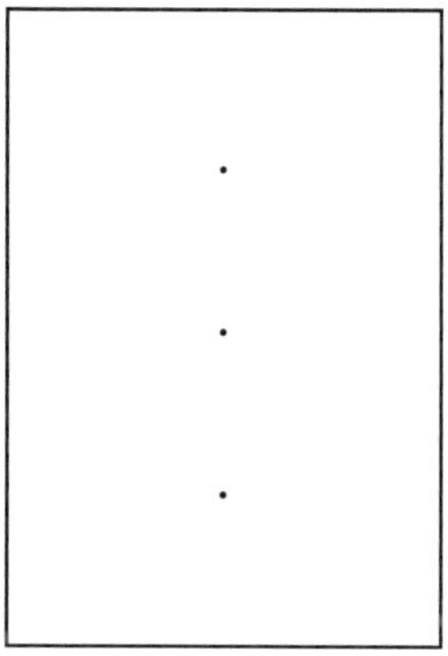

图 4-106　在 A4 纸上确定三点

注意：只确定三个点，不要画线，不要写字母。

（2）过第 1 个点、第 3 个点向左作两条垂直于边的垂线，过第 2 个点向右作一条垂直于边的垂线（图 4-107）。

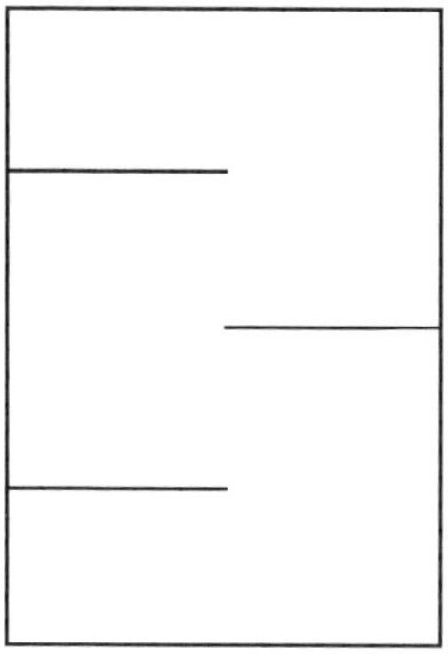

图 4-107　做三条垂线

（3）用剪刀沿着所画的线剪开，则纸的左侧被剪了两道开口，右侧只有一道开口。

（4）右侧开口之上的张纸不动，右侧开口之下的张纸向内旋转 180°（从上方看按逆时针方向旋转）(图 4-108）。

图 4-108　右侧开口之下部分向内旋转 180°

（5）将中间纸片向左压平，再向右压平，然后竖起来。

纸不仅可以用来表演魔术，还能学习科学文化知识，进行科学探究和科学实践。

“被‘嫌弃’的纸片”视频二维码如图 4-109。

图 4-109　“被‘嫌弃’的纸片”视频二维码

二、相关概念和原理

1. 小肠内表面

人的小肠细长，盘曲在腹腔内，长 5 ～ 6 m。小肠的内表面有很多环形皱襞，皱襞表面有小肠绒毛和微绒毛，小肠绒毛上皮细胞朝向肠腔的一侧。由于环形皱襞、小肠绒毛和微绒毛的存在，使小肠内表面积比原来增大了近 600 倍。一个成年人的小肠内表面积大约有 200 m^2。小肠的内表面积越大，越有利于营养物质的吸收。[1]

2. 线粒体的嵴

线粒体是细胞进行有氧呼吸的主要场所，是细胞的“动力车间”。细胞生命活动所需的能量，大约 95% 来自线粒体。[2] 线粒体是一种由双层单位膜围成的细胞器，内膜向内折叠成嵴，内膜和嵴的内表面上有很多基粒 [3]，这些结构使内膜的表面积大大增加。

3. 壁虎超强的黏附能力

壁虎不仅能够在垂直墙壁上运动自如，而且能在天花板上停留和爬行，地球引力对它似乎没有什么影响，奥秘就隐藏在其脚下。在扫描电镜下可以看到，壁虎的每个脚趾上生有数百万根细小刚毛，每根小刚毛的末端又分叉形成数百根更细小的铲状绒毛，每根绒毛长度及宽度方向的尺寸约为 200 nm，厚度约为 5 nm。壁虎超强的黏附力源于脚掌上大量刚毛与物体表面的分子间作用力，即范德华力。大量范德华力的积累就足以支撑壁虎体重。根据计算，壁虎脚掌每平方厘米面积上的刚毛数量可达一万多根，一只大壁虎脚掌上刚毛数量约为 600 万根，可产生高达 1 300 N（133 kg）的黏附力，理论上可承担两个普通成年人的重量。[4]

4. 莫比乌斯环

1858 年，德国数学家莫比乌斯（Mobius）发现：把一个纸条扭转 180° 后，两头再粘接起来做成的纸带环，只有一个面（即单侧曲面），一只小虫可以爬遍整个曲面而不必跨过它的边缘，这种纸环被称为莫比乌斯

---

[1] 刘恩山 . 义务教育教科书生物学：七年级下册 [M]. 北京：北京师范大学出版社，2012：14-15.

[2] 人民教育出版社课程教材研究所生物课程教材研究开发中心 . 普通高中教科书　生物学　必修 1 分子与细胞 [M]. 北京：人民教育出版社，2019：49.

[3] 中国中学教学百科全书总编辑委员会生物卷编辑委员会 . 中国中学教学百科全书：生物卷 [M]. 沈阳：沈阳出版社，1990：336.

[4] 彭志龙，陈少华 . 壁虎超强的黏附能力：隐藏在脚下的奥秘 [J]. 力学与实践，2013，35（4）：82-86.

环，也叫莫比乌斯带。

5. 沸点

沸点指的是液体开始沸腾时的温度。沸点随气压的变化而改变，压力低，沸点也低。[1] 在一个标准大气压下，水的沸点约为 100 ℃。

6. 燃点

燃点是指将物质在空气中加热时，开始并继续燃烧的最低温度。不同物质的燃点不同，例如，在标准大气压下，纸的燃点在 130 ～ 255.5 ℃。

三、活动目标

1. 科学观念：（1）明确小肠内壁（相对于外壁）表面积之大及其原因；（2）认识到线粒体内膜（相对于外膜）表面积大大增加，知道其结构特点；（3）理解莫比乌斯环的空间结构。

2. 科学思维：（1）能正确分析纸具有刚和柔的两面性；（2）能揭示两本相互穿插、交叠在一起的书摩擦力极大的原因；（3）能分析线粒体的内膜、外膜的表面积大大增加的原因；（4）分析壁虎爬行时与墙壁、天花板之间有强大作用力的原因。

3. 探究实践：（1）体验新纸张的锋利性；（2）体验纸的柔韧性；（3）通过剪纸环，模拟小肠内表面和线粒体内膜，感受其面积的增加；（4）通过两本书页的穿插、交叠，体验物体之间累积的黏附力；（5）会制作莫比乌斯环；（6）运用纸的燃点和水的沸点的知识，用纸杯烧水。

4. 态度责任：（1）做“纸的趣味实验”时胆大心细，不怕失败；（2）避免锋利的纸伤害自己及他人；（3）防止剪刀伤人；（4）展开大纸环时，与大家团结协作，小心纸条断开，力保纸环完整；（5）二人用力拉开交叠在一起的两本书时，公平竞争；（6）做有关火的实验时，防止烧伤、烫伤。

[1] 中国社会科学院语言研究所词典编辑室 . 现代汉语词典 [M]. 增补本 . 北京：商务印书馆，2002：366.

四、材料器具

纸、火腿肠、裁纸刀、字典、书、木板、胶带、胶水、电子称、剪刀、直尺、铅笔、铁架台、量筒、纸杯、酒精灯、火柴、水盆、小烧杯、毛笔、钢笔墨水（或墨汁）等，部分材料器具信息见表 4-11。

表 4-11　“纸的趣味实验”部分材料器具信息

名称	信息
纸	可以是用过的 A4 纸、旧书、旧期刊、用过的废笔记本
剪刀	尖头剪刀容易扎伤人，为了安全，建议用钝头剪刀
字典、书	至少一本字典，用来作为“桌面”；再准备 40 本左右的书籍、期刊

五、探究与实践活动

1. 锋利的纸

很多人有过这样的经验：在翻新书时，或者取 A4 纸的时候，一不留神手会被纸割破，甚至流血。但到底是怎么被割伤的，往往没有察觉到。下面，我们让大家直观感受一下纸的锋利。

（1）取一张 A4 纸（或者翻开新书的某一页）交给同伴，让其双手捏住纸的某一边上的两个角，拉紧这张纸的边缘。

（2）取一根火腿肠，去掉包装。

（3）双手紧捏着火腿肠的两端，并使火腿肠与（同伴捏着的）纸的边缘垂直。

（4）准备就绪后，迅速将火腿肠推向纸的边缘，向下用力，并向前移动（图 4-110）。

（5）火腿肠被纸切开。

“锋利的纸”视频二维码如图 4-111。

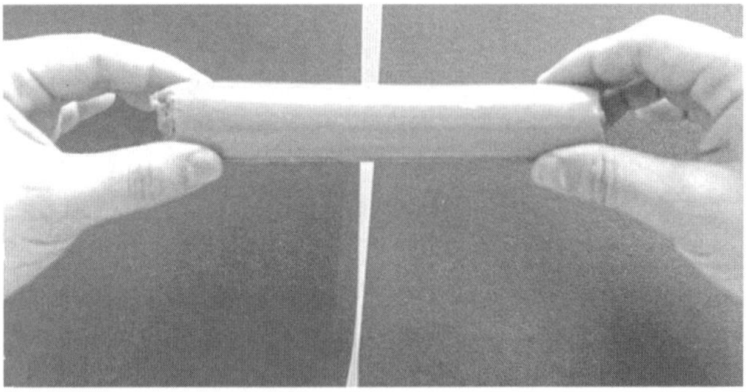

图 4-110 推动火腿肠

图 4-111 “锋利的纸”视频二维码

拓展实验：用旧书或用过的A4纸切割（相同规格的）火腿肠。

思考与讨论：为什么用过的A4纸（或旧书）难以切开火腿肠？

2.“刚柔并济”的纸

（1）纸之“柔”——切土豆

纸很柔软，柔软得似乎可以被任何东西“宰割”。但是，有时候纸会表现出它“柔韧不拔”的一面。

土豆和纸，到底哪个更结实？你肯定会毫不犹豫地选择土豆。那么，请做下面的活动，检验你的想法是否正确。

①取一个土豆，置于桌面。

②用一张纸包住刀的刀刃。

③用已经被纸包住刀刃的刀，垂直向下用力切土豆（不可前后拉动）（图4-112）。

图4-112 切土豆

④土豆被切开后，检查包着刀刃的纸是否完好。

“切土豆”视频二维码如图4-113。

图4-113 “切土豆”视频二维码

思考与讨论：包着纸的刀把土豆切开了，纸为什么还完好？

搜集资料：古代士兵将铠甲穿在身上进行防护。先秦时主要用皮制造铠甲，战国后期用铁制造铠，皮制的仍称为甲。你可能想不到可以用纸来做护身甲，因为纸拥有很好的柔韧性且重量较轻，所以宋代的士卒、民间武装、战船水兵用纸甲护身。请在图书馆查找或在网络上搜索有关“纸甲”的文献资料。

（2）纸之“刚”——搭桌子

以上我们看到了纸“柔情”的一面。然而，纸不止“柔情”，它还有“刚强”的一面。

①取一张 A4 纸，将宽连续对折两次，用裁纸刀将其裁成四张大小相同的纸条（图 4-114）。

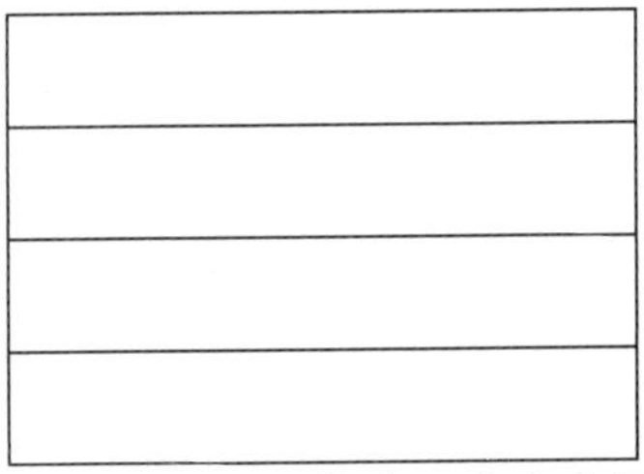

图 4-114　将一张 A4 纸裁成四张大小相同的纸条

②将每一张纸条都卷成致密、坚实的圆柱体，末端用胶带或胶水粘住，使其成为四个粗细、高矮相同的纸圆柱（图 4-115）。

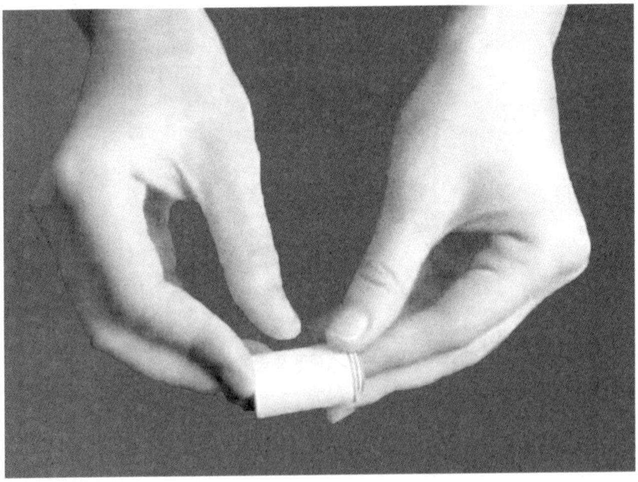

图 4-115　将纸条卷成圆柱

③用四个直立的纸圆柱支撑一本字典、词典或一块硬木板，使其成为一张“桌子”（图 4-116）。

图 4-116　做成的一张“桌子”

④在“桌子”上放重物（诸如书籍），要保持物体稳定（图 4-117）。

图 4-117　四个纸圆柱撑起了 37 本书

⑤称量“桌子”上物体的重量。

“搭桌子”视频二维码如图 4-118。

图 4-118 “搭桌子”视频二维码

注意：作为“桌面”的物体，也要称重。

拓展实践：4 ～ 6 名同学，用相同质地的 A4 纸，用相同的粘贴方式（都用胶带或胶水），用同样的桌面，比一比哪名同学做成的桌子支撑的物体最重，并用数据说明。

思考与讨论：用一张 A4 纸做成的四个圆柱，能够支撑的物体的重量与哪些因素有关。

3.“嵴”的模拟

同学们在学习人的小肠的结构时，对小肠内表面积比外表面增大了近 600 倍颇有质疑。在高中阶段，通过学习细胞器的内容，知道线粒体通过内膜向内凹陷形成“嵴”，极大地增大了其内膜面积。但是，很多同学有这样的疑惑：它就向内凹陷了那么一点儿，能形成多大的面积？内膜表面积不至于“大大增加”吧？

下面我们通过一个剪纸活动来解释这些疑惑。为了使问题简单化，我们将三维立体的表面积问题转化成二维图形的周长问题。

（1）取一张 A4 纸，用剪刀将其剪成一个矩形环（图 4-119），测量其周长。

图 4-119 将一张 A4 纸剪成一个矩形环

注意：为了节约用纸，请用用过的纸（最好是两面都用过的纸）来剪。

思考与讨论：你认为应该测量其外周长还是内周长？或是取其平均值？

（2）再取一张 A4 纸，将其对折（可以上下对折，也可以左右对折）。

（3）将有开口的一端朝上，有折痕（无开口）的一端朝下。

（4）在最右侧作折痕一端的垂线，垂线距离有开口的一端要有 0.5 ～ 1.0 cm，再在其左侧 0.5 cm 处作有开口一端的垂线，垂线距离折痕一端 0.5 ～ 1.0 cm（图 4-120）。

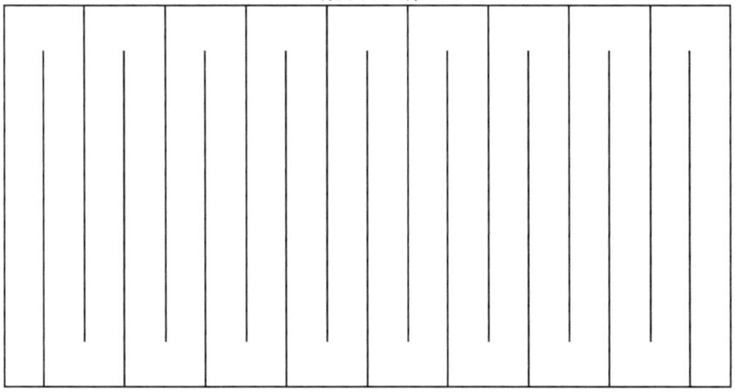

图 4-120 在对折的 A4 纸上相间画垂线

（5）交替作垂线，一直作到纸的最左端。

注意：最右端和最左端的垂线，都是垂直于有折痕（无开口）一端的垂线。

（6）用剪刀沿着垂线剪。

（7）除了最左、最右的折痕不剪，把中间的所有折痕都剪开（图 4-121）。

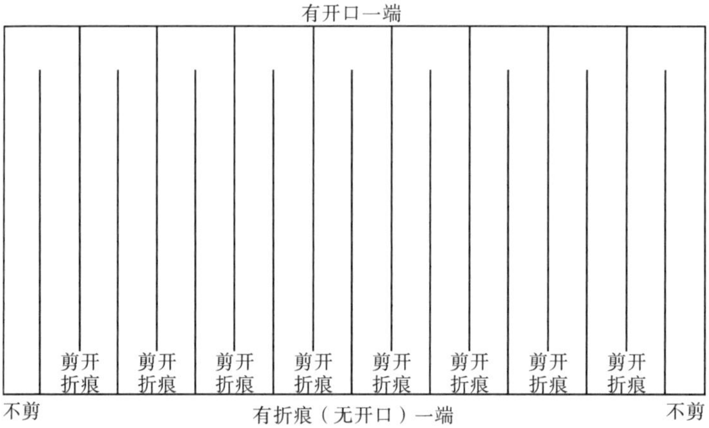

图 4-121　剪开除两端之外的所有折痕

（8）将纸条小心翼翼地展开，测量其周长（图 4-122）。

图 4-122　十几个同学小心地托着由一张 A4 纸剪成的大圆环

（9）计算同样大小的 A4 纸，用两种不同的剪法，所剪成的圆环的周长之比是多少。

“嵴的模拟”视频二维码如图4-123。

拓展实践：将一张A4纸对折，不用画线，直接用剪刀将其剪成大圆环。

思考与讨论：如果最右端和最左端的垂线不是垂直于有折痕的一端，而是垂直于有开口的一端，会怎样？这种剪法中，圆环的周长与垂线之间的距离具有什么关系？

图4-123 “嵴的模拟”视频二维码

4.“爬行高手”的秘密

壁虎可以说是动物界爬行能力最强的动物之一，甚至可以在光滑的玻璃上爬行。为什么壁虎在光滑的玻璃上都能“健步如飞”呢？我们来做一个模拟活动。

（1）取两本厚度（页码数）相当的期刊（书）。

（2）将这两本期刊（书）的书脊相对，相距1.2本书宽度的距离，左右平放于桌面（图4-124）。

相关知识：书脊，亦称书背，介于书籍前后封面之间；书口指书籍上与书脊相对的一边。

图4-124 书脊相对平放的两本杂志

（3）将左边的期刊翻一页到中间（图4-125），再将右边的期刊翻一页到中间（图4-126），使其叠合在一起。

图 4-125　将左边的期刊翻一页到中间

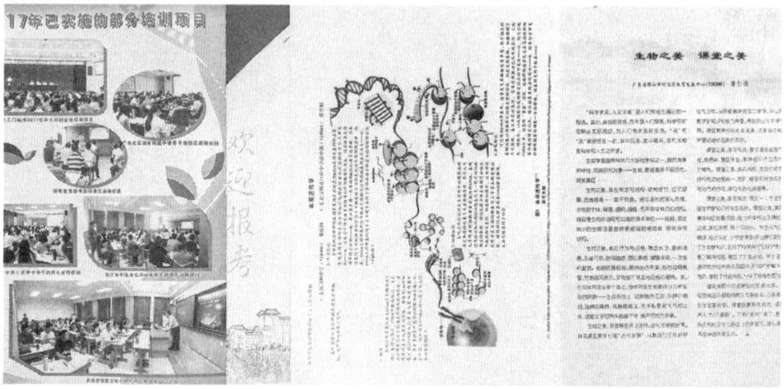

图 4-126　再将右边的期刊翻一页到中间

图 4-127　两本完全穿插叠合在一起的期刊

（4）交替翻左右两本期刊，使两本期刊的每一页纸都相互穿插、交叠在一起（如果期刊非常厚，可以每次翻 3 ～ 5 页相互交叠），直到将两本期刊翻完（图 4-127）。

（5）用一只手托着两本期刊，另一只手轻轻地压着两本期刊，使纸张相互接触。

（6）找性别相同、个子相当、力量都很大的两个人，站在期刊左右两侧，用两手握着期刊的书脊。

（7）两人同时用力拉，两本期刊纹丝不动（图 4-128）。

图 4-128 两人通过穿插叠合在一起的期刊拔河

注意：（1）两人稳定施力，不要猛拉、猛拽；（2）中间托着的人仅使纸张接触，并不用力压两本期刊。

（8）中间的人不托举两本期刊，两人再同时拉。

"'爬行高手'的秘密"视频二维码如图 4-129。

图 4-129 "'爬行高手'的秘密"视频二维码

思考与讨论：没有中间的人托举期刊时，两本期刊能轻易拉开，为什么？

拓展实践：（1）测量两人在势均力敌的情况下，一人的拉力有多大。（2）每边两人或三人一起拉，是否能够拉开？（3）每边多人一起拉的时候，如何施力？

思考与讨论：运用此活动，向他人解释壁虎在直立的墙壁、天花板以及光滑的玻璃上如履平地的原因。

5. 制作莫比乌斯环

一张纸条有几个面？相信这个问题对你来说毫无难度。然而通过一些方法我们可以将其变为一个面。

（1）取一张白色的 A4 纸，用铅笔在其一个面上（另一面还是白色）打上网格线，或用彩色笔将其涂上颜色。

拓展实践：在电脑上新建一个 Word 文档，在文档中插入网格线，然后打印出来。

（2）将一张 A4 纸裁成 6 张纸条（图 4-130）。

图 4-130　将一张 A4 纸裁成 6 张纸条

（3）取一张纸条，将其两端用胶水粘在一起，连成一个普通的纸环（图 4-131）。

图 4-131　普通纸环

观察：普通纸环里面是什么颜色？外面是什么颜色？它有几个面？

（4）再取一张纸条，将其两端对接成一个普通纸环（但不要粘贴），此时，将左侧一端（或右侧一端）扭转 180°，用胶水将两端粘贴在一起，成为一个莫比乌斯环（图 4-132）。

图 4-132　莫比乌斯环

思考与讨论：莫比乌斯环有几个面？

（5）模拟一只小虫在莫比乌斯环上爬行，但不跨过它的边缘：用一支红笔，从莫比乌斯环的某一点（如 A 点）开始，在纸环的中间画线，笔不离纸一直画下去。

思考与讨论：这支笔从 A 点开始画线，一直朝前，不往回画线，能到达 A 点吗？如果不能到达，为什么呢？如果能够到达，说明了什么？

（6）用剪刀沿着纸环的中央开始剪，直到剪完一圈（图 4-133）。

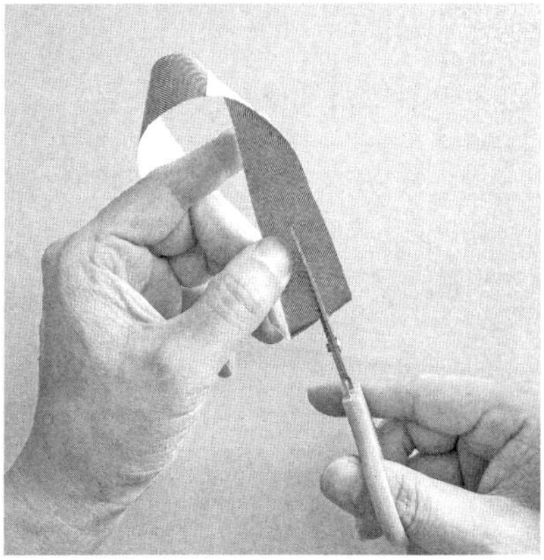

图 4-133　沿着纸环的中央剪开

观察：沿纸环中央将莫比乌斯环剪开后，得到几个环？有几个面（图 4-134）？

图 4-134　沿着纸环的中央将莫比乌斯环剪开

（7）再取一张纸条，将其两端对接成一个普通纸环（但不要粘贴），此时，将左侧一端（或右侧一端）扭转 360°，用胶水将两端粘贴在一起（图 4-135）。

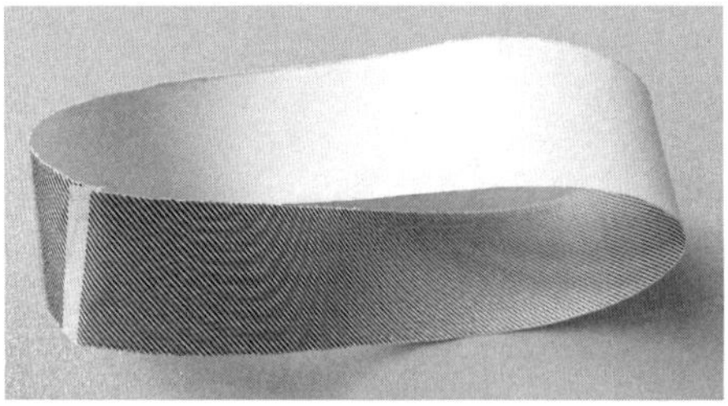

图 4-135　将一端扭转 360° 粘贴而成的纸环

思考与讨论：这个纸环有几个面？

（8）用剪刀沿着上面这个纸环的中央将其剪一圈，形成了几个纸环？每一个纸环有几个面（图 4-136）？

“莫比乌斯环”视频二维码如图 4-137。

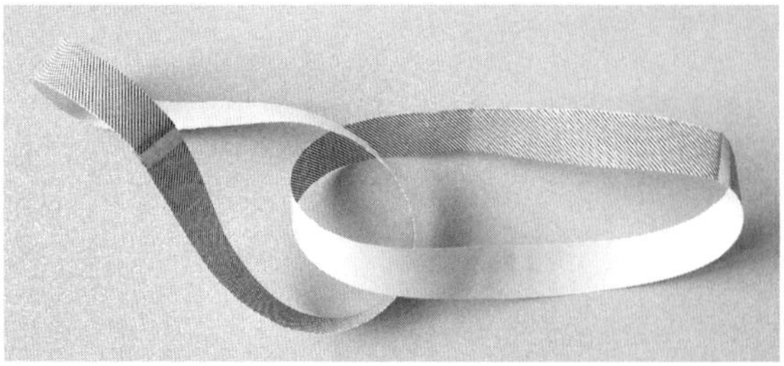

图 4-136　将一端扭转 360° 粘贴而成的纸环剪开后的结果

图 4-137　“莫比乌斯环”视频二维码

6. 纸杯烧水

（1）取一个一次性纸杯，将纸杯固定在铁架台上（图4-138）。

建议：本着节约的原则，取用过的纸杯做实验。

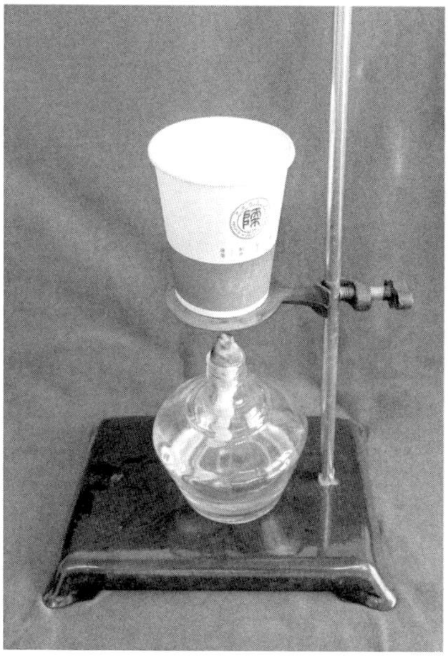

图4-138 纸杯烧水

（2）用量筒量取20 mL的清水，加入纸杯。

（3）用酒精灯加热纸杯底部（注意不要让火焰烧到纸杯没有水的部位）。

（4）计时并观察实验现象。

（5）记录从开始加热到水沸腾所用的时间。

（6）将烧开的水倒掉，再将纸杯放在铁架台上，点燃酒精灯。

（7）待其刚开始燃烧时，用手将纸杯拿起，丢入水中灭火。

思考与讨论：（1）纸杯为什么能烧水？（2）为什么纸杯中有水时，纸杯不会燃烧，而纸杯中没有水时，却能够被点燃？

［**案例评析**］“纸的趣味实验”课程充分挖掘了纸的教育价值。（1）组织学生运用纸张进行各项科学实践活动，将动手实践和动脑思考融为一体。（2）将小肠内表面、线粒体的嵴、莫比乌斯环等抽象的知识具体化、

直观化。（3）各项实践活动有助于学生形成科学思维。诸如，学生通过了解线粒体的内膜、外膜的表面积之比及壁虎爬行时与墙壁、天花板之间的强大作用力，发展“对比分析”的科学思维；通过体验交叠在一起的书具有极大摩擦力的活动，形成归纳概括、科学论证等科学思维。（4）课程的各项活动具有趣味性，能够调动学生的积极性。例如，“通过剪莫比乌斯环，模拟小肠内表面和线粒体内膜，以及通过两本书页的穿插、交叠等活动均是以生活中的事物、行为来吸引学生积极参与，直观地感知线粒体的嵴、摩擦力等抽象的知识，引导学生将所学知识运用在生活中，解释生活现象。（5）活动设计具有思想教育价值，有助于引导学生形成系统分析问题的习惯，培养学生的合作意识。例如，学生通过多种活动系统地感知纸的特征——锋利性、柔韧性；与其他同学团结协作，力保纸环完整，还要保护自己和他人免受锐物的伤害。

案例 7　转基因

［**适用年级及学生基础**］“转基因”适用于高一及以上年级。学生要明确大肠杆菌的结构；学习过限制性核酸内切酶、DNA 连接酶等重要概念；知道 *Eco*RI 酶切位点；能够区别黏性末端和平末端；能说出转基因的步骤。

一、情境创设

糖尿病是以高血糖为特征的代谢性疾病。一些糖尿病患者需要注射胰岛素制剂来治疗。胰岛素是由胰脏内的胰岛细胞分泌的一种蛋白质激素，是机体内唯一能降低血糖的激素。

过去，糖尿病患者注射的胰岛素制剂多是从猪的胰脏中提取的，这是因为在诸多动物中，猪的胰岛素与人的胰岛素结构最为相似。然而，一位糖尿病患者一年所用的胰岛素制剂，需要从 3 500 头猪的胰脏中提取，每 100 kg 猪的胰脏只能提取 4 ～ 5 g 胰岛素，远远不能满足患者的需求。猪的胰岛素毕竟不是人的胰岛素，容易发生排异反应。

后来，有科学家异想天开地设想："能不能让细菌来生产人的胰岛素？" 1978 年，美国科学家成功地利用工程技术，将人类胰岛素基因拼接到大肠杆菌的 DNA 分子中，然后通过大肠杆菌生产出了人的胰岛素。

现在，制药厂利用转基因大肠杆菌，用 10 m^3 的发酵罐发酵一次所生产的胰岛素，足够一位糖尿病患者注射一年。不仅费用大大降低，而且较少产生排异反应。

二、相关概念和原理

1. 转基因

转基因是 DNA 片段被转入特定生物中，与其本身的基因组进行重组，再从重组体中进行数代的人工选育，从而获得具有稳定表现特定的遗传性状的个体。转基因过程按照途径可分为人工转基因和自然转基因。人工转基因就是把一个生物体的基因转移到另一个生物体的 DNA 中。

2. 限制性核酸内切酶

限制性核酸内切酶，简称限制酶，能识别特定的核苷酸序列，并在特定的切点上切割 DNA 分子，被形象地比喻为基因的"分子手术刀"，例如 *Eco*RI 限制酶。

3.*Eco*RI 的酶切位点

在分子克隆实验中，限制性核酸内切酶是必不可少的工具酶。常用的限制酶有 *Eco*RI、*Xho*I、*Hind*III、*Nde*I、*Bam*HI。不同的限制酶能识别不同的序列，具有不同的切割位点。*Eco*RI 限制酶能够专一识别 5' GAATTC3'，切割位点在 G 和 A 之间。

4. 黏性末端和平末端

DNA 分子经限制酶切割产生的 DNA 片段末端通常有两种形式：黏性末端和平末端。当限制酶在其识别序列的中心轴线两侧将 DNA 的两条链交错切开时，末端的核苷酸顺序是互补的，产生的是黏性末端，黏性末端的切口不是平齐的，而是一根链长出一点。当限制酶在其识别序列的中心轴线处切开时，形成一种平齐的末端，产生的则是平末端，平末端的两条 DNA 的切口是平整的，两条单链一样长。

5.DNA 连接酶

DNA 连接酶（DNA ligase）能够把两段相邻的 DNA 链“缝合”起来，连成完整的链，被形象地称为基因的“针线”。

6. 基因的运载体

基因的运载体指的是能够将目的基因转移到受体细胞的运载工具。例如，大肠杆菌细胞中的质粒（plasmid）能够将外源基因送入大肠杆菌细胞内。

7. 大肠杆菌

大肠埃希氏菌简称大肠杆菌（escherichia coli），具有细胞壁，没有细胞核，有拟核。它的基因组 DNA 为拟核中的一个环状分子，同时可以有多个环状质粒 DNA，可用作基因工程中的运载体。大肠杆菌是人和动物肠道中的正常栖居菌，是一种条件致病菌。

8. 质粒

质粒广泛存在于生物界，从细菌、放线菌、丝状真菌、大型真菌、酵母到植物，甚至人类机体中都含有。细菌质粒是拟核以外的 DNA 分子，存在于细胞质中，是闭合环状的双链 DNA 分子。

9. 人胰岛素基因

人胰岛素基因位于第 11 号染色体上，长度为 8 416 bp（base pair，碱基对）。

10. 转基因的步骤

（1）提取目的基因

从生物的基因组中分离出带有目的基因的 DNA 片段。目的基因是被用于基因重组、改变受体细胞性状和获得预期表达产物的基因。例如，人的胰岛素基因就是目的基因，位于人的第 11 号染色体上，由 51 个（共 16 种）氨基酸组成。

（2）将目的基因与运载体结合

在细胞外，将带有目的基因的 DNA 片段剪切、黏合、连接到运载体（例如，大肠杆菌的质粒）上。

（3）将目的基因转入受体细胞

将重组 DNA 分子注入受体细胞（大肠杆菌），将带有重组体的细胞扩增。

（4）目的基因的表达

将得到的重组细胞进行大量的增殖，得到相应表达的功能蛋白，达到人们的要求。例如，含有人的胰岛素基因的大肠杆菌增殖，产生人的胰岛素。

11. 目的基因表达的条件

根据基因表达载体的要求，必须具备复制原点、标记基因、启动子、终止子和目的基因五部分，并且这五部分需要按照特定的次序排布，目的基因才能够正常表达。因此，在基因工程中，虽然会产生非常多的意外环状重组，但大部分是不会表达的，实际上对基因工程的影响不太大。[1]

三、活动目标

1. 科学观念：（1）解释转基因的原理；（2）能准确说出转基因的步骤；（3）明确目的基因表达的条件；（4）认识到大肠杆菌对人类有害也有利。

2. 科学思维：（1）能区分黏性末端和平末端；（2）能揭示大肠杆菌模型的不足；（3）能推理预测目的基因和质粒的意外重组。

3. 探究实践：（1）运用计算机技术，绘制、打印大肠杆菌环状质粒基因序列；（2）运用计算机技术，绘制、打印人 11 号染色体上的胰岛素基因；（3）制作含有质粒的大肠杆菌模型；（4）模拟将人的胰岛素基因通过大肠杆菌质粒转运到大肠杆菌中；（5）模拟目的基因和质粒的意外重组。

4. 态度责任：（1）致力于制作出直观、简便、实用的“大肠杆菌环状质粒”模型；（2）致力于制作出直观、简便、实用的“人胰岛素基因序列”模型；（3）客观公正地评价转基因生物和转基因食品。

---

[1] 谭雪青，郑皓元．重组 DNA 分子纸质模型的创新设计、制作与应用 [J]. 中学生物教学，2019（1）：96-99.

四、材料器具

电脑、打印机、A4 纸、裁纸刀、剪刀、圆柱状的透明广口瓶、清洁球、胶水、透明胶带等，部分材料器具信息见表 4-12。

表 4-12　“转基因”部分材料器具信息

名称	信息
A4 纸	至少两种颜色的 A4 纸：白色的 A4 纸用于打印大肠杆菌质粒，彩色的 A4 纸用来打印人的 11 号染色体上的胰岛素基因
清洁球	用于模拟拟核中的 DNA，也可以用一团毛线代替

五、探究与实践活动

1. 制作大肠杆菌质粒模型

（1）在电脑上新建一个 Word 文档（DOC 文档或 DOCX 文档），将其命名为“质粒”，并将其打开。

（2）点击“文件”“页面设置”，将“方向”设为“横向”，上、下页边距都改为 0（或者 0.1）(图 4-139）。

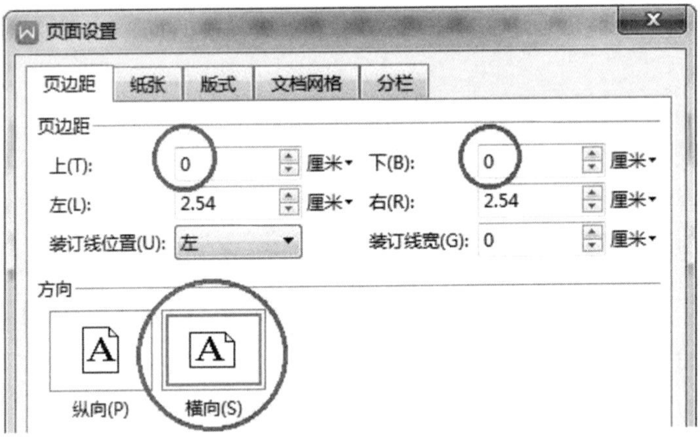

图 4-139　设置方向和页边距

（3）在第一行中录入“大肠杆菌…ATAGCATGCTATCCATGAATTCGGCATAC…”，在第二行中录入“环状质粒…TATCGTACGATAGGTACTTAAGCCGTATG…”。

（4）调整字体（诸如汉字用“宋体”，字母用“Times New Roman”）、字号（诸如“二号”）；全选录入的文字和字母，用鼠标点击工具栏中的“分散对齐”，使文字、字母分散对齐（图 4-140）。

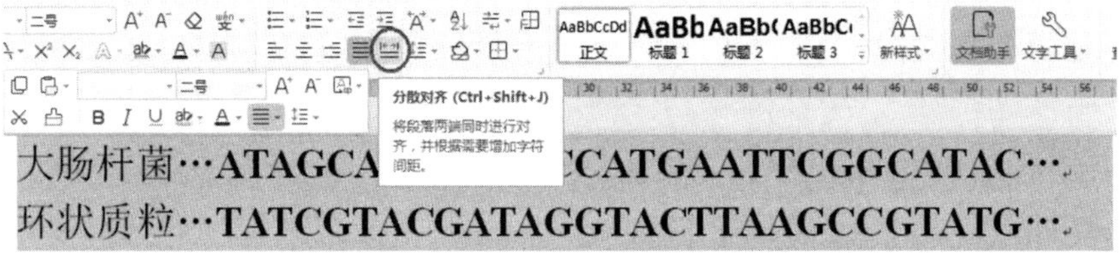

图 4-140　使文字、字母分散对齐

（5）按电脑键盘上的“PrtSc”键。

（6）打开“画图”软件，用鼠标点击“粘贴”或用手同时按键盘上的“Ctrl”和“V”键，将 Word 文档中的文字转换成图片。

（7）用鼠标选择工具栏中的“矩形”图标（图 4-141）。

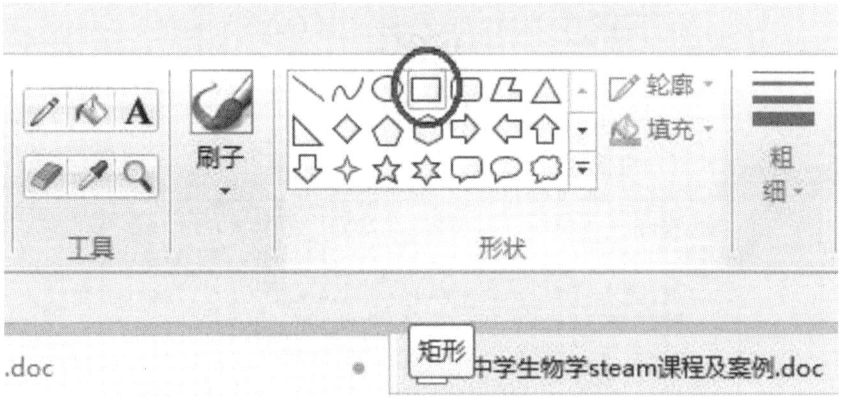

图 4-141　选择“矩形”图标

（8）用鼠标画矩形，将“GAATTC”和“CTTAAG”框起来（图 4-142）。

大肠杆菌…ATAGCATGCTATCCATGAATTCGGCATAC…
环状质粒…TATCGTACGATAGGTACTTAAGCCGTATG…

图 4-142　用鼠标画矩形

（9）用鼠标选择“直线”和“粗细”（图 4-143），在“GAATTC”和“CTTAAG”中的 G 和 A 之间画线，同时在这些碱基对之间画虚线（先画实线，用橡皮擦擦成虚线）(图 4-144）。

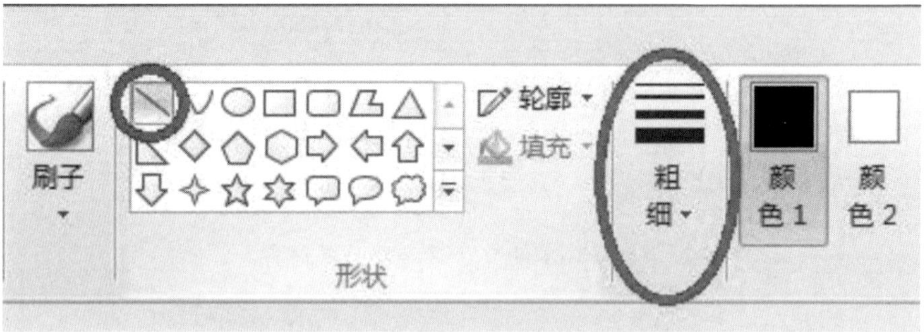

图 4-143　用鼠标选择“直线”和“粗细”

大肠杆菌…ATAGCATGCTATCCATGAATTCGGCATAC…
环状质粒…TATCGTACGATAGGTACTTAAGCCGTATG…

图 4-144　在“GAATTC”和“CTTAAG”中画线

（10）复制大肠杆菌环状质粒的碱基对序列图，将其在页面中粘贴 6 次，使其占满整个页面（图 4-145）。

大肠杆菌…ATAGCATGCTATCCATGAATTCGGCATAC…
环状质粒…TATCGTACGATAGGTACTTAAGCCGTATG…

大肠杆菌…ATAGCATGCTATCCATGAATTCGGCATAC…
环状质粒…TATCGTACGATAGGTACTTAAGCCGTATG…

大肠杆菌…ATAGCATGCTATCCATGAATTCGGCATAC…
环状质粒…TATCGTACGATAGGTACTTAAGCCGTATG…

大肠杆菌…ATAGCATGCTATCCATGAATTCGGCATAC…
环状质粒…TATCGTACGATAGGTACTTAAGCCGTATG…

大肠杆菌…ATAGCATGCTATCCATGAATTCGGCATAC…
环状质粒…TATCGTACGATAGGTACTTAAGCCGTATG…

大肠杆菌…ATAGCATGCTATCCATGAATTCGGCATAC…
环状质粒…TATCGTACGATAGGTACTTAAGCCGTATG…

大肠杆菌…ATAGCATGCTATCCATGAATTCGGCATAC…
环状质粒…TATCGTACGATAGGTACTTAAGCCGTATG…

图 4-145　复制并粘贴大肠杆菌环状质粒的碱基对序列

“大肠杆菌环状质粒”文档二维码如图 4-146。

图 4-146　“大肠杆菌环状质粒”文档二维码

（11）用打印机打印，用裁纸刀将其裁开，两端粘贴成环状，即为大肠杆菌环状质粒模型（图 4-147）。

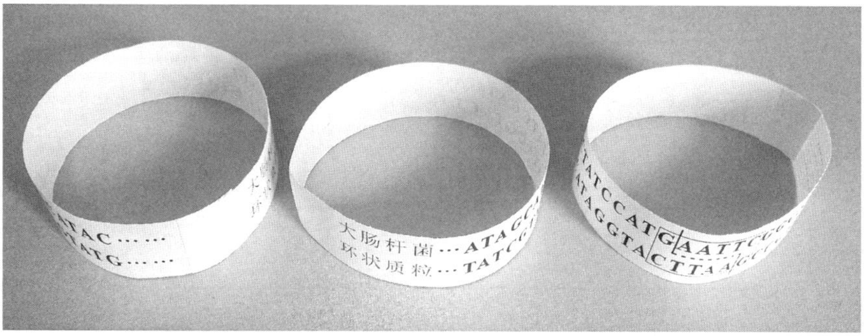

图 4-147　大肠杆菌环状质粒模型

思考与讨论：（1）为什么要在 G 和 A 之间画线，而不在其他碱基对（如 A 和 A、T 和 C）之间画线？（2）为什么要将两条链之间的线画成虚线？

2. 制作人胰岛素基因序列模型

（1）在电脑上新建一个 Word 文档（DOC 文档或 DOCX 文档），将其命名为“人 11 号染色体上的胰岛素基因”，并将其打开。

（2）点击“文件”“页面设置”，将其“方向”设为“横向”，上、下页边距都改为 0（或者 0.1）。

（3）在第一行中录入“…TCCTAGAATTCTCG…GTATGAATTCCATAC…”，在第二行中录入“…AGGATCTTAAGAGC…CATACTTAAGGTATG…”。

（4）调整字体、字号，全选录入的字母，用鼠标点击工具栏中的“分散对齐”，使字母分散对齐。

（5）按电脑键盘上的“PrtSc”键。

（6）打开“画图”软件，用鼠标点击“粘贴”或用手同时按键盘上的“Ctrl”和“V”键，将 Word 文档转换成图片。

（7）用鼠标选择工具栏中的“矩形”图标，分别将两对“GAATTC”“CTTAAG”框起来，将“TCG…GTAT”“AGC…CATA”框起来（图 4-148）。

（8）用鼠标选择“直线”和“粗细”，在“GAATTC”和“CTTAAG”中的 G 和 A 之间画线，同时在这些碱基对之间画虚线（先画实线，用橡皮擦擦成虚线）(图 4-148）。

（9）在“AGC…CATA”序列下插入文字“人胰岛素基因”(图 4-148）。

（10）在双链最左端（或最右端）插入文字“人 11 号染色体”（图 4-148）。

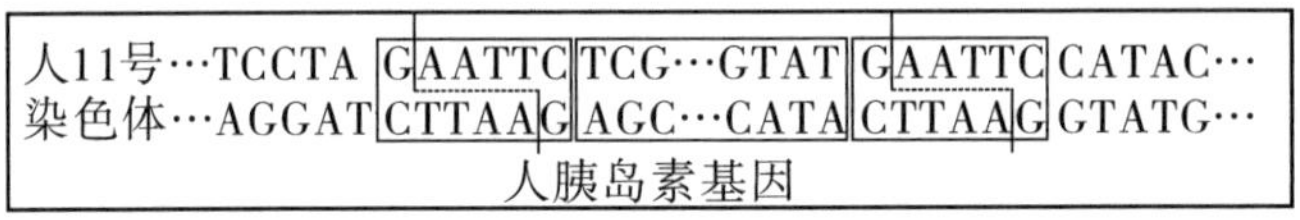

图 4-148　人 11 号染色体上的胰岛素基因

（11）复制图 4-148，并在页面中粘贴 5 次，使其占满整个页面（图 4-149）。“人 11 号染色体上的胰岛素基因”文档二维码如图 4-150。

（12）用彩纸（红色或黄色、绿色、蓝色等）打印“人 11 号染色体”，用裁纸刀裁成条状。

思考与讨论：（1）为什么要用彩纸打印“人 11 号染色体”？（2）在制作“人 11 号染色体”时，能将“人胰岛素基因”上的“…”去掉吗？为什么？

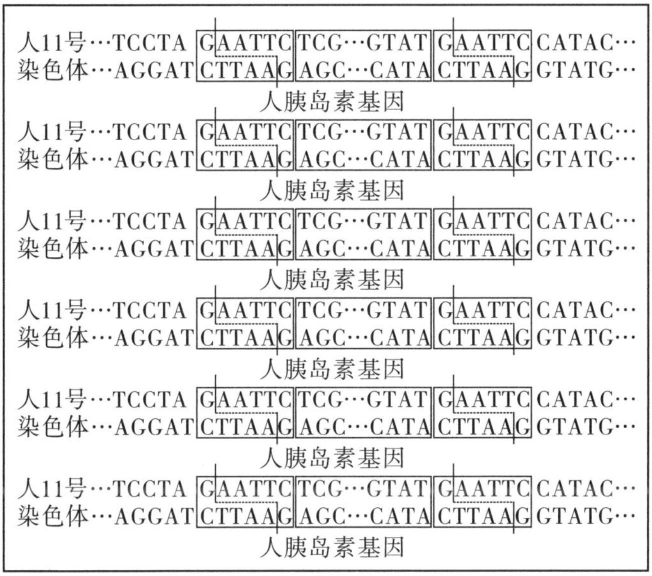

图 4-149　复制并粘贴人 11 号染色体上的胰岛素基因

图 4-150　“人 11 号染色体上的胰岛素基因”文档二维码

3. 制作含质粒的大肠杆菌模型

（1）取一个塑料透明广口瓶（圆柱状），作为大肠杆菌的细胞壁和细胞膜。

（2）将一个清洁球放入瓶中，作为大肠杆菌拟核中的 DNA。

（3）将环状质粒卷成小卷，使其比拟核中的 DNA 小。

（4）将 3 ～ 10 个卷成小卷的质粒放入广口瓶，拧上瓶盖，含质粒的大肠杆菌模型制作完成（图 4-151）。

图 4-151　含有质粒的大肠杆菌模型

4. 模拟将人的胰岛素基因转入大肠杆菌

（1）取出人的 11 号染色体（含有人的胰岛素基因）。

（2）找到人的 11 号染色体上的 GAATTC 序列（共 4 个），用剪刀（限制酶）把 GAATTC 中的 G 和 A 剪开，用手将双链之间的虚线撕开（图 4-152）。

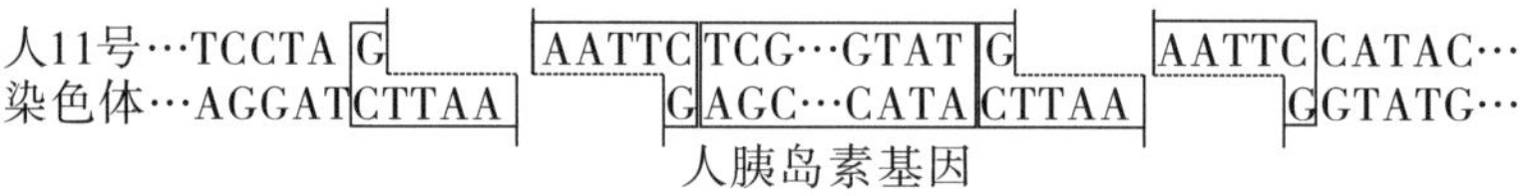

图 4-152　限制酶识别并剪开人 11 号染色体上的 GAATTC 序列

注意：限制酶只剪切 GAATTC 中的 G 和 A，不剪切其他序列中的 G 和 A。

思考与讨论：（1）为什么只剪 GAATTC 中的 G 和 A，而不剪双链？（2）人的 11 号染色体被剪成了 3 段，哪些（个）有用，哪些（个）没有用？

（3）从“大肠杆菌”中取一个“质粒”，将其展开。

（4）识别并用剪刀（限制酶）剪切环状纸条（大肠杆菌质粒）上的 GAATTC（正反两种顺序）中的 G 和 A，用手沿虚线撕开（图 4-153）。

图 4-153　限制酶识别并剪开质粒上的 GAATTC 序列

（5）将人胰岛素基因与剪开的大肠杆菌质粒拼接起来，两端重新形成 GAATTC 和 CTTAAG 序列，用透明胶带将其粘起来（图 4-154）。

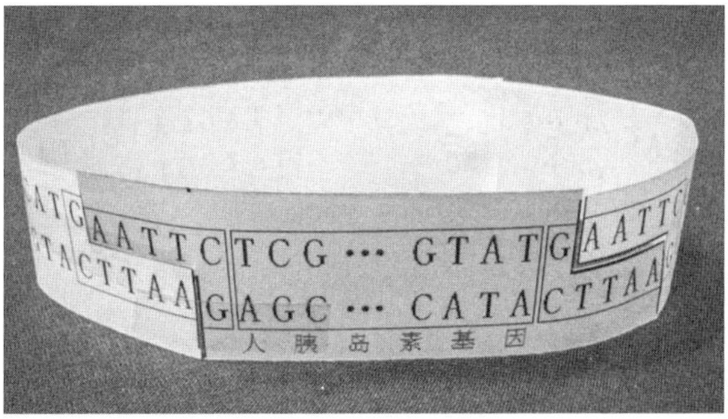

图 4-154 人胰岛素基因与质粒连接

（6）把含有人胰岛素基因的质粒放入瓶中（图 4-155）。

图 4-155 含有人胰岛素基因的质粒放入大肠杆菌

“将人的胰岛素基因转入大肠杆菌”视频二维码如图 4-156。

图 4-156 “将人的胰岛素基因转入大肠杆菌”视频二维码

思考与讨论：(1) 转基因生物是否存在安全问题？(2) 转基因食品对人类健康是否有影响？(3) 含有人胰岛素基因的大肠杆菌是否是转基因生物？(4) 含有人胰岛素基因的大肠杆菌产生的胰岛素是否是转基因产品？(5) 糖尿病患者为什么不直接注射他人分泌的胰岛素？(6) 人类是否应该拒绝转基因胰岛素？

5. 模拟目的基因和质粒的意外重组

人的胰岛素基因和大肠杆菌质粒都会按照预期正确地连接吗？都会如人们的预期一样转入大肠杆菌吗？实际上有很多意外。诸如，目的基因不与质粒重组，而是自体环化；目的基因没有与质粒进行正向重组，而是反向重组；目的基因没有与质粒进行重组，而是与另一个目的基因重组。

(1) 模拟一个目的基因自体环化：取一个经限制酶剪切的“人胰岛素基因”，卷成一个小小的环状，将两个黏性末端连接，即用透明胶带将 A 与 G 连接，将 G 与 A 连接（图 4-157）。

图 4-157　人胰岛素基因自体环化

(2) 模拟两个目的基因正向连接后自体环化：取两个经限制酶剪切的“人胰岛素基因”，用透明胶带将其正向连接（即字母都朝上），然后将其两端的黏性末端连接（图 4-158）。

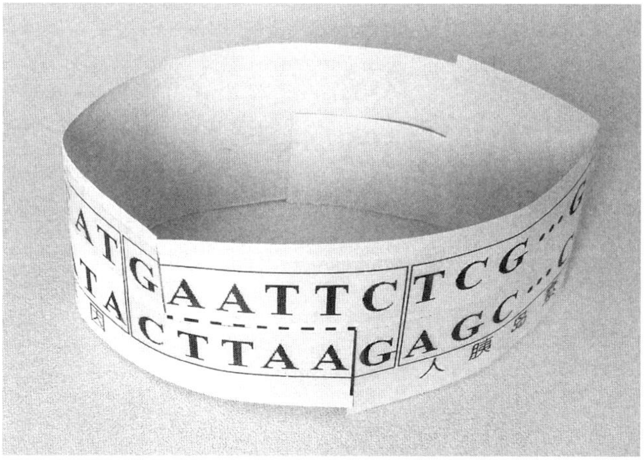

图 4-158 两个胰岛素基因正向连接后自体环化

（3）模拟两个目的基因反向连接后自体环化：取两个经限制酶剪切的“人胰岛素基因”，用透明胶带将其反向连接（即一个基因的字母朝上，另一个基因的字母朝下），然后将其两端的黏性末端连接（图 4-159）。

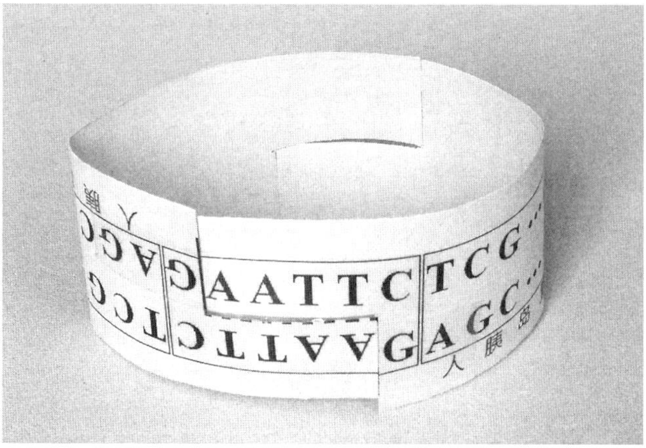

图 4-159 两个胰岛素基因反向连接后自体环化

（4）模拟两个质粒正向连接后环化：取两个经限制酶剪切的“大肠杆菌质粒”，用透明胶带将其正向连接（即字母都朝上），然后将其两端的黏性末端连接（图 4-160）。

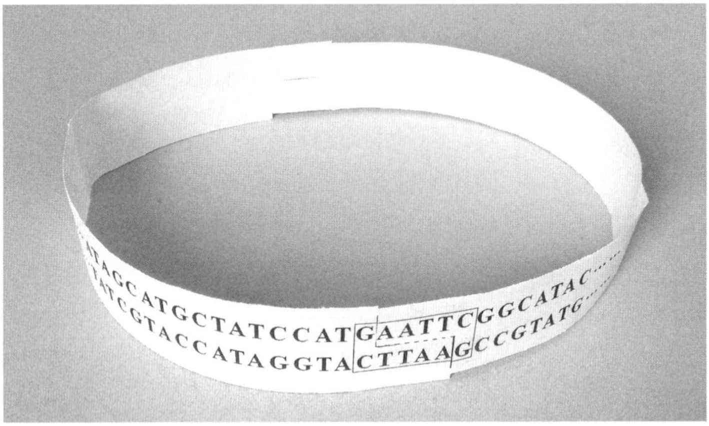

图 4-160　两个大肠杆菌质粒正向连接后环化

（5）模拟两个质粒反向连接后环化：取两个经限制酶剪切的“大肠杆菌质粒”，用透明胶带将其反向连接（即一个质粒的字母朝上，一个质粒的字母朝下），然后将其两端的黏性末端连接，形成一个环（图 4-161）。

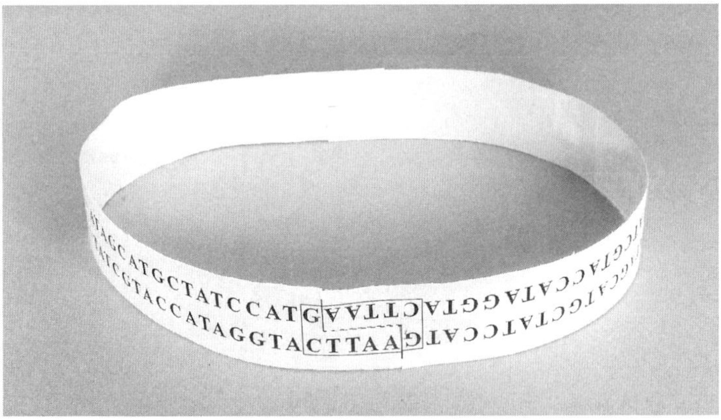

图 4-161　两个大肠杆菌质粒反向连接后环化

（6）模拟一个目的基因和一个质粒反向连接：取一个经限制酶剪切的“人胰岛素基因”和一个经限制酶剪切的“大肠杆菌质粒”，将“人胰岛素基因”的字母朝下（或将“大肠杆菌质粒”的字母朝下），用透明胶带将其黏性末端连接（图 4-162）。

图 4-162 一个胰岛素基因和一个大肠杆菌质粒反向连接

拓展实践：

（1）模拟两个目的基因与一个质粒的连接：①全部正向连接后环化；②第一个目的基因正向，其余反向连接；③第二个目的基因正向，其余反向连接；④两个目的基因正向，质粒反向连接。

（2）模拟一个目的基因与两个质粒的连接：①全部正向连接后环化；②第一个质粒正向，其余反向连接；③第二个质粒正向，其余反向连接；④两个质粒正向，目的基因反向连接。

思考与讨论：（1）两个目的基因与两个质粒的连接有几种情况？（2）目的基因和质粒的意外重组 DNA 都能表达吗？

［**案例评析**］“转基因”的 STEAM 课程具有以下几个特点：（1）创设真实情境，与现实生活密切联系。“糖尿病患者注射从猪的胰脏中提取的胰岛素”之情境，凸显了转基因的价值，将高深的理论知识与日常生活联系起来。（2）恰当的模拟。用圆柱体的瓶子模拟大肠杆菌，清洁球模拟拟核中的 DNA，纸环模拟环状质粒，剪刀模拟限制性核酸内切酶，胶带模拟 DNA 连接酶，都非常形象、贴切。（3）抽象内容具象化。将抽象的转基因过程通过具体的操作和实践呈现出来，非常形象、具体，易于理解，可以帮助学生将“惰性知识”（从书本上获得的、未能透彻理解的知识）转变成“活性知识”（与头脑中的其他知识有机地联系起来，能够灵活运用

的知识)。(4)深度学习。课程不仅让学生动手模拟转基因过程，获得预期的产品，还让学生感受目的基因和质粒的“意外重组”，拓宽了学生的知识面，增加了操作难度，使学习更加深入。(5)跨学科学习。除了学习生物学内容，学生还要运用计算机制作出科学、美观的质粒模型和人的第11号染色体模型，并运用排列组合的数学知识，计算多个目的基因和质粒的连接共有多少种组合。在理性认识转基因的基础上，帮助学生形成对转基因生物和转基因食品的正确伦理道德观。

案例 8　鸡蛋趣味实验

[**适用年级及学生基础**]“鸡蛋趣味实验”适用于中学各年级。学生可以学习如何区别生熟鸡蛋、体验握不碎的鸡蛋、测量鸡蛋能够承受的最大重量，也可以在生物学课程中学习鸟卵的结构，化学课程中学习碳酸钙与醋酸的化学反应，物理课程中学习力、速度和时间的概念之后，再来学习本课程。

一、情境创设

鸡蛋长约 4 cm，而蛋壳的厚度只有 0.38 mm。鸡蛋以最少的材料造出了最大的空间，并能够承受很大的力。据有关资料介绍，当鸡蛋均匀受力时，可以承受 341 N 的力。鸡蛋具有如此大的承受力，与它特有的蛋形曲线和结构分不开。鸡蛋的结构有三层，即外层为表皮层，中层为海绵层，内层为乳头层。蛋壳的主要成分是碳酸钙($CaCO_3$)，有少量的盐类和有机物。鸡蛋所具有的曲线外形，在建筑上叫薄壳结构。像鸡蛋这样的薄壳结构，在自然界中丰富多彩，如禽蛋、贝壳、蚌、螺、蜗牛、蟹、眼球、头颅、种子、果核等，它们都是以合理、自然、经济、有效、进步、优美的形式竞相媲美，异彩纷呈。我国人民大会堂、北京火车站，澳大利亚的悉尼歌剧院等，屋顶都采用了“薄壳结构”。1998 年，中国筹备建设国家大剧院，1999 年在来自世界各地的众多的设计方案中，法国著名建筑师保罗·安德鲁设计的薄壳造型一举夺冠，最终入选。其设计灵感就来源于鸡蛋，像鸡蛋一样的椭球体的外壳能够承受极大的外力，而且很有深意：一个简单的鸡蛋壳，里面孕育着新的生命。

二、相关概念和原理

1. 鸡蛋

鸡蛋即鸡的卵。外面的卵壳（shell）和卵壳膜起着保护作用。卵白（albumen）含有营养物质和水分，为胚胎发育提供营养。卵黄（yolk）是卵细胞的主要营养部分，外面包着卵黄膜。在卵黄表面中央有一个盘状的小白点，称为胚盘，里面含有细胞核。未受精的卵，胚盘色浅而小；已经受精的卵，胚盘色浓而略大（图 4-163）。[1]

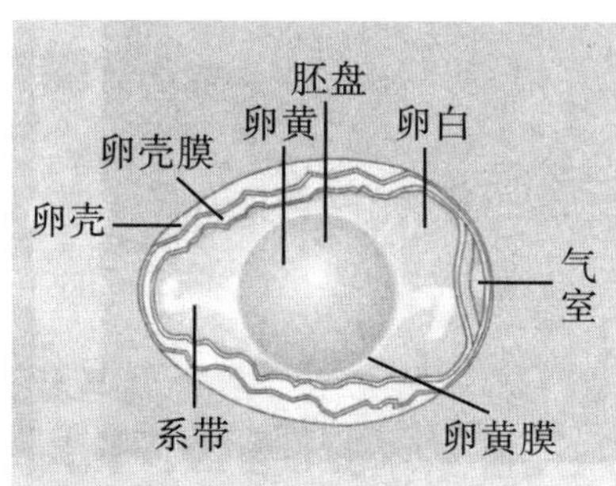

图 4-163　鸡蛋的结构[2]

2. 蛋壳

蛋壳位于鸡蛋最外层，经检测，蛋壳中碳酸钙含量为 83% ～ 85%，蛋白质（protein）含量为 15% ～ 17%，并含有多种无机盐，质地比较坚硬，具有保护作用。蛋壳从里到外可分五层：蛋壳内膜、蛋壳外膜、乳头状锥形层、海绵层和蛋壳膜，具有缓冲外力的作用。蛋壳上还有很多小孔，是胚胎和外界进行气体交换的“窗口”，鸡蛋通过小孔可从外界获得氧气，

[1] 课程教材研究所生物课程教材研究开发中心 . 义务教育课程标准实验教科书生物学：八年级下册 [M]. 北京：人民教育出版社，2002：17.

[2] 同 [1].

以供内部生命演化时的新陈代谢。

3. 转动惯量

转动惯量（moment of inertia）是刚体绕轴转动时的惯性（inertia），即回转物体保持其匀速圆周运动或静止的特性，可以理解为一个物体对于旋转运动的惯性。其量值与物体的形状、质量分布及转轴的位置有关。

4. 薄壳结构

薄壳结构（thin shell structure）是一个建筑学术语，就是曲面的薄壁结构。壳体能充分利用材料强度，同时又能将承重与围护两种功能融合。薄壳结构的优点是可以把受到的压力均匀地分散到物体的各个部分，从而减少单位面积上受到的压力。鸡蛋的外壳就是薄壳结构，它的表面均匀受力时，能把一个点承受的压力均匀分散到鸡蛋表面，这个点受到的压力就小了很多。

5. 回转体

由一条动线（直线、曲线）绕一条定线（直线）回转一周后所形成的曲面，叫回转面。回转面围成的立体，或者回转面与平面围成的立体，称为回转体。例如，圆柱体、圆锥、球都是回转体，乒乓球、圆碟子、圆形碗、子弹都是比较标准的回转体，地球、鸡蛋、苹果也是（不是非常标准的）回转体。

6. 撞击力大小与速度和时间的关系

物体从空中落到地面产生的撞击力（impact force），与物体和地面接触时的速度（speed）有关：速度越大，撞击力越大；速度越小，撞击力越小。撞击力还与物体减速到 0（静止）所持续的时间有关：持续时间越短，撞击力越大；持续时间越长，撞击力越小。

7. 食醋

食醋是用大米或高粱等为原料，在醋酸菌的作用下进行发酵，使碳水化合物转化成醋酸而成的。食醋的主要成分为乙酸（CH_3COOH）、高级醇类等。

8. 碳酸钙复分解反应

碳酸钙与醋酸发生反应，生成醋酸钙、水和二氧化碳。化学反应方程式为：

$$CaCO_3+2CH_3COOH=Ca(CH_3COO)_2+H_2O+CO_2\uparrow$$

三、活动目标

1. 科学观念：（1）明确鸡蛋的结构；（2）知道薄壳结构及其价值；（3）理解转动惯量的内涵，并能运用转动惯量解决现实生活中的问题；（4）通过向布墙投掷鸡蛋，认识到撞击力的大小与撞击持续的时间成反比；（5）能解释碳酸钙与醋酸发生的反应。

2. 科学思维：（1）通过发散思维，开发和利用多种资源，增加承重鸡蛋的接触面积，提高承重能力；（2）在空投鸡蛋活动中，创新思维，运用不同的方法，增加鸡蛋触地持续时间，减小鸡蛋与地面的冲击力；（3）通过在鸡蛋上写字、绘画，训练自己的书画能力。

3. 探究实践：（1）通过区分生、熟鸡蛋，体验转动惯量及其相关因素；（2）用手握生鸡蛋，体验薄壳结构所能承受的巨大压力；（3）在活动中正确运用力的相关知识；（4）利用 $CaCO_3$ 复分解反应知识，使鸡蛋壳显示文字、图案；（5）通过蜡油刻画活动，进行迁移知识，将红皮鸡蛋变成白皮鸡蛋，进而制作弹跳的鸡蛋。

4. 态度责任：（1）勿将用过的鸡蛋直接丢弃，可加工后食用或喂食动物，要节约资源，避免浪费；（2）用鸡蛋砸“墙”时，投掷者要用尽全力，拉布的两名同学要用力拉紧，相互之间密切配合，通力合作；（3）空投鸡蛋实验中，要有百折不挠的精神；（4）安全用火，严防火灾。

四、材料器具

生鸡蛋（4～8 个）、熟鸡蛋（4～8 个）、酒精灯、烧杯、盘子、火柴、三脚架、纸盒、布、木板、书（或其他重物）、蛋托、蜡烛、毛笔、小刀、白醋、缓冲物、有盖子的广口瓶等，部分材料器具信息见表 4-13。

表 4-13 “鸡蛋趣味实验”部分材料器具信息

名称	信息
鸡蛋	购买的鸡蛋大小相当，颜色一致，建议买红皮鸡蛋若干，白皮鸡蛋若干
纸盒	纸盒不要太大，可以利用使用过的快递纸盒、皮鞋盒等
布	2 m×1 m，可以临时用窗帘、桌布、床单等代替
缓冲物	防止鸡蛋破碎的东西：用过的纸、碎纸条、海绵、气泡膜、水果网套、毛巾等

五、探究与实践活动

1. 区别生、熟鸡蛋

在不打破鸡蛋的情况下，你能辨别出生的、熟的鸡蛋吗？

（1）在实验室用酒精灯、烧杯（或在家里厨房用锅）将三个生鸡蛋煮熟，冷却，放在 A 盘上。

（2）取三个生鸡蛋，放在 B 盘上。

（3）取一个生鸡蛋放在桌面，用手施力，使其转动，测量其转动的时间、圈数。

（4）取一个熟鸡蛋放在桌面，用手施加同样大小的力，使其转动，测量其转动的时间、圈数。

解读：使生鸡蛋转动比较困难，使熟鸡蛋转动比较容易。

思考与讨论：为什么生鸡蛋转动得慢且持续时间短，熟鸡蛋转动得快且持续时间长？

（5）用手拿起一个生鸡蛋，在耳边摇一摇，耐心细致地听。

（6）用手拿起一个熟鸡蛋，在耳边摇一摇，耐心细致地听。

概括和归纳：用耳朵听，摇生鸡蛋和熟鸡蛋有什么不同的感觉？

（7）将生、熟鸡蛋混在一起，再将它们区分开来。

“区别生、熟鸡蛋”视频二维码如图 4-164。

图 4-164 “区别生、熟鸡蛋”视频二维码

2. 握不碎的鸡蛋

你认为一个生鸡蛋能被轻易握碎吗？

（1）取一个生鸡蛋。

（2）手拿鸡蛋，五指合拢，用力握（图 4-165）。

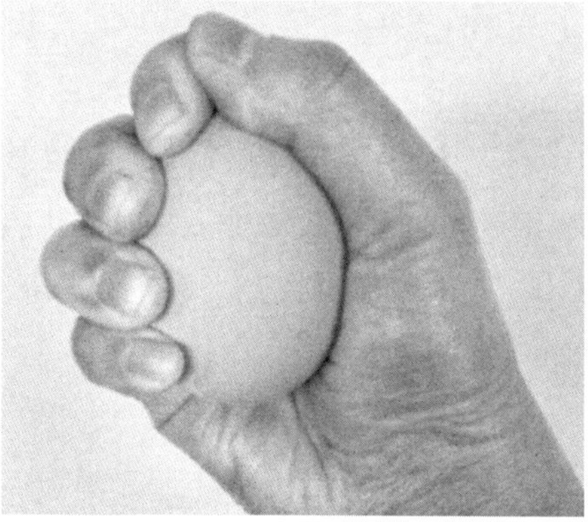

图 4-165　用力握鸡蛋

（3）鸡蛋根本握不碎，分析其原因。

（4）试着用两根手指去捏，看鸡蛋是否破碎。

（5）取一个熟鸡蛋，五指合拢，用力握。

“握不碎的鸡蛋”视频二维码如图 4-166。

图 4-166　“握不碎的鸡蛋”视频二维码

注意：（1）用力握鸡蛋时，最好在手的下方放一个研钵（碗、盆），以防鸡蛋破碎，弄脏桌面；（2）至少三名同学分别实验，避免偶然性，增强说服力。

思考与讨论：（1）几乎没有人能够用手掌将生鸡蛋握碎，为什么？（2）将生鸡蛋煮熟后，则能够用手掌将其握碎，为什么？

3. 鸡蛋砸“墙”

（1）A、B 两名同学拉住布的四角，并使布竖起来形成布墙。

（2）再将布的下面两个角向上折 20 ～ 30 cm，防止鸡蛋从布上落到地上而摔碎。

（2）C 同学站在布的一侧，负责捡起布墙内的鸡蛋。

（3）其他同学站在布墙前方 2 m 的地方，依次排列。

（4）在组长的组织下，同学们依次用力向布墙上砸生鸡蛋（图 4-167）。

（5）观察：鸡蛋碎了吗？

“鸡蛋砸‘墙’”视频二维码如图 4-168。

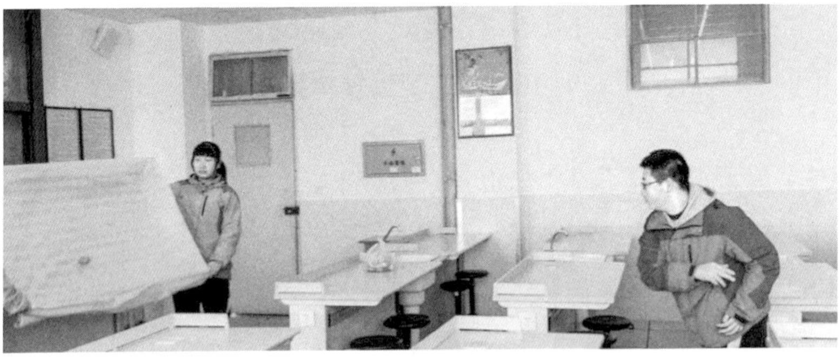

图 4-167　鸡蛋砸“墙”

图 4-168　“鸡蛋砸‘墙’”视频二维码

思考与讨论：投掷者用了很大的力，鸡蛋的速度也非常快，但是鸡蛋却没有破碎，为什么呢？

4. 测量鸡蛋能够承受的最大重量

（1）将三个鸡蛋放在桌上。

（2）在三个鸡蛋上平放一块木板。

（3）往木板上一本一本地放书（图 4-169）。

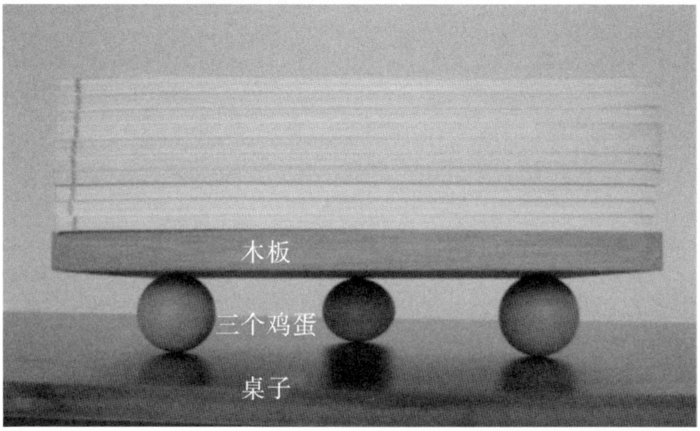

图 4-169　鸡蛋承重

（4）直到木板下面的某个鸡蛋碎了。

（5）称量书和木板的总重量。

（6）将总重量除以鸡蛋的个数，即除以 3，得到一个鸡蛋能够承受的最大重量。

“测量鸡蛋能够承受的最大重量”视频二维码如图 4-170。

图 4-170　“测量鸡蛋能够承受的最大重量”视频二维码

拓展实践：（1）在鸡蛋和桌面之间、鸡蛋和木板之间垫几层纸巾，鸡蛋能够承受的最大重量是变大，还是变小？（2）尝试用其他方法（诸如将鸡蛋放在蛋托中）（图 4-171）增加鸡蛋的承受力。

图 4-171　蛋托中的鸡蛋

5. 空投鸡蛋

（1）取一个不大的纸盒（如鞋盒、快递盒子、食品盒子）。

（2）在盒底及其四周放置一些柔软的缓冲物，诸如海绵、气泡膜、碎纸条。

解读：气泡膜是用高压聚乙烯制成的有很多气泡的包装材料，质地轻、透明性好、无毒、无味，具有防湿、缓冲、保温等作用，也叫气泡垫。快递业务中常用气泡膜来包装易碎的物品。

（3）在盒子的正中间放一个鸡蛋（图 4-172）。

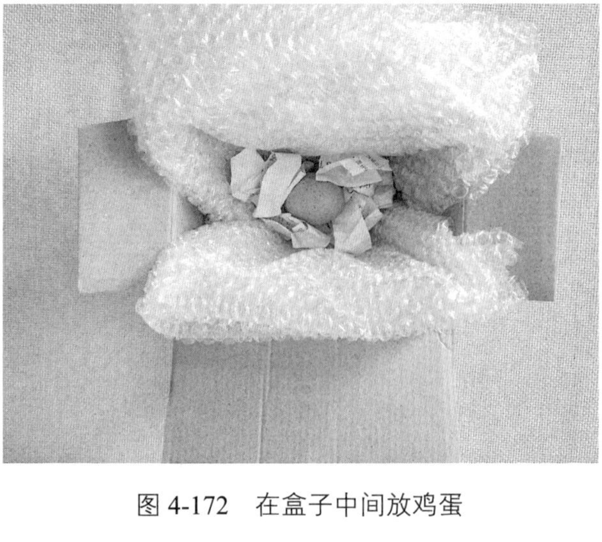

图 4-172　在盒子中间放鸡蛋

（4）在鸡蛋的上方覆盖一些缓冲物，将盒子盖好，用绳子捆扎（或用透明胶带粘贴）。

（5）将装有生鸡蛋的盒子从二楼阳台（窗口）空投到一楼地面。

（6）检查鸡蛋是否破碎。

（7）如果破碎，分析原因，通过改进，再进行空投。

“用毛巾、布空投鸡蛋”“用降落伞空投鸡蛋”视频二维码分别如图4-173、图4-174。

图4-173　“用毛巾、布空投鸡蛋”视频二维码

图4-174　“用降落伞空投鸡蛋”视频二维码

思考与讨论：还有什么更好的方法保护鸡蛋以防破碎？

拓展实践：（1）用网兜、皮筋将鸡蛋空悬于纸盒（纸箱）中，然后空投；（2）用成功的方法空投更多（2 个、3 个、5 个、10 个）鸡蛋。

6. 蜡油刻画

鸡蛋在水里是下沉还是上浮？在白醋里呢？不用颜料，怎么使鸡蛋壳显示文字或图案呢？

（1）点燃一根蜡烛，用蜡油将鸡蛋固定在桌子上。

（2）让蜡烛燃烧一会儿，使灯芯处产生蜡油。

（3）用毛笔蘸取蜡油，在红皮鸡蛋上写字或绘画（图 4-175）。

图 4-175　毛笔蘸蜡油写字或绘画

（4）待蜡油凝固在鸡蛋壳上之后，将鸡蛋放入水中，观察现象。

（5）从水中捞出鸡蛋，将其没入倒有白醋的烧杯中，观察现象（图 4-176）。

图 4-176　白醋中的鸡蛋

（6）待不再产生气泡时，取出鸡蛋，用纸巾轻轻擦拭鸡蛋壳，然后用小刀刮去鸡蛋壳上的蜡油。

（7）鸡蛋上显示出你刚才写的字（或图案）。

“蜡油刻画”视频二维码如图 4-177。

图 4-177 “蜡油刻画”视频二维码

思考和讨论：

（1）为什么鸡蛋壳在白醋中产生气泡?（2）鸡蛋在白醋中反应一段时间之后，浮起来了，请你解释原因。（3）鸡蛋为什么显示出写的字（或图案）?

拓展实践：（1）将一个（或数个）红皮鸡蛋变成白皮鸡蛋；（2）将一个（或数个）白皮鸡蛋变成红皮鸡蛋（提示：将鸡蛋在比较浓的红茶水中浸泡数小时）。

7. 制作弹跳的鸡蛋

鸡蛋壳易碎，不能弹跳；要使它弹跳，得煮熟了、剥去壳。然而，下面的方法也可以让生鸡蛋弹跳起来。

（1）取生鸡蛋一个，放入能够密闭的容器中，添加食用白醋至生鸡蛋被淹没。

（2）放置 12 小时，其间需及时清理漂浮在液面上的杂物（图 4-178）。

图 4-178 在食用白醋中已浸泡 12 小时的鸡蛋

（3）取出壳已溶解的鸡蛋，轻轻擦去表面杂物。

（4）在距桌面 10 cm 高处释放，可观察到生鸡蛋在桌面弹跳（图 4-179）。

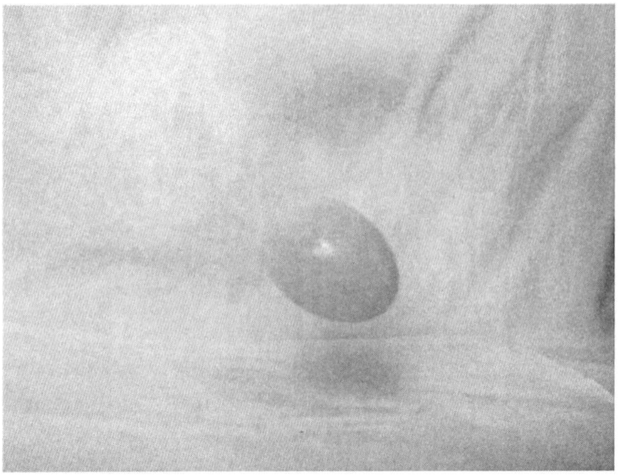

图 4-179　弹跳的鸡蛋

（5）在距离桌面更高处释放鸡蛋，测定其不被摔破的最大高度。

（6）如果醋泡的鸡蛋破裂，则进行观察；如果没有破裂，则打开鸡蛋，画出其内部结构（图 4-180）。

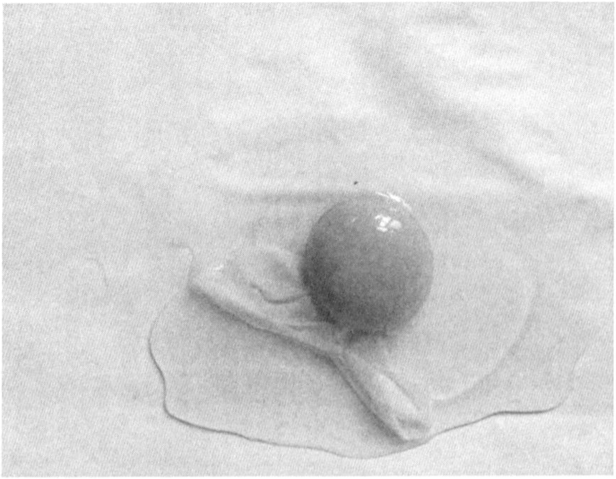

图 4-180　破裂的醋泡鸡蛋

“制作弹跳的鸡蛋”视频二维码如图 4-181。

图 4-181　“制作弹跳的鸡蛋”视频二维码

思考与讨论：（1）鸡蛋壳哪里去了？（2）醋泡鸡蛋的弹跳距离最高为多少？受哪些因素的影响？

［**案例评析**］“鸡蛋趣味实验”的最大特点就是老少咸宜。第一，即使没有知识基础，也可以进行探究实践，解决问题，获得知识。对于拥有扎实知识基础的学生，可以通过探究实践将理论与实际相结合。第二，STEAM 课程中的探究活动和实践活动并不总是成功的，但即便活动失败了，也是有价值的。活动可以让学生从中汲取很多经验教训，还可以使学生认识科学的本质，体会科学家进行科学研究的艰辛。第三，能够让学生体验仿生学原理，认识仿生的价值；鸡蛋的结构即薄壳结构被用于建筑，既美观又有极大的承受力，而且承受力惊人，出人意料。第四，课程具有辩证性。鸡蛋极易破碎，一磕即破，但又很硬，用尽全力也不能将其握碎。第五，课程具有人文艺术性。在鸡蛋上绘画、写字，挑战人的美术、书法功底，也陶冶人的情操。

案例 9　模拟昆虫的虹吸式口器

［**适用年级及学生基础**］“模拟昆虫的虹吸式口器”适用于八年级及以上年级。学生通过生物学课程的学习，知道不同的昆虫具有不同的口器；

对鳞翅目成虫所具有的虹吸式口器具有比较深入的理解；知道虹吸现象和虹吸原理；了解内聚力的内涵。

一、情境创设

老师在给学生讲“昆虫的虹吸式口器”时，是通过讲故事来导入新课的：“同学们，我出生在 20 世纪 70 年代，当时通讯没有现在这么发达，加油站也没有现在分布这么密集，货车司机一般会在车上放一桶备用油，当车中途没油时可自行加油。将备用油桶打开，插入一根软管，用嘴去吸，当油快到嘴边时，马上松口，将软管的出油口放入货车油箱中，油就会不断地流入油箱里。”

讲完故事，老师接着问：“大家有过这样的经历吗？”有的同学说：“有。”老师开玩笑反问道：“你也这样加过油呀？”引起同学们哄堂大笑。这名同学解释：“没有，但有过这样放水的经历，例如将大鱼缸里的水换掉。”老师表示赞同，补充道：“这样带着备用油桶加油是很不安全的行为，大家要引以为戒，加强消防安全意识。”老师在渗透了安全教育之后，接着问：“油在管子里能够自动流出，是什么原理呢？”有学生回答道：“虹吸原理。”老师给予了肯定：“对。动物界中有的昆虫的口器，就是虹吸式口器。我们今天就来学习‘昆虫的虹吸式口器’。”

二、相关概念和原理

1. 昆虫及其口器

昆虫的种类大约有一百多万种，昆虫纲是动物界中最大的一个纲。常见的昆虫有蝗虫、家蚕、菜粉蝶、蚊、蝇、蜜蜂等，例如，蝗虫的身体分为头、胸、腹三部分；头部有触角一对，复眼一对，头部的下方有咀嚼式口器；胸部有足三对，一般有翅两对。[1] 由于生活方式的不同，昆虫的口器也不一样，诸如蝗虫的咀嚼式口器，蚊、蝉的刺吸式口器，蜜蜂的嚼吸

---

[1] 叶佩珉，段芸芬 . 初级中学课本动物学：全一册 [M]. 北京：人民教育出版社，1983：59.

式口器，蝇的舐吸式口器，菜粉蝶的虹吸式口器[1]。

2. 虹吸式口器

虹吸式口器是鳞翅目成虫所特有的一种口器，诸如蛾类（棉铃虫、二化螟）和蝶类（凤蝶、菜粉蝶）成虫的口器即为典型的虹吸式口器——左右下颚的外叶延长成虹吸式的喙，不用的时候卷起来像钟表的发条一样，吸食的时候借助于体液的压力即可伸直，下唇仅剩有 3 节的下唇须非常发达，上颚退化或消失。伸直的口器能吮吸花中的花蜜，又可吸取水滴等[2]（图 4-182）。

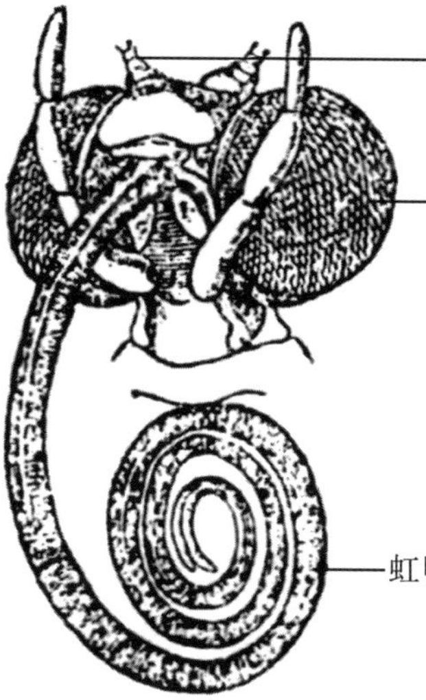

图 4-182　菜粉蝶的虹吸式口器[3]

3. 刺吸式口器

蚊和蝉的上、下颚都特化成针状，适于刺入动植物组织中，吸食植物汁液、动物血液，这种口器称为刺吸式口器（piercing-sucking mouthparts）。

[1] 武汉大学，南京大学，北京师范大学 . 普通动物学 [M].2 版 . 北京：高等教育出版社，1983：229-230.

[2] 中国中学教学百科全书总编辑委员会生物卷编辑委员会 . 中国中学教学百科全书：生物卷 [M]. 沈阳：沈阳出版社，1990：95.

[3] 同 [2].

4. 虹吸

虹吸（siphon）是利用液面高度差的作用力现象，使液体充满一根倒U形的管内，将一端置于高处装满液体的容器中，在重力的作用下，容器内的液体会持续通过U形管向更低的位置流出，这种现象称为虹吸现象，倒U形管称为虹吸管（图4-183）。

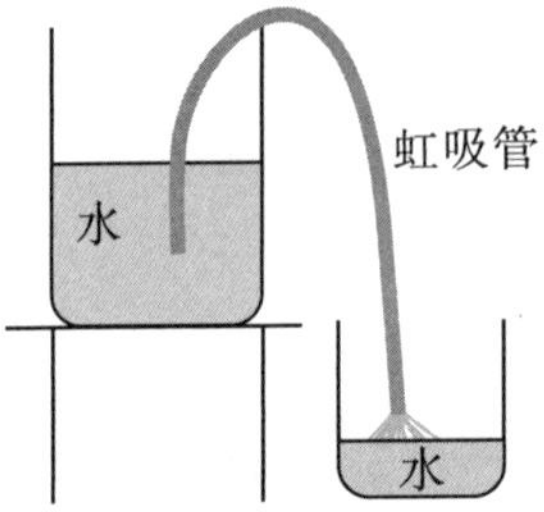

图 4-183　虹吸现象

5. 内聚力

相同分子之间具有相互吸引的力量，称为内聚力（cohesive force）。例如，水分子与水分子之间的内聚力非常大。据测定，植物细胞中水分子的内聚力可达 20 m 以上，这使植物在蒸腾作用失水后能够从下部吸水。

6. 虹吸作用并不完全由大气压力所产生

虹吸作用并不完全由大气压力（atmospheric pressure）所产生，在真空（vacuum）里也能产生虹吸现象。在发生虹吸现象时，由于管内往外流的液体比流入管内的液体多，管两边的重力（gravity）不平衡，所以液体就会继续沿一个方向流动。使液体向上升的力是水分子的内聚力。如果虹吸管内有气体，则气体两端的水分子之间就失去了内聚力，从而破坏了虹吸作用，因此管子一定要装满水。在正常的大气压下，虹吸管的作用比在真空里好，因为两边管口所受到的大气压提高了整个虹吸管内部的压力。

7. 公道杯

在古代，一些皇亲国戚、王公大臣、文人墨客经常使用一些新颖的酒具饮酒，让喝酒也富有情趣和寓意。公道杯就是一个古时人们常用的盛酒器具。公道杯包括杯体和杯座两部分，杯中央立着一龙头，杯底有一小孔。向杯内倒酒时，若酒少于八分（80%）满，酒不会漏掉；当倒酒过多，超过八分满时，酒会通过杯底的小孔流出，几乎一滴不剩。用此杯盛酒最为公道，盛酒时只能浅平，不可过满，因此被称为公道杯（图 4-184）。“公道杯”的寓意为：凡事要适度，不可过贪，否则将一无所得。

图 4-184　公道杯

三、活动目标

1. 科学观念：（1）明确鳞翅目成虫所具有的虹吸式口器的结构；（2）理解虹吸原理；（3）能解释公道杯的内部结构及原理；（4）能够在现实生活中运用虹吸原理，解释相关问题。

2. 科学思维：（1）通过比较，区别虹吸式口器与刺吸式口器；（2）能选用恰当的方法（虹吸法）让高处容器中的水经软管流到低处容器中；（3）在仿制公道杯的过程中，能及时发现问题、揭示根源、纠正错误。

3. 探究实践：（1）积极主动探究公道杯的内部结构和科学原理；（2）仿制公道杯；（3）通过制作公道杯模型，训练动手实践能力。

4. 态度责任：（1）对探究公道杯的原理具有浓厚的兴趣；（2）在仿制公道杯的过程中，能够细心、耐心、安全地操作；（3）认同公道杯的启示：人不可贪得无厌，在利益的获得上要有一定的限度。

四、材料器具

公道杯、空纸杯、水盆、矿泉水瓶、电烙铁、吸管、透明胶带、热熔塑胶枪、热熔塑胶棒、护目镜、高玻璃桶、低玻璃桶、储物箱、麦麸、鱼缸换水器、软管等，部分材料器具信息见表 4-14。

表 4–14 “模拟昆虫的虹吸式口器”部分材料器具信息

名称	信息
公道杯	在陕西省西安市书院门（在西安市永宁门内，即南门里）、铜川市、咸阳机场等地有售；公道杯有大小之分，其价格因大小、出售地点而不同，一般价格在 10 ～ 50 元不等
矿泉水瓶	用过的矿泉水瓶，质地比较坚硬，不要太软
高玻璃桶、矮玻璃桶	也可用其他容器代替，例如洗脸盆、水槽、烧杯，将两个容器放在不同的高度即可
储物箱	用于模拟鱼缸，如果有真正的鱼缸则更好；如果没有，也可以用其他容器代替。储物箱在超市、商场等有售，价格因大小而异，每个 30 ～ 100 元
热熔塑胶枪	可在网上商城购买，每个 30 ～ 160 元
热熔塑胶棒	可在网上商城购买，胶棒有两种型号，直径为 7 mm 和 10 mm，注意和热熔塑胶枪配套使用；每支 1 元
吸管	有螺纹的塑料吸管，便于弯曲；颜色多种多样，最好用色彩鲜艳的，便于观察
软管	塑料软管、皮管等，长短各一根，长管（可以弯曲）大约 50 cm，短管（不能弯曲）大约 10 cm

五、探究与实践活动

1. 探究公道杯的原理

（1）将公道杯从盒中取出。

注意：①取出、使用、放回公道杯时要小心，避免其从手中脱落；②不要将公道杯放置于桌子的边缘，避免其掉落。

（2）观察公道杯：杯中有一龙头，杯底有一小孔。

（3）用嘴对着杯底的小孔吹气，可以发现公道杯透气，是漏的。

（4）向公道杯中倒入半杯水。

注意：公道杯的下面要放一个空纸杯，以免漏掉的水弄湿桌面、地面和其他物品。

（5）观察：公道杯不漏水。

（6）继续往公道杯中倒水，直到水从杯底漏出。

思考与讨论：（1）水是从哪里漏出的？是从龙嘴里漏出的吗？（2）开始只有半杯水时，为什么公道杯不漏水？继续往公道杯中倒水，公道杯开始漏水，为什么原有的半杯水也会漏掉？

（7）探讨公道杯的结构和原理。

（8）绘制公道杯内部结构草图。

“观察、探究公道杯”视频二维码如图 4-185。

图 4-185　“观察、探究公道杯”视频二维码

思考与讨论：公道杯中的水超过一定高度时，公道杯就开始漏水，这一高度是固定的吗？会不会有时高，有时低呢？这一高度是由什么决定的？

2. 探究虹吸原理

准备一个高玻璃桶、一个低玻璃桶，高桶内有水（图 4-186）。没有舀水的器具，也不能将高桶中的水倒入低桶。只用一根软管，如何将高桶中的（部分）水“运”到低桶中去呢？

图 4-186 高桶（有水）和低桶（无水）

（1）将软管的一端插入高桶，直到其底部。

（2）将软管的另一端置于低桶上方，高度尽量低一些，用嘴吸水。

（3）待水快到口中时，迅速将管口放入低桶，水开始流出。

“探究虹吸原理”视频二维码如图 4-187。

图 4-187 “探究虹吸原理”视频二维码

思考与讨论：（1）使水能够通过软管流出，虹吸管的出水口一定要低于入水口的高度吗？（2）如果虹吸管的出水口低于高桶的水面，水还能流出吗？（3）将上述设备置于真空环境中（有重力），虹吸现象还会发生吗？

拓展实验：（1）用嘴吸水后，将虹吸管的出水口置于空杯中，低于入水口的高度，观察虹吸现象是否发生。（2）用嘴吸水后，将虹吸管的出水口置于空杯中，低于高桶水面的高度 2 cm，观察虹吸现象是否发生，是否一直发生。（3）你得到了什么结论？

3. 排水比赛

（1）准备体积相同的 A、B 两个容器（烧杯、量筒），装入等量的水（图 4-188）。

（2）准备一根长管（可以弯成 U 形），一根短管（不能弯曲）（图 4-188）。

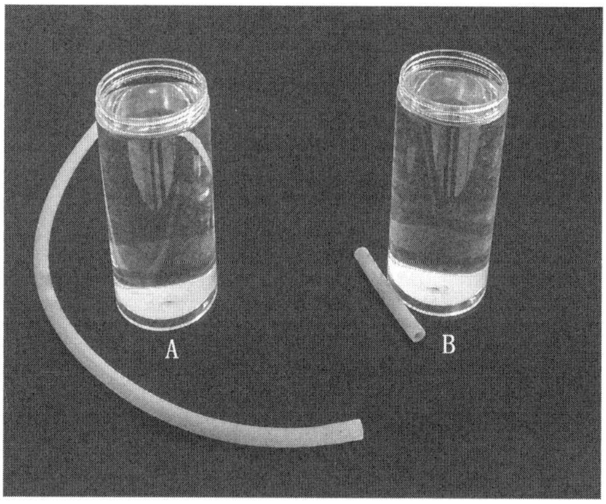

图 4-188　两个相同体积的容器和不同长度的软管

（3）甲同学用长管以虹吸的方式将 A 容器中的水排出，同时乙同学用短管以吸一口、吐一口的方式将 B 容器中的水排出。

（4）填写表 4-15。

表 4-15

项目	水的体积 /mL	重量 /g	排水所用的时间 /s	排水速度 / $(g \cdot s^{-1})$
A 容器				
B 容器				

（5）乙同学谈一下自己的感受。

思考与讨论：（1）蛾和蝶的虹吸式口器的吸食方式与两个装置中的哪一个相似？（2）蚊和蝉的刺吸式口器的吸食方式与两个装置中的哪一个相似？（3）虹吸式口器和刺吸式口器有哪些不同？

4. 运用虹吸原理

一个大水槽中有很多水，上部的水还很清，但其底部有一些细碎的杂物。在不浪费水、省力的前提下，如何把水槽底部的杂物清除出去？

（1）模拟情境：在储物箱中倒入半箱水，在水底投入一些杂物（例如麦麸）。

（2）将鱼缸换水器的抽水口（入水口）放入“鱼缸”（储物箱）底部。

（3）将出水口置于空盆上方。

（4）一只手拿着抽水口的一端，另一只手拿着出水口处的抽气阀（图 4-189）。

图 4-189　双手拿着鱼缸换水器

（5）用手按压抽气阀，直至换水器中的气体被抽完，水开始流出。

（6）另一只手不断地移动换水器进水口，使其总对着“鱼缸”底部有杂物的地方。

（7）观察流出的水是否有杂物。

“运用虹吸原理”视频二维码如图 4-190。

图 4-190 “运用虹吸原理”视频二维码

思考与讨论：抽气阀的作用是什么？它是怎么工作的？

拓展实践：探究抽气阀的结构，揭示其原理。

5. 仿制公道杯

（1）将一个空矿泉水瓶的商标撕掉，使其透明。

（2）用剪刀将矿泉水瓶的上部剪去，保留下部，成为一个高 8～9 cm 的“水杯”（图 4-191）。

图 4-191 将矿泉水瓶剪成“水杯”

（3）将电烙铁通电 1～2 分钟后，用烙铁头将“水杯”底部中央（或稍偏离中心一点）烙一个小孔，孔的直径与吸管的直径相当（图 4-192）。

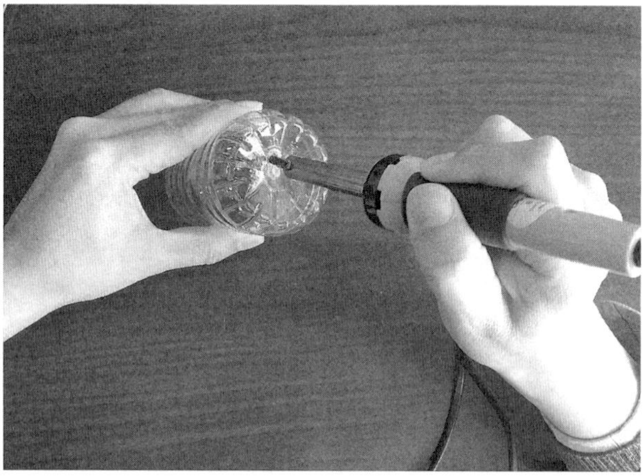

图 4-192　用电烙铁在杯底烙一个孔

注意：（1）勿用湿手接触带电的开关、拔插电源插头，以防触电；（2）电烙铁的尖端远离其他物品，防止引起火灾；（3）最好戴上护目镜，保护眼睛。

（4）将吸管在螺纹处弯曲，使其呈 U 形，用透明胶带缠绕 1 ～ 2 圈（图 4-193）。

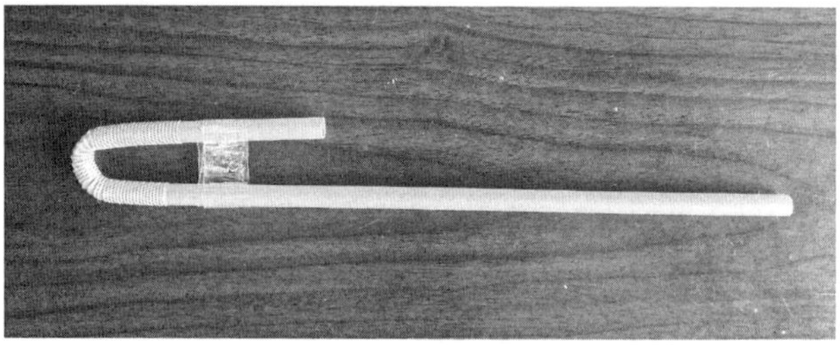

图 4-193　将吸管做成 U 形管

（5）将 U 形管长的一端插入“水杯”底的小孔，直至 U 形管短的一端触及杯底（内底）。

（6）如果（倒）U 形管的顶端高于杯口，则将 U 形管较短的一端剪去一些，直至（倒）U 形管的顶端低于杯口 1 ～ 2 cm。

（7）把热熔塑胶棒插入热熔塑胶枪，将热熔塑胶枪通电。

（8）将 U 形管和“水杯”倒置，杯底朝上，用热熔塑胶枪将吸管与杯底小孔四周的缝隙密封（图 4-194）。

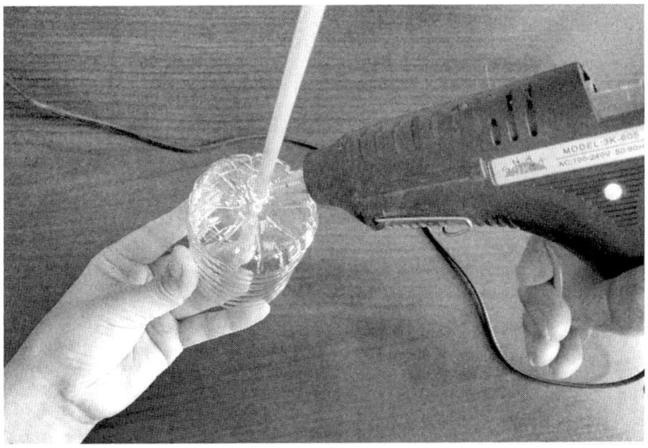

图 4-194　用热熔塑胶枪密封

（9）倒置 5 分钟左右，待塑胶冷却，U 形管被固定之后，将杯底外面的吸管剪去，剩余 1 cm 左右即可，即为公道杯模型（图 4-195）。

图 4-195　公道杯模型

（10）往公道杯模型中倒入半杯水，检查是否漏水；如果漏水，说明密封不严，重新密封。

（11）往公道杯模型中倒满水，检查公道杯是否出现虹吸现象。

“仿制公道杯”视频二维码如图 4-196。

图 4-196 “仿制公道杯”视频二维码

思考与讨论：（1）当杯中的水位低于倒 U 形管的顶端时，为什么公道杯模型不漏水？（2）当杯中的水位高于倒 U 形管的顶端时，为什么公道杯模型会漏水？

拓展实践：用公道杯模型做实验时，有时会发现，后来再倒入水时，即便水已经超过了 80%，甚至倒满杯了，公道杯仍不漏水；有时还会发现，水位还没有达到一定的高度，公道杯就开始漏水了。探究其原因。

［**案例评析**］“模拟昆虫的虹吸式口器”课程将生物学、物理、数学、法学、历史、美学和哲学等多个学科有机地融合在一起。（1）课程伊始的情境是老师讲的故事，故事不但隐含着科学原理，而且渗透着安全教育。（2）公道杯中的水超过一定的高度会漏掉，运用的是物理中的虹吸原理。（3）制作公道杯时，其中的虹吸管的高度需要计算和把握好；其高度是一个警戒高度，液体在限度内安然无恙，超过限度则遗漏无余。（4）公道杯不仅是科学的器物，也是一件艺术品，具有美学价值。（5）将公道杯与历史学科融合。相传公道杯是唐太宗李世民喜爱的器物，常让皇亲国戚、朝廷官员用其饮酒。（6）公道杯的寓意具有哲理，告诫世人要适可而止，不

可贪得无厌，过犹不及。（7）虹吸原理既是一个物理概念，也是一个生物学概念——鳞翅目成虫的口器就是虹吸式口器。

案例 10　制作自动浇花器

［**适用年级及学生基础**］“制作自动浇花器”适用于中学任一年级。学生可以基于日常生活经验开展制作活动，也可在具有大气压强、负压、毛细作用、中生植物和湿生植物等概念的基础上，进行科学、严谨和规范的探究、实践活动，进行深度学习。

一、情境创设

放暑假了，赵小媛很开心，因为爸爸妈妈马上就要带着她去旅游。她想在这趟期待已久的旅途中，爬上长城，摸摸那历经千年沧桑的古砖古城；走进故宫博物院，探寻中华传统文化；坐在“鸟巢”和“水立方”里，真真切切地看一场激动人心的比赛，怀念 2008 年北京奥运会奥运健儿们矫健的身姿和精湛的技艺。

一想到马上就可以实现自己的愿望，赵小媛既兴奋，同时又有些担心。因为没有人照顾她心爱的植物了，绿萝、白掌、玫瑰……这次旅行至少半个月，她不好意思麻烦邻居来帮忙浇水，到底该怎么办呢？为了能出去玩，又不耽误给植物浇水，赵小媛通过上网查资料，设计了一种能自动给植物浇水的“神器”！起初效果很不理想，她经过改进，制作出了更加简单、合理、有效的自动浇花器。你想看看它的庐山真面目吗？

二、相关概念和原理

1. 大气压强

大气压强简称气压，指的是作用在单位面积上的大气压力。标准大气压是温度为 0 ℃、纬度 45° 海平面上的气压。1 个标准大气压等于 760 mm 汞柱，相当于 1.01×10^5 Pa。

2. 气压与体积的关系

当温度降低、空气冷却时，气体收缩，密度增大，单位面积上承受的空气柱重量增加，气压也就升高。当温度升高时，气温升高，气体膨胀，密度变小，单位面积上承受的空气柱重量减少，气压也就降低。

3. 负压

负压指的是低于常压的气体压力状态，即常说的低于一个大气压的气体压力状态。负压在日常生活中随处可见。例如，人在呼吸时，当肺处于扩张状态时肺内的气压为负压，体外的空气通过呼吸道进入肺内。再比如，抢救“非典”病人和新冠肺炎患者所在的负压病房，病房内的气压低于病房外的气压，目的是使病房内含有病毒的气体不泄漏出去，通过专门的通道及时排放到固定的地方。

4. 毛细作用

毛细作用是指浸润液体在细管里升高的现象和不浸润液体在细管里降低的现象。一些物体中有许多细小的孔道起着毛细管的作用，在液体的表面张力、内聚力和附着力的共同作用使水分可以在较小直径的毛细管中上升到一定的高度，称之为毛细现象。土壤就是借助于毛细作用，将深层土壤中的水提升到表层，来持续表层土壤的湿润。植物茎内的导管就是植物体内极细的毛细管，它能把土壤里的水分吸上来。砖块吸水、毛巾吸汗、钢笔吸墨水都是常见的毛细现象。

5. 中生植物

中生植物指的是不能忍受严重干旱，也不能长期水涝，只能在水分适中的环境中生活的植物。中生植物是种类最多、分布最广、数量最大的陆生植物。例如，百合、万年青、吊兰、牵牛花、鸡冠花等。

6. 湿生植物

湿生植物指的是不能忍受较长时间的水分不足，抗旱能力最弱的陆生植物。根据环境的特点湿生植物还可以区分为阴性湿生植物和阳性湿生植物两个亚类。阴性湿生植物是最典型的湿生植物，主要分布在阴森的森林下层，如热带雨林中的膜叶蕨等各种附生蕨类植物和附生兰科植物。阳性湿生植物生长在阳光充沛，土壤水分经常饱和的环境中，最典型的代表有水稻、灯芯草、半边莲等。

三、活动目标

1. 科学观念：（1）明确气体压强与气体体积之间的关系；（2）知道负压的概念及其在社会生活中的应用；（3）能解释毛细现象。

2. 科学思维：（1）能识别和区分中生植物与湿生植物；（2）能够对网上制作自动浇花器的资料进行客观的分析，肯定优点，指出不足，揭示原因；（3）能够针对实践中的问题提出对策，并通过实验验证其可行性。

3. 探究实践：（1）根据网上的资料制作自动浇花器，训练和提高动手实践的能力；（2）能对自动浇花器进行改进、提高和完善，并运用于现实生活中。

4. 态度责任：（1）在使用电烙铁时，注意安全用电；（2）具有防范烧伤、烫伤的意识；（3）节约资源，利用废物制作自动浇花器。

四、材料器具

塑料瓶、吸管、电烙铁、热熔塑胶枪、热熔塑胶棒、花盆、花盆托、小勺、烧杯、软管、皮筋等，部分材料器具信息见表4-16。

表4-16 “制作自动浇花器”部分材料器具信息

名称	信息
塑料瓶	使用过的大可乐瓶、大雪碧瓶，2 L容量，也可以是使用过的食用油桶
花盆、花盆托	花盆的下面要有小孔；花盆托要大，不仅能够放置花盆，而且能够放置浇花器
软管	塑料软管、皮管等，要有一定的硬度（太软的管子不易密封），管的直径在1 cm以下

五、探究与实践活动

1. 按照网上的资料制作自动浇花器

（1）在塑料瓶侧面靠近底部5 cm和6 cm的位置，用电烙铁钻两个孔，孔的直径与吸管的直径相当（图4-197）。

图 4-197　在塑料瓶底部钻两个孔

（2）取两根有螺纹的吸管，将一根吸管（靠近螺纹的一端）插入下面的孔 3 cm，将另一根吸管（靠近螺纹的一端）插入上面的孔 2 cm（图 4-198）。

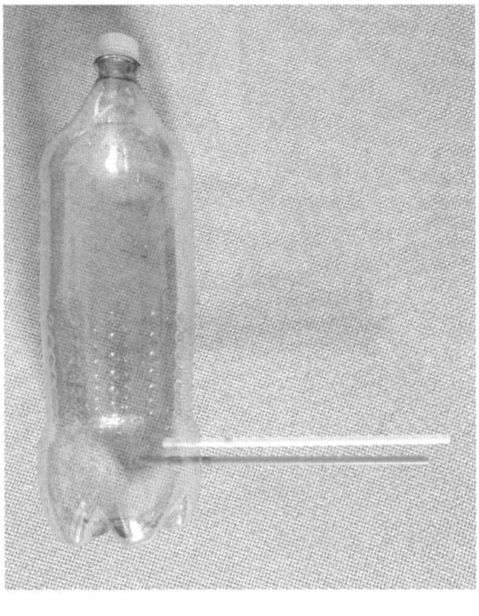

图 4-198　将两根吸管插入两个孔中

（3）用热熔塑胶枪将吸管与小孔之间的缝隙密封。

（4）将两根吸管在螺纹处向下弯曲 90°。

（5）将上面吸管螺纹之下保留 5 cm 的长度（其余部分剪掉），用于出水（图 4-199）。

（6）将下面吸管螺纹之下保留 3 cm 的长度（其余部分剪掉），用于进气，自动浇花器完成（图 4-199）。

思考与讨论：做成的自动浇花器能够正常工作吗？

（7）将自动浇花器放在花盆盆托内（图 4-200）。

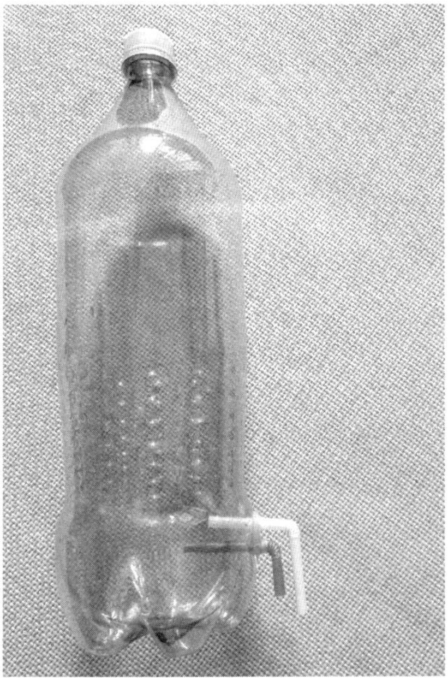

图 4-199　自动浇花器

图 4-200　自动浇花器和花盆

（8）往自动浇花器中灌水：甲同学用手捏着进气管和出水管，乙同学往浇花器中灌满水，然后拧紧瓶盖，重新放回盆托中。

（9）甲同学松开两根吸管，观察出水管是否在出水，进气管是否在进气（图 4-201）。

图 4-201　自动浇花器进气、出水

（10）随着水位的上升，当进气口被水淹没时，水停止排出。

（11）用小勺将花盆托中的水舀出，直到进气口露出。

思考与讨论：进气口露出后，浇花器开始往外流水了吗？为什么？

（12）继续往外舀水，直到出水口露出。

思考与讨论：当出水口露出后，浇花器开始往外流水了吗？为什么？

"制作自动浇花器"视频二维码如图 4-202。

图 4-202　"制作自动浇花器"视频二维码

思考与讨论：（1）花盆下面的小孔本来是用来漏水的，在此活动中，其作用是什么？（2）花盆托里的水能够到达植物的根部吗？（3）此自动浇花器的原理是什么？（4）此自动浇花器有哪些不足？

2. 探究装置的改进

制作自动浇花器，既要钻孔，又要插入吸管，还要密封吸管与小孔之间的缝隙，操作比较烦琐。在灌水时，要捏住两根吸管，操作不方便，将其放入花盆托后，发现其有时并未按当初设计的“上管流水，下管进气”进行工作，而是“上管进气，下管出水”，导致水位达不到花盆底部的小孔，不能为植物提供水分；有的时候，自动浇花器刚开始能够正常工作，但是当水位持续下降，直到两根吸管口都露出了水面，自动浇花器却仍然不出水。鉴于此，非常有必要对自动浇花器进行改进。

（1）取一个用过的（旨在废物利用）塑料瓶。

（2）在其侧面靠近底部，用电烙铁钻一个小孔（图 4-203，注：为了使读者看得清，小孔用黑颜色的笔描了一下）。

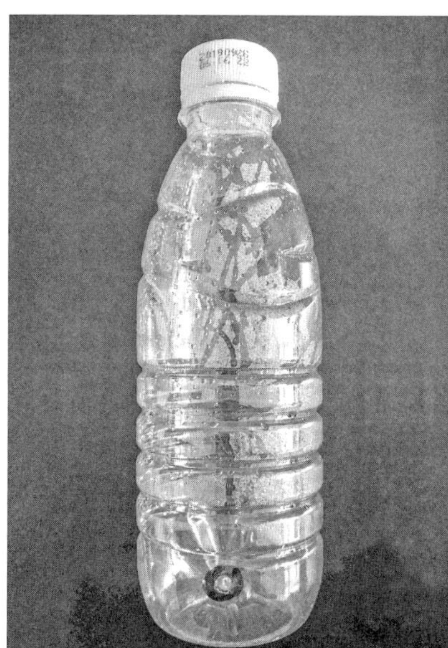

图 4-203　底部有孔的瓶

（3）将瓶盖拧开，一只手堵住下面的小孔，另一只手往里灌水，直到灌满。

（4）将瓶盖拧紧，松开堵住小孔的手。

（5）观察发现，小孔只流出了一点点的水之后，不再往外流水。

（6）将瓶盖拧开，小孔快速往外流水。

（7）用手捂住瓶口，小孔停止流水。

思考与讨论：（1）为什么密封瓶口后，小孔不往外流水，松开瓶口，则流水？（2）如何运用此原理改进自动浇花器？

3. 改进自动浇花器

（1）找一个大容积（2 L、3 L、4 L）的塑料瓶（桶）。

（2）用电烙铁在塑料瓶侧面靠近底部钻孔，孔越低越好。

思考与讨论：孔的作用是什么？为什么孔的位置越低越好呢？能把孔钻在瓶底（小孔朝下）吗？

（3）取下塑料瓶盖，用电烙铁在其中央钻孔，孔的内径相当于软管的外径。

（4）将软管插入瓶盖的小孔 1 cm 左右，用热熔塑胶枪将管与孔之间的缝隙密封。

（5）将软管的另一端用皮筋固定在瓶身上，管口朝下，接近瓶底，改进的自动浇花器完成（图 4-204）。

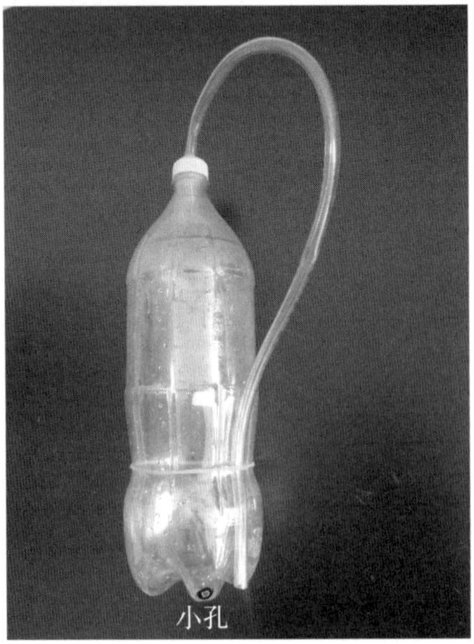

图 4-204　改进的自动浇花器

（6）测量花盆盆托的深度 m（即盆托最多可以盛多深的水）、花盆内底到盆托内底的高度 n（即花盆内土壤与盆托底之间的距离）(图 4-205)。

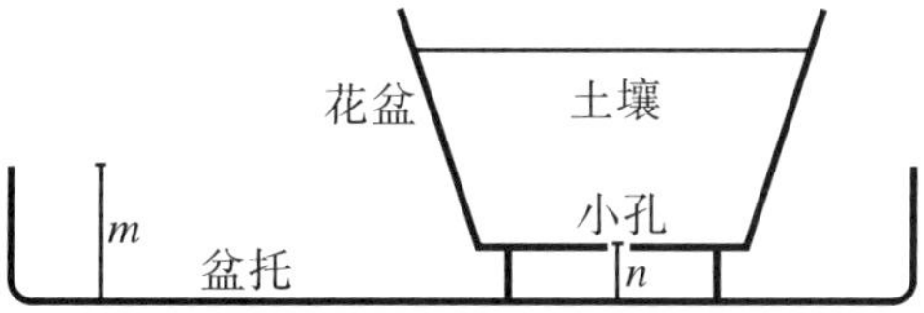

图 4-205　m 和 n 的示意图

（7）调整软管口的高度，使其小于 m，大于 n。

思考与讨论：为什么要使软管口的高度小于 m 而大于 n？

（8）拧下瓶盖，用手堵住瓶底部的小孔，往瓶中灌满水。

（9）拧上瓶盖，将自动浇花器放在花盆托中，松开手，小孔开始流水（图 4-206）。

（10）当水淹没软管口（进气口）时，小孔不再流水（图 4-207）。

图 4-206　自动浇花器出水

图 4-207　自动浇花器出水口不出水

思考与讨论：有的同学制作的自动浇花器，当水淹没进气口时，小孔仍在不停地流水，是什么原因呢？

拓展实践：将有问题的浇花器装满水，拧上（有软管的）瓶盖，将其倒置，检测是瓶盖没有拧紧，还是软管与瓶盖之间密封不严。

（11）用勺子从花盆托中往外舀水，模拟水分被植物吸收、蒸发，当软管口露出来时，小孔又开始流水。

"改进自动浇花器"视频二维码如图 4-208。

图 4-208　"改进自动浇花器"视频二维码

思考与讨论一：（1）水刚淹没软管口，自动浇花器就不再流水了吗？为什么呢？（2）如果在平时也用自动浇花器给植物浇水，会给植物带来什么不良后果？

思考与讨论二：（1）如果外出半个月或二十天，仙人掌是否需要自动浇花器来浇水？为什么？（2）对于需水量很大的湿生植物，如何让自动浇花器提供更多的水分？

［**案例评析**］"制作自动浇花器"的 STEAM 课程所用的器具都是日常生活中常用的，所用的材料遵循废物利用的原则，体现节约和环保理念。"按照网上的资料制作自动浇花器"能够培养学生收集网络信息的意识和能力，同时能够挑战学生"将文本信息通过制作转化成实际的产品"的能力。"探究装置的改进"能够培养学生的批判精神，锻炼学生发现问题、提出假设、进行验证、得出结论的探究能力。"改进自动浇花器"能够使学生将思想付诸实践，不断改进、提高和完善产品。在"改进自动浇花器"的过程中，综合运用了物理学科的大气压强、数学学科的测量与计算，以及生物学上的植物类型等知识。根据花盆底部小孔的高度和花盆托的深度来确定浇花器进气口的高度，还要依据外出时间的长短、季节、植物种类、气温、湿度和通风情况，计算和确定浇花器的容积。课程把各学科内容融为一体，课程的实施以学生为主体，教师起着辅助的作用。

○ 参考文献 ○

[1] 范文翔，张一春 .STEAM 教育：发展、内涵与可能路径 [J]. 现代教育技术，2018，28（3）：99-105.

[2] 范文翔，赵瑞斌，张一春 . 美国 STEAM 教育的发展脉络、特点与主要经验 [J]. 比较教育研究，2018（6）：17-26.

[3] 徐超 . 美国 STS 的兴起与发展 [J]. 自然辩证法通讯，1992，14（5）：25-34.

[4] 徐金雷，顾建军 . 从 STEM 的变式透视技术教育价值取向的转变及回归 [J]. 教育研究，2017（4）：78-85.

[5] 彭敏，郭梦娇 .STEAM 教育的基本内涵与发展路径研究 [J]. 教育理论与实践，2018，38（25）：14-18.

[6] 彭敏，朱德全 .STEAM 有效教学的关键特征与实施路径: 基于美国 STEAM 教师的视角 [J]. 远程教育杂志，2018（2）: 48-55.

[7] 王小栋，王璐，孙河川 . 从 STEM 到 STEAM：英国教育创新之路 [J]. 比较教育研究，2017（10）：3-9.

[8] 杨盼，韩芳 . 芬兰 STEM 教育的框架及趋势 [J]. 电化教育研究，2019（9）：106-112.

[9] 薄丽娜 .STEAM 教育理念下中小学创客课程教学模式的探究 [J]. 中国教育信息化，2018（4）：36-39.

[10] 宋怡 .STEM 素养视域下的科学教学：审思与重构 [J]. 现代教育科学，2018（8）：96-100.

[11] 宋怡，李丹，马宏佳 . 美国 iSTEM 教学模式评析 [J].

基础教育，2019，16（4）：24-31，44.

[12] 宋怡，崔雨涵，马宏佳 . 美国 K-12 整合性 STEM 教育框架：理念、课程路径与支持系统 [J]. 当代教育论坛，2020（2）：65-75.

[13] 李王伟，徐晓东 . 作为一种学习方式存在的 STEAM 教育：路径何为 [J]. 电化教育研究，2018（9）：28-36.

[14] 余胜泉，胡翔 .STEM 教育理念与跨学科整合模式 [J]. 开放教育研究，2015，21（4）：13-22.

[15] 黄晓，李扬 . 论 STEM 教育的特点 [J]. 江苏教育研究，2014（15）：5-7.

[16] 赵兴龙，许林 .STEM 教育的五大争议及回应 [J]. 中国电化教育，2016（10）：62-65.

[17] 秦瑾若，傅钢善 .STEM 教育：基于真实问题情景的跨学科式教育 [J]. 中国电化教育，2017（4）：67-74.

[18] 赵中建 . 致力于 STEM 教育的“项目引路”机构 [J]. 上海教育，2012（11）：24-26.

[19] 赵慧臣，陆晓婷 . 开展 STEAM 教育，提高学生创新能力：访美国 STEAM 教育知名学者格雷特·亚克门教授 [J]. 开放教育研究，2016，22（5）：4-10.

[20] 赵慧臣 .STEM 教育视野下中学生探究学习的设计与实施 [J]. 现代教育技术，2017，27（11）：26-32.

[21] 赵慧臣，张亚林，马佳雯，等 . 青少年课外 STEM 项目质量评价系统的建构与启示：基于美国《印第安纳州课外项目规范和专业标准：STEM 教育》的分析 [J]. 电化教育研究，2019（10）：115-122.

[22] 迟佳蕙，李宝敏 . 国内外 STEM 教育研究主题热点及发展趋势：基于共词分析的可视化研究 [J]. 基础教育，2018，15（2）：102-112.

[23] 王晨菡，谭积斌，曾卉玢 . 基于内容分析法的 STEM 教育研究综述 [J]. 浙江教育科学，2018（3）：10-15.

[24] 王珏，邓嫦圆 . 基于小组合作探究模式研制 STEM 课堂教学评价量表 [J]. 生物学通报，2017，52（12）：8-11.

[25] 赵呈领，赵文君，蒋志辉 . 面向 STEM 教育的 5E 探究式教学模式设计 [J]. 现代教育技术，2018，28（3）：106-112.

[26] 杨玉佩 .5EX 模型支持下的 STEM 教学实践探究：以“设计制作再生纸”为例 [J]. 中小学数字化教学，2019（10）：66-68.

[27] 陈鹏，黄荣怀 . 设计思维：从创客运动到创新能力培养 [J]. 中国电化教育，2017（9）：6-12.

[28] 刘景福，钟志贤 . 基于项目的学习（PBL）模式研究 [J]. 外国教育研究，2002，29（11）：18-22.

[29] 核心素养研究课题组 . 中国学生发展核心素养 [J]. 中国教育学刊，2016（10）：1-3.

[30] 李高峰，唐艳婷 . 科学概念教学五要素 [J]. 生物学教学，2010，35（2）：9-11.

[31] 李高峰 . 美国高中主流《生物》教材的概念教学：以“分子与细胞”内容为例 [J]. 课程・教材・教法，2010，30（11）：104-107.

[32] 魏晓东，于冰，于海波 . 美国 STEAM 教育的框架、特点及启示 [J]. 华东师范大学学报（教育科学版），2017（4）：40-46.

[33] 梁屿藩，方旭 . 中小学 STEAM 教师胜任力现状调查研究 [J]. 中国教育信息化，2019（22）：75-79.

[34] 袁利平，张欣鑫 . 论 STEAM 教育与核心素养的对接 [J]. 陕西师范大学学报（哲学社会科学版），2017，46（5）：164-169.

[35] 张冉昕 .STEAM 教育在中国的实践现状分析 [J]. 智库时代，2019（40）：205-206.

[36] 杨亚平 . 美国、德国与日本中小学 STEM 教育比较研究 [J]. 外国中小学教育，2015（8）：23-30.

[37] 李学书 .STEAM 跨学科课程：整合理念、模式构建及问题反思 [J]. 全球教育展望，2019，48（10）：59-72.

[38] 陶佳，范晨晨，张翠翠 .STEAM 教育助力核心素养提升的国内研究综述 [J]. 当代教育与文化，2020，12（1）：65-73.

[39] 袁磊，郑开玲，张志 .STEAM 教育：问题与思考 [J]. 开放教育研究，

2020，26（3）：51-57，90.

[40] 赵国安 . 基于 STEAM 理念的校外科学实验室机体群构建研究 [J]. 远程教育杂志，2017（3）：78-85.

[41] 周榕，李世瑾 . 嬗变之路：美国 STEM 教育政策的历史演进与变迁逻辑：基于支持联盟框架的研究视角 [J]. 远程教育杂志，2019（4）：85-95.

[42] 周礼，章亚楠，朱悦卫，等 . 基于 STEM 理念的校本课程：以制作“天气瓶”为例 [J]. 化学教学，2016（10）：12-15.

[43] 余宵，方海光 . 中小学 STEM 课程内容分析研究 [J]. 中小学电教，2018（5）：28-31.

[44] 董泽华 . 试论我国中小学实施 STEM 课程的困境与对策 [J]. 全球教育展望，2016（12）：36-42，62.

[45] 卓泽林 . 超越课堂：美国中小学校外 STEM 项目的实施和评估 [J]. 中国电化教育，2017（11）：80-86.

[46] 余绍平 . 基于国家课程标准的 STEM 教育校本课程建设 [J]. 教育科学论坛，2021（1）：71-73.

[47] 李慧，张民选 . 分科教学情境下 STEM 课程设计与实践探索 [J]. 现代基础教育研究，2019，36（4）：32-39.

[48] 龚芬芳，涂艺声 . 美国 STEM 教育生物学教学案例分析 [J]. 中学生物学，2019，35（3）：63-65.

[49] 张恒泽 .STEAM 理念在高中生物学实验教学中的应用例析 [J]. 生物学教学，2019，44（4）：43-45.

[50] 张莹，李艳梅 .STEM 理念下微生物实验室培养的项目式教学：以“分解纤维素的微生物的分离”为例 [J]. 生物学教学，2019，44（9）：42-44.

[51] 马成，吴艮 . 美国高中 STEM 教育中的生物学案例及分析 [J]. 生物学教学，2017，42（7）：5-7.

[52] 王素，李正福 .STEM 教育这样做 [M]. 北京：教育科学出版社，2019.

[53] 赵中建 . 美国 STEM 教育政策进展 [M]. 上海：上海科技教育出版社，2015.

[54] 李艳燕，黄志南 .STEM 创新教学模式与实践 [M]. 北京：电子工业出版社，2019.

[55] 李高峰 . 初中生物学前科学概念研究 [M]. 北京：北京师范大学出版社，2011.

[56] 朱慕菊 . 走进新课程：与课程实施者对话 [M]. 北京：北京师范大学出版社，2002.

[57] 吴相钰，陈守良，葛明德 . 陈阅增普通生物学 [M].3 版 . 北京：高等教育出版社，2009.

[58] 武汉大学，南京大学，北京师范大学 . 普通动物学 [M]. 北京：人民教育出版社，1978.

[59] 人民教育出版社课程教材研究所生物课程教材研究开发中心 . 普通高中课程标准实验教科书　生物 1　必修　分子与细胞 [M]. 北京：人民教育出版社，2004.

[60] 人民教育出版社课程教材研究所生物课程教材研究开发中心 . 普通高中教科书　生物学　必修 2　遗传与进化 [M]. 北京：人民教育出版社，2019.

[61] 余自强 . 生物课程论 [M]. 北京：教育科学出版社，2006.

[62] 中华人民共和国教育部 . 普通高中生物学课程标准（2017 年版）[M]. 北京：人民教育出版社，2018.

[63] 刘恩山，曹保义 . 普通高中生物学课程标准（2017 年版）解读 [M]. 北京：高等教育出版社，2018.

[64] 比格斯，等 . 科学发现者：生物　生命的动力：上册 [M]. 廖苏梅，等译 . 杭州：浙江教育出版社，2008.

[65] 比格斯，等 . 科学发现者：生物　生命的动力：中册 [M]. 曾立，等译 . 杭州：浙江教育出版社，2008.

[66] 比格斯，等 . 科学发现者：生物　生命的动力：下册 [M]. 廖苏梅，傅磊，等译 . 杭州：浙江教育出版社，2008.

[67] 美国科学促进协会 . 科学教育改革的蓝本 [M]. 中国科学技术协会，译 . 北京：科学普及出版社，2001.

[68] 美国科学促进协会 . 科学素养的基准 [M]. 中国科学技术协会，译 . 北京：科学普及出版社，2001.

[69] 美国科学促进协会 . 面向全体美国人的科学 [M]. 中国科学技术协会，译 . 北京：科学普及出版社，2001.

[70] 美国科学教育标准制定委员会 . 新一代科学教育标准：学科核心概念序列和主题序列 [M]. 叶兆宁，杨元魁，周建中，译 . 北京：中国科学技术出版社，2020.

[71] 卡普拉罗 R M，卡普拉罗 M M，摩根 . 基于项目的 STEM 学习：一种整合科学、技术、工程和数学的学习方式 [M]. 王雪华，屈梅，译 . 上海：上海科技教育出版社，2016.

[72] 沙欣 . 基于实践的 STEM 教学模式：STEM 学生登台秀 [M]. 侯奕杰，朱玉冰，殷杰，等译 . 上海：上海科技教育出版社，2016.

[73] 国际技术教育协会 . 美国国家技术教育标准：技术学习的内容 [M]. 黄军英，等译 . 北京：科学出版社，2003.

[74] 布伦塞尔 . 在课堂中整合工程与科学 [M]. 周雅明，王慧慧，译 . 上海：上海科技教育出版社，2015.

[75] 玛格纳 . 生命科学史 [M]. 李难，崔极谦，王水平，译 . 天津：百花文艺出版社，2002.

[76] 哈伦 . 以大概念理念进行科学教育 [M]. 韦钰，译 . 北京：科学普及出版社，2016.

[77]CONNOR A M，KARMOKAR S，WHITTINGTON C.From STEM to STEAM：Strategies for enhancing engineering & technology education[J]. International Journal of Engineering Pedagogy，2015（2）：37-47.

[78]JOWDAT M，DELKHOON M.Effect of art education in developing critical thinking of the students[J].International Journal of Humanities and Cultural Studies，2016（5）：885-893.

○ 附录　STEAM 教育与课程问答 ○

笔者在“国培计划”及中小学 STEAM 课程与教学培训中，获知老师们对 STEAM 课程有很多疑问。笔者将这些问题收集、整理，在查阅资料、反复思考、同行研讨的基础上，对问题进行了简要的回答。回答不一定正确，但可引发大家的讨论和深入思考。

下面将问题按序号罗列出来，便于读者检索，有选择地阅读。

1.STEAM 教育的内涵有哪些？

2.STEAM 教育的优点有哪些？

3.STEAM 课程具备哪些特征？

4.STEAM 教育与创客教育、PBL 之间具有什么区别和联系？

5.STEAM 教育和 STS 有何区别和联系？

6. 如何避免 STEAM 教育的“表面热闹”现象？

7.STEAM 课程的开发需要遵循哪些原则？

8. 我国 STEAM 课程开发的难点有哪些？

9. 我国在 STEAM 课程的开发上有哪些探索和实践？

10.STEAM 教育究竟要发展学生的哪些能力和素养？

11.STEAM 课程对学生学习成绩的提升作用明显吗？

12.STEAM 教育是作为校本课程来实施，还是社团课程、选修课程？

13. 中学生物学 STEAM 课程是分科课程还是活动

课程?

14. 中学生物学 STEAM 课程与核心素养的关系是什么?

15. 在基础教育中，如何处理分科课程和 STEAM 课程之间的关系?

16. 中学生物学 STEAM 课程的现状如何? 问题在哪里?

17. 市面上有现成的 STEAM 课程的教材吗?

18. 在我国教育设施欠佳的中西部地区开展 STEAM 教育现实吗?

19. 对于教育条件和资源欠缺的偏远地区学校，实施 STEAM 教育是否受限? 如何突破?

20. 在 STEAM 课程的开发中，运用什么材料器具以适应学校之间教育资源不均衡的现状?

21.STEAM 教育的教学模式、教学环节是什么? 究竟如何开展?

22.STEAM 课程的一般教学流程是怎样的?

23. 中小学是否有必要单独开设 STEAM 课程?

24. 实施 STEAM 教育可能会遇到哪些问题?

25. 实施 STEAM 课程（STEAM 教育）会不会占用大量课时?

26. 在中小学开展 STEAM 教育是否会与现有的课时、教学任务相冲突? 如何解决?

27. 开展 STEAM 教学活动时，教师和学生分别应该扮演何种“角色”? 如何保证留给学生设计、探究的空间?

28.STEAM 教育的理念都适用于学科课堂教学吗?

29. 如何在单科教学的背景下实施 STEAM 教育?

30.STEAM 课程是学生掌握学科知识后的巩固活动课，还是学习学科知识的新授课?

31.STEAM 教育可以结合生物学实验展开吗?

32.STEAM 教育适用于目前所有的生物学课程内容吗?

33. 哪些生物学内容适于被开发成 STEAM 课程?

34. 中学生物学课程中哪些内容适合采用 STEAM 教育模式进行教学?

35.STEAM 课程与我国颁布的生物学课程标准之间的契合度如何？

36. 中学生物学 STEAM 课程是如何体现各要素的融合的？每个 STEAM 课程都要包含所有要素吗？

37. 开设 STEAM 课程是否会加重学生的课业负担？

38.STEAM 课程对学生学习科学知识的具体影响有哪些？是否存在负面的影响？

39. 在生物学教学中实施 STEAM 活动，对教学效果有怎样的帮助？

40. 如何对实施 STEAM 教育教学的学校和教师进行有效评价？

41. 开展 STEAM 教学之后，如何对学生进行有效的评价？

42. 现阶段我国中小学教师是否具备教授 STEAM 课程的能力？

43. 开展 STEAM 教育的教师应具备哪些教育能力？

44. 能不能通过扫描二维码等方式获得课程案例中的视频或图片？

1.STEAM 教育的内涵有哪些？

答： STEAM 教育是以跨学科整合的方式培养学生 STEAM 素养的一种综合教育。我们无法对 STEAM 教育的内涵给出完整的回答，因为从不同的视角对 STEAM 教育内涵的解读各不相同。从教育内容的角度看，STEAM 教育是跨学科整合的教育；从教育主体的角度看，STEAM 教育是多元主体共同参与的教育；从教育开展方式的角度讲，STEAM 教育是"做中学"的教育；从教育技术支持的角度讲，STEAM 教育是以机器人、编程、3D 打印为主要教育载体，依托工具与资源的教育；从教育目标的角度说，STEAM 教育是创新意识的教育；从教学方法的角度看，STEAM 教育是真实情境下的探究教育。[1]

2.STEAM 教育的优点有哪些？

答： STEAM 教育的优点有四点。（1）课程内容跨学科整合。传统的

[1] 范文翔，张一春 .STEAM 教育：发展、内涵与可能路径 [J]. 现代教育技术，2018，28（3）：99-105.

分科教育割裂了各个学科知识体系之间的联系，难以培养学生融合多学科内容解决问题的综合能力。STEAM 教育融合了科学、技术、工程、人文艺术和数学，让学生在学习的过程中针对某一具体的问题，运用跨学科的知识体系探究问题、解决问题。（2）学习过程注重学生的体验。分科教学中教师仍注重间接经验的传授，学生缺乏对知识的直观感受与体验，而 STEAM 教育突出“做中学”“真体验”，对学生未来的生活、工作和学习都大有裨益。（3）学习活动协作互助。STEAM 课程是基于项目的群体协作式学习，需要多个学生协作完成，通过合作学习和相互交流，学生不仅能有效解决问题、完成工程，同时也培养了组织协调能力和团队合作精神。（4）教育手段的信息技术化。STEAM 教育常常通过使用计算机编程软件、思维导图、3D 打印机等平台和工具来实施，信息技术能够发展学生的创造性思维和发散性思维。[1]

3.STEAM 课程具备哪些特征？

答：STEAM 课程作为新兴的教育理念或课程形态，具有整合性、跨学科性、可操作性、协作性、创造性和趣味性等特征。（1）整合性。传统教育的分科课程容易将知识本身的结构割裂开，使得知识本身所具有的特性消失，而 STEAM 课程的整合性还原了知识本身的结构，强调知识之间的关联性。（2）跨学科性。跨学科性意味着在解决问题时，能多视角看待事物，融合多学科研究问题，有助于培养学生跨学科思维。（3）可操作性。在教学的过程中，不仅要强调知识的传授，还要为学生创设体验情境，帮助学生提升动手操作能力，并获得过程性知识和结果性知识。（4）协作性。STEAM 课程的项目多来源于真实社会生产、生活，真实情境下的复杂问题需要通过不同学科背景和不同专业特长的学生相互协作来解决。（5）创造性。STEAM 课程的教学结果往往通过作品展示，学生创造出独具特色的作品，在这个过程中学生既体现出自己的创造性，又能够获得知识、锻炼能力、提高素养。（6）趣味性。在情境设计中，学生从体

---

[1] 魏晓东，于冰，于海波 . 美国 STEAM 教育的框架、特点及启示 [J]. 华东师范大学学报（教育科学版），2017（4）：40-46.

验中发现问题，激发兴趣，并在兴趣的指引下不断追求。

4.STEAM 教育与创客教育、PBL 之间具有什么区别和联系？

答：STEAM 教育是将科学、技术、工程、人文艺术和数学融合起来的教育，突出跨学科的知识融合。创客（maker）指的是把创意转变为现实的人。创客教育是以项目学习的方式，利用互联网、3D 打印机和各种工具，将自己的创意变成实际产品的教育。创客教育的基本特征与标志是创造出实体作品。两种教育都是为了弥补分科教育难以激发学习兴趣、动手实践不足的缺陷，通过综合运用多学科知识解决实际问题，培养学生的创新能力、探究能力、实践能力和团队协作能力。有学者认为，创客教育也可称之为 STEAM 教育。PBL（Project-based Learning）是一种基于项目的学习方式。STEAM 教育、创客教育中都包含 PBL，三者共同之处在于都突出学习情境、问题导向、基于现实世界、以学生为中心。

5.STEAM 教育和 STS 有何区别和联系？

答：STS 有两种内涵，即 STS 是科学（Science）、技术（Technology）、社会（Society）三个学科英文首字母的组合，也是科学技术研究（Science and Technology Studies）的英文首字母缩写。[1] 而 STEAM 是科学（Science）、技术（Technology）、工程（Engineer）、人文艺术（Arts）与数学（Mathematics）五个学科的英文首字母组合而成的。STS 从 20 世纪 60 年代开始发展，当时科学技术发展迅猛，其负面效应也逐渐显现，如环境的恶化、军事威胁的升级等[2]，这使人们深刻认识到必须要研究科学技术的社会效应，STS 由此不断发展起来。后来随着社会的发展，科学、技术与工程的联系越来越紧密，科学教育、技术教育与工程教育等培养的单一型人才难以满足社会发展的需要。于是，在 STS 的基础上，逐渐演化出优先发展科学、技术、工程和数学四门学科的 STEM 教育，后来融合人文艺术而成为 STEAM 教育。

---

[1] 徐超 . 美国 STS 的兴起与发展 [J]. 自然辩证法通讯，1992，14（5）：25-34.

[2] 范文翔，赵瑞斌，张一春 . 美国 STEAM 教育的发展脉络、特点与主要经验 [J]. 比较教育研究，2018（6）：17-26.

6. 如何避免 STEAM 教育的“表面热闹”现象?

答:“表面热闹”现象往往伴随着新的教学理念、方法，尤其是舶来的新名词，在教育研究、教学领域刮起一阵风，随后无影无踪，这些例子不一而足。教师想要避免被表面的热闹所迷惑，就需要有透过表层现象进行理论思考的独到视角，不要高估 STEAM 教育，也不要妄自菲薄。STEAM 教育的产生和发展符合时代发展对人才培养的必然要求，教师面对一轮又一轮的“表面热闹”现象时，要有自己的理论定力，要相信自己对课程的判断能力和教学决策能力；同时教师面对 STEAM 教育要有学习、研究、反思、批判的心态，在辨伪存真的过程中，荡涤浮躁，回归理性。只有真正领会 STEAM 的核心内容，才能“不畏浮云遮望眼”，真正将 STEAM 教育的理念和价值凸显出来。

7.STEAM 课程的开发需要遵循哪些原则?

答: STEAM 课程开发需要遵循四个原则。第一，STEAM 课程选题要以“问题解决”为驱动，要以实际生活中的问题为出发点。STEAM 课程要分析具体的问题，以项目设计与实施为载体，提出解决的策略，明确涉及的学科知识，将物理、化学、生物学、数学、工程等学科知识有机地融合到一起，设计具体的解决方案。第二，STEAM 活动设计要以“实践化”为核心，倡导学生“做中学”。让学生动手去实践的同时，应注意避免过分强调“做”而忽略“学”的弊端。第三,STEAM 课程情境要以“生活化”为主体，要求教师创设生活情境，将知识结合到生活中的具体问题上；让学生运用知识解决实际问题，并意识到知识就在生活中。第四，STEAM 课程教学要以“协同合作”为中心，注重学生间的互动和协作；安排学生进行分组，小组成员间分工合作来解决具体的问题，学生需要共同设计、测试和改进解决方案，与同伴交流研究成果。[1]

8. 我国 STEAM 课程开发的难点有哪些?

答: 我国 STEAM 课程开发的难点主要有三点。（1）我国部分中小

---

[1] 任媛媛，刘杨，李高峰. 例谈美国 STEM 课程的目标、导入及活动过程 [J]. 中学物理教学参考，2017，46（9）：57-59.

学教师的 STEAM 教育理念缺乏。国外 STEAM 教育改革的动力往往来源于教师自身，而不是政府。一些国外教师会不断地探索新的教育模式，寻找相关支撑资源开展 STEAM 教育。但是，我国大部分中小学教师对 STEAM 教育了解不多，在教学方法、课程内容等方面的创新意识薄弱。（2）教师 STEAM 教学的胜任力不足。我国 STEAM 教师（我国极少有专职的 STEAM 教师，准确地说，是对 STEAM 教育有所尝试的中小学教师）存在着专业知识不足、教学技能有待提升、教学实践力度不大等问题。[1]（3）对 STEAM 教育的倡导力度不够。我国对科学教育的改革有诸多不完善之处，对 STEAM 教育的倡导不够，没有落实。有必要依据我国的实际情况与人才培养目标，因地制宜地对国际 STEAM 教育进行借鉴与创造性转化。[2] 可以利用政策、区域投资等方式鼓励各级各类学校更快更好地开展 STEAM 教育，甚至可以鼓励一些企业参与 STEAM 课程开发。

9. 我国在 STEAM 课程的开发上有哪些探索和实践?

答：21 世纪初，我国在 STEAM 教育领域开始了各种形式的初步探索，具体的课程主要包括四类。（1）以培养创新应用能力为目标的设备集成与智能制造的综合应用类课程，其典型代表是“无人机课程”。（2）以培养创意制作能力为目标的数字化建模、艺术制作的创意制作类课程，其典型代表是“3D 打印课程”。目前国内有一些中小学、高校及科技类课外辅导机构已将 3D 打印课程作为培养学生综合科学素养的主要课程之一，并建立和引进了专业的实验室、设备和师资。（3）通过电子电路、传感和触控编程培养逻辑思维能力的智能控制类课程，其典型代表是“机器人”相关课程。这一类课程目前多以社团的形式对学生进行综合科学素养的培养。（4）以机械、力学传动等内容来培养学生物理建构能力的原型建构类课程，诸如市面上的各类电子积木类课程，其中乐高教育是典型代表。乐高教育是以设计、质量和工艺都较为成熟的乐高玩具为基础，根据不同年

---

[1] 梁屿藩，方旭 . 中小学 STEAM 教师胜任力现状调查研究 [J]. 中国教育信息化，2019（22）：75-79.

[2] 袁利平，张欣鑫 . 论 STEAM 教育与核心素养的对接 [J]. 陕西师范大学学报（哲学社会科学版），2017，46（5）：164-169.

龄段学生的特点，设计而成的跨学科的课程体系，配备有相应的教师指导手册和学生学习卡，还提供了符合国家标准和目标的评估工具、差异化的教学提示和拓展创意的教师培训资源。[1]

10.STEAM 教育究竟要发展学生的哪些能力和素养？

答：STEAM 课程目标有四个。（1）科学观念。学生能够将同一个主题的多个具体概念相互联结，建构成网络，成为概念，并运用于现实问题的解决。（2）科学思维。使学生的思维遵循科学原理、科学规律，具有道理，符合逻辑。（3）探究实践。学生要具有科学探究、科学实践的意识和能力。（4）态度责任。学生要实事求是、客观公正、虚心诚实，对自然界具有好奇心，尊重证据和推理。对个人、家庭、社会和国家具有责任意识，关注全球问题和人类的命运。STEAM 教育还要让学生具有问题意识，成为一个在社会生活和工作中（不仅仅是在学习中）能够自觉或不自觉地发现问题、提出问题的人，而不是“两耳不闻窗外事，一心只读圣贤书”。即学生能够综合运用多学科的知识解决问题，而不是局限于某一学科、某一专业；具有创新精神，能够创造性地解决工作、生活和学习中遇到的问题；既有科学精神，也有人文底蕴，能够文理兼容。

11.STEAM 课程对学生学习成绩的提升作用明显吗？

答：将这个问题进一步具体化，即中学生物学 STEAM 课程对学生的生物学成绩的提升作用明显吗？因为笔者对这方面没有进行实验研究，所以仅从理论和经验层面来分析。第一，短时期（诸如几个学期、一两学年）的 STEAM 课程的学习对学生生物学成绩的提升作用不明显，要提升学生学习成绩，需要长期的 STEAM 教育。第二，STEAM 课程致力于提高学生的科学素养、技术素养、工程素养、人文艺术素养和数学素养，而生物学成绩是通过考试测出来的，生物学考试的内容是生物学学科核心素养，STEAM 课程的目标不是为了提高学生的成绩。总而言之，长期的 STEAM 课程和 STEAM 教育，通过科学探究和科学实践，激发学生的学习兴趣，提高学生提出问题和解决问题的能力、综合运用跨学科知识的能

[1] 张冉昕 .STEAM 教育在中国的实践现状分析 [J]. 智库时代，2019（40）：205-206.

力，增强思维的逻辑性和缜密性，进而能够提高学生的成绩。简而言之，STEAM 课程对学生学习成绩的提升具有间接作用和滞后效应。

12.STEAM 教育是作为校本课程来实施，还是社团课程、选修课程？

答：我们可以借鉴美国的经验来讨论这个问题。目前，美国的 STEAM 教育机构可分为三种。（1）综合学校：设立 STEAM 课程。（2）STEAM 教育学校：以 STEAM 课程为核心。（3）STEAM 教育中心：是以学校为依托建立起来的，其 STEAM 课程可供学校和社区使用。[1] 可以发现，美国在 STEAM 教育实施方面“百花齐放”，采用多种形式并行。因此，我们在实施 STEAM 教育时，可以采用多种课程并存的形式，也可以根据学校实际情况，有针对性地选用一种课程形式开展 STEAM 教育。同时，学校和学校之间还可以进行合作，探究新的 STEAM 课程形式。总的来说，STEAM 教育的实施不必拘泥于形式，STEAM 教育强调的是“因地（学校）制宜，因人（学生）而异”。

13. 中学生物学 STEAM 课程是分科课程还是活动课程？

答：STEAM 课程是集科学、技术、工程、人文艺术和数学于一体的跨学科整合课程，是增强学生和社会整合可能性的综合课程。[2] 活动课程亦称经验课程，打破和超越了传统的学科分类框架，以学生兴趣和需要为基点，强调通过实践活动获得直接经验，例如“探究淀粉酶对早餐谷类食物的作用”“测定不同人群的 BMI 值（身高质量指数）”。相对于以知识传授为主的学科课程，活动课程具有跨学科性、体验性、实践性、情境性、生成性等特征；STEAM 课程强调学生参与学习过程，通过发现、设计、建构、合作和创新等方式，应用多学科知识，解决现实世界问题；二者在课程形态上相互匹配。从课程的组织形式来讲，STEAM 课程属于综合课程，不属于分科课程。分科课程是一种单学科的课程组织模式，强调学科门类之间的相对独立性，这与 STEAM 课程的“跨学科性”相悖。因此，

---

[1] 杨亚平 . 美国、德国与日本中小学 STEM 教育比较研究 [J]. 外国中小学教育，2015（8）：23-30.

[2] 李学书 .STEAM 跨学科课程：整合理念、模式构建及问题反思 [J]. 全球教育展望，2019，48（10）：59-72.

STEAM 课程是活动课程，而非分科课程。

14. 中学生物学 STEAM 课程与核心素养的关系是什么？

答： 基础教育的目标是培养全面发展的人，具体而言就是要发展和提高学生的人文底蕴、科学精神、学会学习、健康生活、责任担当、实践创新六大素养。[1] 而每一个学科课程和教学只是各司其职，旨在培养其学科核心素养，诸如生物学学科核心素养仅包括生命观念、科学思维、科学探究和社会责任[2]，仅是学生发展核心素养的一部分，而且学科课程和教学具有学科界限分明、综合不足等局限。中学生物学 STEAM 课程以“中学生物学”为主要内容，将科学、技术、工程、人文艺术和数学综合起来，解决现实生活中的真实问题，发展和提高学生的科学观念、科学思维、探究实践、态度责任。实际上，STEAM 课程对于发展学生素养既不是万能的，也不是高效的，只是对学科课程的补充，是学生发展核心素养的助推剂，特别有助于培养全面发展的人才。

15. 在基础教育中，如何处理分科课程和 STEAM 课程之间的关系？

答： 从我国基础教育教学的发展来看，主流模式依然是分科教育，分科课程、分科教学在基础知识的传授方面具有一定优势，但是在培养学生创造精神、创造能力上存在比较大的弊端。当前，无论是理论研究还是教育实践，更加侧重于将 STEAM 教育作为解决分科教育弊端的最优路径之一。[3] 但是，STEAM 课程并非要替代分科课程，而是旨在优化与补充分科课程。生物学 STEAM 课程、数学 STEAM 课程、化学 STEAM 课程等都是以 STEAM 教育为理念，以学科知识为载体，让学生动手实践，组织学生在实践中运用知识，并不是分科课程。例如，西南师范大学出版社出版的《数学文化》三年级上册的课程“从测影计时到铜壶滴漏”，围绕立杆测影、圭表计时、铜壶滴漏三种不同计时方法的原理及制作展开，这

---

[1] 核心素养研究课题组 . 中国学生发展核心素养 [J]. 中学教育学刊，2016（10）：1-3.

[2] 中华人民共和国教育部 . 普通高中生物学课程标准（2017 年版）[M]. 北京：人民教育出版社，2018：4.

[3] 陶佳，范晨晨，张翠翠 .STEAM 教育助力核心素养提升的国内研究综述 [J]. 当代教育与文化，2020，12（1）：65-73.

三种计时器的计时原理与数学、地理、物理等学科知识密切相关。数学STEAM 课程恰当地将多个学科有机地融合起来。分科课程和 STEAM 课程的关系，犹如“精粉面”和“全麦面”的关系，谁也取代不了谁，二者各有自己的功能和价值。

16. 中学生物学 STEAM 课程的现状如何？问题在哪里？

答：中学生物学 STEAM 课程在全国各地不断呈现。例如，华南师范大学附属中学生物科组的 STEAM 教育教学实践。张海银总主编的《STEAM 课例精编》（1 ～ 9 年级）中有生物学方面的案例。薛仕静编著的《指向初中科学核心素养的 STEAM 课程》中的“自制细胞模型”“设计制作校园植物介绍牌”“简易的家庭宠物喂水器制作”等都与生物学有关。北京教育科学研究院编著的《北京市初中开放性科学实践活动项目手册》中，朱立祥、荆林海、乔文军等编写了五个生物学实践活动：“恐龙之谜”“麋鹿的传奇”“探秘莲之圣洁”“拟态的奥秘”“花朵中的杠杆”。北京师范大学刘恩山教授引进翻译的《STEM 课程如何设计：从 StEMT 理念到课例》中有五个生命科学 StEMT 课例：“细胞都市大揭秘”“小小蜘蛛结新网”“咯咯哒，咯咯哒，辛苦的工作太烦啦”“基因改造大作战”“神奇生物住哪里？”。这些都是 STEAM 课程的优秀案例。然而，很多生物学教师在开发 STEAM 课程时也存在着一些不足，诸如：（1）跳不出生物学教材，狭隘地将生物学教材中的实验和活动作为 STEAM 活动；（2）缺乏工程，没有产品，只是科学探究和科学实践活动；（3）教师的主导作用过强，学生的主体作用太弱，学生按照教师的思路和固定的路径活动；（4）有的教师在理念上错误地认为，没有高、精、尖的仪器设备就不能开展 STEAM 教育；（5）中、高考试题基本不测评学生的 STEAM 素养，STEAM 教育不能快速有效地提高中、高考成绩，使得绝大多数教师拒绝 STEAM 课程占用有限的课时。

17. 市面上有现成的 STEAM 课程的教材吗？

答：见下表。

序号	书名	作者	出版社	出版年份	定价
1	《STEAM 课例精编》全套12册（包括幼儿园3册、小学6册、初中3册）	张宝辉、张海银、陈敏华，等	中国科学技术大学出版社	2018年	全套共512元
2	《指向初中科学核心素养的STEAM课程》	薛仕静	浙江工商大学出版社	2020年	46元
3	《北京市初中开放性科学实践活动项目手册》（有初一、初二2册）	北京教育科学研究院	人民文学出版社	2015年	2册共73.5元
4	《STEM 课程如何设计：从StEMT理念到课例》	[美]米尔顿·霍林、杰姬·斯皮克·德怀尔	外语教学与研究出版社	2020年	78元

18. 在我国教育设施欠佳的中西部地区开展 STEAM 教育现实吗？

答： 开展 STEAM 教育对我国基础教育课程改革具有重要价值和意义，优秀的 STEAM 课例也在各地不断涌现。例如，浙江温岭市大溪中学周边水泵产业发达，该校开发了结合水泵的 STEAM 课程“泵韵”——以水泵为载体，探究水泵的运行、进出水阀设计、外壳造型、水泵组装与控制等；浙江台州市路桥中学以传统的梁桥、拱桥为载体，开发了 STEAM 课程“桥梁欣赏与模型制作”，探究木桥的设计与加工过程。这两个都是 STEAM 课程的优秀案例，但这并非经济发达地区的“专利”，教具也可以是普通材料，关键是如何设计课程并创造性地实施。浙江省教育厅与美国印第安纳州合作开展了“2017 浙江—印州中小学平移课程教学项目”，来自美国的教师在杭州市拱墅区卖鱼桥小学和大关中学开课 10 天。在实施“100 多年前美国西部人口大迁移”项目时，所用教具是纸板、回形针、雪糕棒等常见物品，学生反映“沿着迁徙路线，老师会介绍每个州的风土人情，中途要搭建临时居所，我们就用纸板、吸管和棍棒搭建房子，非常有意思”[1]。低成本、少损耗的材料在教师的精心设计下也可以丰富多彩。

[1] 袁磊，郑开玲，张志 .STEAM 教育：问题与思考 [J]. 开放教育研究，2020，26（3）：51-57，90.

教师需要持有研究、反思的心态，放下对新生事物的戒备、抗拒，结合学科特点，适时、适度、适量地开展 STEAM 教育，让学生愿意学、学得进、学得好。

19. 对于教育条件和资源欠缺的偏远地区学校，实施 STEAM 教育是否受限？如何突破？

答：对于教育发展相对落后的地区以及学校，STEAM 教育的发展势必会遇到更大的阻力。偏远地区学校实施 STEAM 教育的经费、器材、师资以及项目都较为匮乏，是阻碍 STEAM 教育实施的关键问题。针对这些问题，我国将“包容”设置为 STEAM 教育创新行动的指导原则之一，并提倡“STEAM 全纳教育”。全纳教育（Inclusive Education）是 1994 年 6 月 10 日召开的“世界特殊需要教育大会”提出的一种没有排斥、没有歧视、没有分类的教育，它容纳所有学生，反对歧视排斥，促进积极参与，注重集体合作，满足不同需求。STEAM 全纳教育的核心是为教育相对落后地区和少数民族地区提供 STEAM 教育，减少这些地区的教育的不均衡现象。[1-2] 为了实现 STEAM 全纳教育，至少应关注两个方面：一是使弱势群体享有同等的教育机会——将 STEAM 全纳教育写入我国教育法案的相关论述，并建立相应的保障制度保护偏远地区、少数民族地区学生以及残障儿童等群体的权益，还可以建立学业激励政策，鼓励有能力的学生帮扶能力薄弱的学生等。二是让不同文化背景的学生享有同等的尊重和关照——在制定课程标准和考核制度时兼顾文化背景，并呼吁学校、社区（村委会）、公益组织等机构协同工作、共同担责，从而促进 STEAM 教育的发展与实施。[3-4]

---

[1] 中国教育科学研究院 . 中国 STEM 教育白皮书（精华版）［EB/OL］.［2021-02-09］.https：//www.ict.edu.cn/uploadfile/2018/0507/20180507033914363.pdf.

[2] 周榕，李世瑾 . 嬗变之路：美国 STEM 教育政策的历史演进与变迁逻辑：基于支持联盟框架的研究视角 [J]. 远程教育杂志，2019（4）：85-95.

[3] 赵国安 . 基于 STEAM 理念的校外科学实验室机体群构建研究 [J]. 远程教育杂志，2017（3）：78-85.

[4] 同 [2].

20. 在 STEAM 课程的开发中，运用什么材料器具以适应学校之间教育资源不均衡的现状？

答：课程的建设应尽量符合现阶段的国情，要因地制宜，考虑我国教师队伍的适应情况、各学校的课程资源状况、学生的适应力等。[1] 所以，STEAM 课程所用的材料器具应尽可能确保绝大多数学校都具备，要低成本、少损耗、易替代，设计的实践活动要简便易行，不可追求高端的仪器设备。如果 STEAM 课程的开发一味追求高、精、尖的器材，例如 3D 打印机、智能机器人，那么较高的成本会使得 STEAM 活动在很多中小学无法开展。但是，像“制作 DNA 分子双螺旋结构模型”“纸的趣味实验”“制作自动浇花器”等 STEAM 课程所用的材料器具就是生活中的常用物品，适用于不同地域、不同水平的中小学。可以看出，STEAM 课程的材料器具简单易得、具有普及性，才能适应学校之间教育资源不均衡的状况。

21.STEAM 教育的教学模式、教学环节是什么？究竟如何开展？

答：STEAM 并没有固定的教学模式，不同的课程可以采用不同的教学模式。总的来说，STEAM 常采用的教学模式有基于项目的学习、基于设计思维的教学模式、工具性 STEAM（Instrumental STEAM，简称 iSTEAM）教学模式、5E 教学模式等。同样的，STEAM 教学环节也不是一成不变的，会随着教学模式的不同而产生极大的改变。例如，基于项目的学习，由“分析—设计—开发—实施—评价”五个环节构成；基于设计思维的教学模式，按“共情—定义—构思—原型—测试”的顺序进行；iSTEAM 教学模式的操作环节则为“确定探索主题→确定探索过程中使用的工具→设计、制作工具→进行科学探究→学生自我评价→ STEAM 学科内容与本质→报告研究结果”；5E 教学模式的环节则包含“引入—探究—解释—拓展—评估”五个方面。[2] 所以，STEAM 教育究竟如何开展、采用何种教学模式和教学环节需要课程设计者细细斟酌，根据实际情况灵活变更。

---

[1] 朱正威 . 高中生物新课标的课程结构 [J]. 生物学通报，2004，39（2）：28-30.

[2] 宋怡，李丹，马宏佳 . 美国 iSTEM 教学模式评析 [J]. 基础教育，2019，16（4）：24-31，44.

22.STEAM 课程的一般教学流程是怎样的?

答: STEAM 课程实施一般需要遵循三大核心理念，即跨学科整合、问题驱动、情境与合作。[1] 鉴于此，STEAM 课程的一般教学流程包括五个环节：新课引入→提出问题→验证猜想→工程设计→课堂总结。(1)新课引入环节。此环节应该运用多媒体技术呈现主题情境，搭建生活与学科之间的桥梁，引导学生自然地进入所学主题，激发其学习兴趣。(2)提出问题环节。此环节要让学生针对主题进行分析、思考，联系已有的学科知识和生活经验，做出合理的猜想。(3)验证猜想环节。此环节要组织学生参与实践活动，增强学生的动手能力，让学生在实践中学习知识；并通过分析实践结果，引导学生自己验证猜想，训练学生辩证思维的能力。(4)工程设计环节。此环节要组织学生结合工程学原理和注意事项审视实践活动，增强实践方案的可行性，形成并完善主题产品。(5)课堂总结环节。此环节一方面要组织学生通过实证研究的方法，认识主题探究的规律；另一方面要组织学生回顾与主题相关的原理及实践流程，这样既能巩固相关的概念和原理，又可拓展实践技能、情感态度。许多教学改革去追求建立一种通用的方法模式，这是很不幸的。“教师要精选教学内容，采用多样的教学方式，以促成重要概念的建立、理解和应用。”[2]STEAM 课程没有固定的教学流程，均以科学地解决问题，做出有价值的产品为目标。

23. 中小学是否有必要单独开设 STEAM 课程?

答: 没有必要。(1)义务教育二至九年级的课程设置中有综合实践活动，课时比例占总课时的 6% ～ 8%；一至九年级要开设地方与学校开发或选用的课程，课时占 10% ～ 12%；可以在综合实践活动、校本课程、地方课程中实施 STEAM 教育。[3](2)《普通高中课程方案(2017 年版)》中的综合实践活动是国家课程，要求完成 14 个必修学分，有 252 课时(18 课时 / 学分 ×14 学分)；还要求完成 8 学分的校本课程，有 144 课

---

[1] 周礼，章亚楠，朱悦卫，等. 基于 STEM 理念的校本课程：以制作“天气瓶”为例 [J]. 化学教学，2016(10)：12-15.

[2] 朱正威. 我们对教学实践的期待 [J]. 基础教育课程，2012(1)：91-94.

[3] 朱慕菊. 走进新课程：与课程实施者对话 [M]. 北京：北京师范大学出版社，2002：24.

时。[1]STEAM 课程就是综合实践活动、校本课程和地方课程。当然，在综合实践活动、校本课程、地方课程中明确“STEAM 课程”的名称，并在课表中显示，能够突出学校课程的特色，也体现学校的亮点。

24. 实施 STEAM 教育可能会遇到哪些问题?

答：由于 STEAM 教育在实施过程中会受到一些客观条件的限制，所以常常会出现一些问题。（1）STEAM 课程标准与课程目标的缺乏，主要体现在实践中没有课程标准对中小学 STEAM 课程给予指导和帮助。（2）课程资源与课程支持匮乏，STEAM 教材不够丰富、实验室数量不足以及信息技术运用有限，都会限制 STEAM 教育的有效实施。（3）教学时间与教学内容之间存在着现实的矛盾，有限的课时难以将相关的探究和实践活动深入开展。（4）教学手段和教学模式的僵化与单一也是 STEAM 教育中常常遇到的问题。[2-3] 除了教育教学过程中存在的问题，教学任务结束后，如何对学生进行有效、合理的评价也是 STEAM 教育亟须解决的问题。

25. 实施 STEAM 课程（STEAM 教育）会不会占用大量课时?

答：将 STEAM 课程强行加入中小学教学，或者不考虑实际情况、不因地制宜、不因材施教地开展 STEAM 教育，肯定会增加师生的负担。实施 STEAM 课程，要注意其本身的特点，不要将其与分科课程、分科教学相混淆。（1）STEAM 教育的实施方式并不局限于校内或课堂内。大量证据表明，校外 STEAM 课程也是实施 STEAM 教育的重要方式之一，并且校外 STEAM 课程被认为是普及 STEAM 教育的重要路径。[4-5] 因此，STEAM 课程并不一定需要占用大量课时。（2）校内 STEAM 课程形式是

---

[1] 中华人民共和国教育部 . 普通高中课程方案（2017 年版）[M]. 北京：人民教育出版社，2018：6.

[2] 余宵，方海光 . 中小学 STEM 课程内容分析研究 [J]. 中小学电教，2018（5）：28-31.

[3] 董泽华 . 试论我国中小学实施 STEM 课程的困境与对策 [J]. 全球教育展望，2016（12）：36-42，62.

[4] 卓泽林 . 超越课堂：美国中小学校外 STEM 项目的实施和评估 [J]. 中国电化教育，2017（11）：80-86.

[5] 赵慧臣，张亚林，马佳雯，等 . 青少年课外 STEM 项目质量评价系统的建构与启示：基于美国《印第安纳州课外项目规范和专业标准：STEM 教育》的分析 [J]. 电化教育研究，2019（10）：115-122.

多种多样的，例如 STEAM 校本课程、研究性学习、社会实践、选修课程等，这些课程非但不会占用大量的课时，还能有效弥补国家课程、必修课程的不足，有利于教师教学。[1]。（3）STEAM 教育并不只是强调相关学科的整合，它还可以作为一种教育理念，指导教师进行教学实践活动。各学科教师以本学科为主，有机地整合其他学科知识，从而实施 STEAM 教育。[2] 这种情况下的 STEAM 课程，不仅有利于教师教学，还有利于学生的学习和全面发展。因此，恰当合理地实施 STEAM 课程不会占用大量课时，也不会给正常教学带来负担。

26. 在中小学开展 STEAM 教育是否会与现有的课时、教学任务相冲突？如何解决？

答：学科教师在学校开展 STEAM 教育会与现有的课时、教学任务相冲突。解决“冲突”这一问题，需要学科教师具有“戴着镣铐跳出优美舞蹈”的心态，因为创新的道路必定不是坦途。拓路者需要拿出勇气和智慧，结合自己教学的实际情况和学校环境创造性地开展工作。（1）用巧妙构思来整合课时教学任务，不强调压缩时间，应通过整合时间和教学内容，提高效率。（2）化整为零，设计具有一定时间跨度和连续性的 STEAM 课程，利用碎片化时间、课余时间，注重学生思维、能力和习惯的过程性培养。（3）利用学校综合实践课程、校本课程和相关实践活动的课时，开展基于学科主题的 STEAM 课程。（4）在充分论证与团队合作的基础上，将成熟的 STEAM 课程中的情境、活动等部分内容纳入学科教学中。这样既形成常态化的机制，又能进一步挖掘校本 STEAM 教育特色。

27. 开展 STEAM 教学活动时，教师和学生应该分别扮演何种“角色”？如何保证留给学生设计、探究的空间？

答：在 STEAM 教育中，随着教学活动的进行，教师要适时地变换角色，由组织者逐渐变为引导者、辅助者，学生则逐渐变为活动的主导者。（1）教师原本是整个项目活动的组织者，要起到发起活动、招募组员、协

---

[1] 余绍平 . 基于国家课程标准的 STEM 教育校本课程建设 [J]. 教育科学论坛，2021（1）：71-73.

[2] 杨盼，韩芳 . 芬兰 STEM 教育的框架及趋势 [J]. 电化教育研究，2019（9）：106-112.

调任务、延续活动等作用。但教师的组织者角色应随学生社会交往能力的提升而逐步弱化，从而增强学生的活动主导者角色。（2）在活动推进的各个环节教师都应善用引导者角色，支持学生的思考与探究。需要注意的是：①在充分理解和尊重学生意图的基础上与学生对话；②灵活运用开放与封闭性程度不同的问题引导学生思考；③通过唤起学生已有经验、弥补缺失经验以及梳理新经验的方式丰富学生解决问题的思路。（3）在学生主动探索、自主操作时，教师的身份则变为辅助者。当学生全神贯注地探究实践时，教师只需要陪伴左右；当学生确实遇到因客观条件限制解决不了的问题时，教师需要辅助其完成操作；在学生提出设想后，作为辅助者的教师可通过提供讯息的方式帮助学生实现设想。

28.STEAM 教育的理念都适用于学科课堂教学吗？

答：从“学科课堂教学”这一词语可以推测，提问者在潜意识中将“学科教学”局限于“课堂”之中，这种观念是传统的、落伍的。学科教学不仅在“课堂”上进行，也可以在社区、工厂、博物馆、田间地头、山岭等地开展。STEAM 教育的理念基本上都适用于学科教学，诸如下面几种理念。（1）跨学科教育。任一学科教学都要或多或少与其他学科融合，某一学科问题的解决不能仅靠本学科的知识和技术。（2）做中学。做中学的本质就是教学过程重实践，所有学科都有必要将理论与实践相结合，即便是历史、思想政治等学科也需要“做中学”，诸如“模拟联合国”“模拟法庭”。（3）真实问题和情境。学科教学要脚踏实地，与现实生活密切联系，不仅要在真实的社会生活情境中进行教学，也要将学到的知识和技能运用于解决社会生活问题中去。总的来说，学科教学要依据具体的教学内容、不同的时间、学生的兴趣和水平，灵活运用 STEAM 教育理念，尽可能体现出趣味性、人文性、动态性、回归性、丰富性、设计性和实证性，提高学生的学科核心素养。

29. 如何在单科教学的背景下实施 STEAM 教育？

答：（1）需要明确的是 STEAM 教育与单科教学并不冲突，二者能够相互依托、相互补充。STEAM 课程统整了割裂的学科知识，并且重视学生已有知识的积累，是分科教学的一种补充方式，在现有分科教学的背景下实施 STEAM 教育是可行且必要的。（2）已有研究者提出了以单一学科为核心的 STEAM 课程设计流程，为单科教学背景下实施 STEAM 教育提供了借鉴和参考。[1] ① STEAM 课程目标设计。要贯彻我国教育方针，落实学校教育培养目标，并在此基础上依据 STEAM 教育理念和多学科核心素养，整合学校育人特色、学生特点和个体发展需求。② STEAM 课程内容设计。选择一门学科作为核心学科，参照本学期及前、后学期的课程进度，结合社会热点，筛选和确定 STEAM 课程的项目主题；项目主题确定后，从多学科的视角解析主题，收集与主题相关的“大概念”，以思维导图的形式呈现相关知识、技术和学科研究方法，根据学生特征与教师风格，构建若干个跨学科项目。③ STEAM 课程实施设计。设计与课程内容相适应的教学模式或策略，如采用探究式教学实施项目学习，可包含启发与支架环节、探索与识别环节、积累与创造环节、分享与评价环节。④课程评价设计。建立一套涵盖课前、课中、课后的量化评价体系，课前的评价量规用于评价课程本身设计的合理性；课程实施过程中，每个子项目配有一个评价量表，供教师、学习合作组和学生个体使用，用于及时诊断学习状况；课程结束后，由教师和学生个体对项目学习的学业成就进行评价，从而判断课程目标的达成程度。

30.STEAM 课程是学生掌握学科知识后的巩固活动课，还是学习学科知识的新授课？

答：STEAM 课程既不是学生掌握学科知识后的巩固活动课，也不是学习学科知识的新授课，而是团结协作综合运用多学科知识和技能解决实际问题的探究、实践活动。当然，一方面，通过 STEAM 课程，学生会将很多不相关联的学科知识、头脑中的“惰性知识”（与原有的认知结构联系不紧密的知识）建构、融合在一起，即“活性知识”（与原有的认知结构形成了紧密联结的知识），因此说 STEAM 课程也能够巩固学生的学科知识。例如，生物学教学中所学到的年轮、早材（春材）和晚材（秋材）等知识，

---

[1] 李慧，张民选 . 分科教学情境下 STEM 课程设计与实践探索 [J]. 现代基础教育研究，2019，36（4）：32-39.

非常抽象，且比较模糊。通过 STEAM 活动来判定树龄，的确能够使学生深入理解和巩固所学的知识。另一方面，通过 STEAM 课程，也能够获得新知。例如，综合运用生物学、地理、物理和化学知识分析树木的年轮，获得了很多书本上学不到的知识。随着树越长越老，年轮也变得越来越薄。如果某一年的气候较为温暖且雨量充沛，适合生长，则树木所形成的春材细胞数目较多，春材较宽；反之，春材较窄。在树的生长过程中，树干朝南的一面，以及朝东、朝西的两个面，接受阳光照射比较多，形成层细胞分裂也比较迅速，径向生长快，因此树干的南面、东面、西面的年轮比较宽，而在树干朝北背阴的一面，年轮则明显狭窄。因此，从树桩横断面上的年轮往往可以帮助辨明方向。在一株树中，年轮的数目由树干基部往上逐渐减少。寒带和温带地区树木的年轮比较明显，而热带地区由于气候终年高温多湿，并不会发生生长停滞现象，因此看不到年轮。所以说，STEAM 课程也能够使学生获得新知识。

31.STEAM 教育可以结合生物学实验展开吗？

答：答案是肯定的。利用 STEAM 理念进行生物学实验课程的设计，不仅可以将抽象复杂的知识形象化，还可以有机地整合跨学科知识，能在具体的操作中培养学生的科学素养、工程素养以及数学素养。[1] 目前已有不少一线教师和研究者在实践如何恰当、合理地将 STEAM 理念与生物学实验教学相结合。例如，江苏省亭湖高级中学的张恒泽老师依据 STEAM 教育理念，从实验流程、模型展示、改进实验等五个方面对高中生物学实验教学进行了创新。[2] 山东省淄博实验中学的张莹等老师以“分解纤维素的微生物的分离”为例，探讨了 STEAM 理念下的项目式教学在高中生物学实验中的应用。[3] 事实上，不仅生物学学科，各学科都可以 STEAM 教

---

[1] 龚芬芳，涂艺声 . 美国 STEM 教育生物学教学案例分析 [J]. 中学生物学，2019，35（3）：63-65.

[2] 张恒泽 .STEAM 理念在高中生物学实验教学中的应用例析 [J]. 生物学教学，2019，44（4）：43-45.

[3] 张莹，李艳梅 .STEM 理念下微生物实验室培养的项目式教学：以“分解纤维素的微生物的分离”为例 [J]. 生物学教学，2019，44（9）：42-44.

育理念指导实验的设计与创新。

32.STEAM 教育适用于目前所有的生物学课程内容吗?

答：STEAM 教育并不适用于所有的生物学课程内容。目前我国中学生所学科目较多，各个科目的教学课时有限，在中学生物学教学中，需要学生掌握的知识内容也比较多，但并不是每一个课题都值得让学生进行深入的探究，也不是每一个课题都适合使用 STEAM 理念来进行设计和学习。[1]STEAM 教育通常是围绕综合性较强的主题，以问题或项目的形式展开，需要教师从众多的课程内容中选择出合适的主题。此外，STEAM 教育虽然给予学生较大的发展空间，但花费的时间较长。因此，为了避免给学生造成额外的课业负担，不能照搬国外的 STEAM 教育模式。要根据我国学生的实际情况，选择综合性和实践性都比较强的内容，创设一定的情境，引导学生亲历知识获得和能力发展的过程，促进 STEAM 教育本土化。

33. 哪些生物学内容适于被开发成 STEAM 课程?

答：生物学内容不仅是一个结论丰富的知识体系，而且包括了人类认识自然现象和规律的一些特有的思维方式和探究过程。[2] 但是，并不是所有的生物学内容都适于被开发成 STEAM 课程和活动。笔者认为，适于被开发成 STEAM 课程的内容主要有三类，但并不局限于此。（1）能够以操作定义的方式呈现的生物学概念。操作定义指的是以科学实验、科学实践来呈现概念内涵的定义方式。例如，学生在构建“生理盲点”概念时，教师和学生开发制作生理盲点检测图，并用其检测自己和同学的生理盲点，这一过程具有实践性、趣味性等特点，内容涉及了科学（生理盲点知识）、技术（绘图）、工程（检测图）、人文艺术（检测图美观、简洁、操作简便）、数学（测量）等学科，非常适合用 STEAM 教育理念开展教学。（2）生物学中的“模型建构”。例如，组织学生制作细胞模型、DNA 分子双螺旋结

[1] 马玉萍 . 基于 STEM 教育在高中生物学教学中的尝试分析 [J]. 中学课程辅导（教师通讯），2020（14）：93-94.

[2] 中华人民共和国教育部 . 普通高中生物学课程标准（2017 年版）[M]. 北京：人民教育出版社，2018：1.

构模型、转基因过程模型，均涉及了科学（生物学知识）、技术（建模、裁剪）、工程（模型）、人文艺术（模型的美观性）、数学（测量、称量）等学科，能引导学生在实践中形成科学思维。（3）生物学知识在生活中的应用。诸如，利用年轮判断方向、利用免疫学知识设计“新冠肺炎防护手册”等。

34. 中学生物学课程中哪些内容适合采用STEAM 教育模式进行教学？

答：中学生物学课程中并不是所有内容都适合运用 STEAM 教育理念进行教学。一般而言，满足以下条件的课程内容比较适合采用 STEAM 教育模式。（1）实验、探究活动。STEAM 教育是基于问题的学习、基于项目的学习，具有体验性、趣味性、实证性等特点，所以实验、探究等活动类课程内容适合开展 STEAM 教育。学生亲自动手，在探究的过程中亲身体验知识的应用，参与研究设计，并在乐趣中获得知识。目前有关 STEAM 的教学设计也大多集中于生物实验和探究活动，如 DNA 分子双螺旋结构模型的构建、渗透作用等。（2）综合性比较强的课程内容。STEAM 教育通常围绕综合性较强的主题展开，具有跨学科性、协作性等特点。综合性比较强的课程内容有利于交叉融合多个学科，且难度也比较大，往往需要学生团结协作解决问题。例如，生物对环境的适应、杂交育种与诱变育种等。（3）与生活紧密联系的内容。STEAM 课程注重与真实生活情境的联系，且以技术为重要组成部分。将现实生活和科技的发展密切联系起来，有利于学生把抽象的知识具象化，如“降低反应活化能的酶”与日常生活中的加酶洗衣粉密切相连。

35.STEAM 课程与我国颁布的生物学课程标准之间的契合度如何？

答：STEAM 课程的重点特征是跨学科性，强调学科之间的交叉融合。我国《普通高中生物学课程标准（2017 年版）》明确提出生物学教学要“注意学科间的联系”[1]。因为生物学、物理、化学等学科在思想方法、

---

[1] 中华人民共和国教育部. 普通高中生物学课程标准（2017 年版）[M]. 北京：人民教育出版社，2018：60.

基本原理、研究内容方面都有着密切的联系，并且它们和数学、技术、工程学、信息科学是相互渗透、共同发展的。加强学科间的横向联系，不仅有利于学生理解科学的本质、科学的思想方法和跨科学的科学概念和过程，还有利于学生建立科学的生命观，逐步形成正确的世界观，发展生物学学科核心素养。[1] 课程标准还强调“教学过程重实践”，通过探究性学习、完成工程学任务来培养学生的核心素养。这些内容都是 STEAM 教育所倡导的。

36. 中学生物学 STEAM 课程是如何体现各要素的融合的？每个 STEAM 课程都要包含所有要素吗？

答：在中学生物学教学中，教师以生物学学科为基础，通过筛选内容，确定合适的 STEAM 主题，这些主题往往是综合性较强的问题或项目，而非单一的生物学内容，因而它们都在不同程度上体现着 STEAM 各要素的融合。例如，对于“DNA 分子的结构”这一主题开发而成的 STEAM 课程“制作 DNA 分子双螺旋结构模型”，其中包含着大量生物科学概念和原理。这个课程要解决技术问题，即如何用三根鞋带编结 DNA 分子模型，如何用一张 A4 纸折叠出 DNA 分子模型。有了技术，必须要运用技术，将 DNA 分子模型做出来，这是工程。所做的 DNA 分子模型，要尽量科学，诸如 DNA 分子模型两条链上的脱氧核糖和磷酸数量比为 1∶1，连接两条链的碱基对有两种，数量比也是 1∶1，这些都是数学方面的内容。不同的人制作的 DNA 分子模型各不相同，有的硬挺、美观，有的则松软、有漏洞，需要制作者具有人文艺术素养。这个课程融合了 S、T、E、A、M 五个方面的要素。但是，衡量一个 STEAM 课程的标准，并不是学科要素是否齐全，而是由其课程目标、课程形式等决定的。[2]STEAM 课程要以得当的学科整合为基本依托，但这并不意味着 STEAM 课程中的学科一应俱全，相反，若让某些学科内容“强行”进入，

[1] 中华人民共和国教育部. 普通高中生物学课程标准（2017 年版）[M]. 北京：人民教育出版社，2018：60.

[2] 马成，吴畏. 美国高中 STEM 教育中的生物学案例及分析 [J]. 生物学教学，2017，42（7）：5-7.

课程可能会偏离解决问题的最佳方案。[1]

37. 开设 STEAM 课程是否会加重学生的课业负担？

答： 将 STEAM 课程强加于中小学课表中，肯定会加重学生的课业负担。若能恰当处理，可以不加重学生的课业负担。（1）将 STEAM 课程纳入综合实践活动、地方课程、校本课程，这些课程是国家要求的，但国家没有提供课程，很多学校苦于无课可上。（2）要将 STEAM 课程用于解决现实生活中的真实问题，诸如鞋垫太软，总是从鞋子里面“跑”出来，怎么解决？雨伞的手柄松动，如何固定？不要狭隘地将 STEAM 课程囿于某一学科，不能只解决学科中的问题。（3）要以学生为主体，由学生去发现问题，探究问题的根源，自主实践去解决问题。教师不要“牵着学生鼻子走”，不要对学生指手画脚，要适时为学生提供必要的帮助。（4）技术要求和工程任务对学生具有一定的挑战，但不可超出其最近发展区。例如，除了吹灭蜡烛，让学生尝试用 4 到 6 种方法熄灭蜡烛。通过探究实践找到诸多熄灭蜡烛的方法，会提升学生的自我效能感。但是，如果没有 3D 打印机，却让学生制作复杂的模型模具，则会加重学生的学习负担，抑制学习的积极性，加重挫败感。

38.STEAM 课程对学生学习科学知识的具体影响有哪些？是否存在负面的影响？

答： STEAM 课程对学生学习科学知识而言是大有裨益的，这是由 STEAM 教育本身的特点所决定的。（1）STEAM 教育的跨学科性避免了分科教学学科割裂、视域过小的弊端，使多门学科知识相互联系、相辅相成。（2）STEAM 课程重视情境性，它不是教授给学生孤立、抽象的学科知识，而是将知识还原于丰富的生活，使知识成为学生与学习环境互动建构的产物，而非来自外部的灌输，故而使抽象的科学知识具体化，有利于深层次的理解和建构。（3）STEAM 课程还具有协作性，强调在群体协同中相互帮助、相互启发，进行群体性知识建构。讨论交流问题的过

[1] 彭敏，朱德全 .STEAM 有效教学的关键特征与实施路径：基于美国 STEAM 教师的视角 [J]. 远程教育杂志，2018（2）：48-55.

程，有利于学生自身错误的暴露和改正，进一步巩固学生对知识的理解。（4）STEAM 教育的趣味性、体验性等特点也都同样有利于科学知识的学习。[1]STEAM 课程要恰当安排，合理实施，若将 STEAM 课程强加于中小学课表中，或是 STEAM 课程超出了学生的最近发展区，可能会加重学生的负担，挫伤学生的学习积极性。

39. 在生物学教学中实施 STEAM 活动，对教学效果有怎样的帮助？

答：《普通高中生物学课程标准（2017 年版 2020 年修订）》提出了“教学过程重实践”的课程理念，要求生物学教学要高度关注学生学习过程中的实践经历，要强调学生学习的过程是主动参与的过程，让学生积极参与动手和动脑的活动，通过探究性学习活动或完成工程学任务，加深对生物学概念的理解，提升应用知识的能力，培养创新精神，进而能用科学的观点、知识、思路和方法，探讨或解决现实生活中的某些问题。[2]STEAM 活动本身同样倡导学生“做中学”，动手去实践，在实践中应用知识，锻炼动手能力，提高操作技能。所以，在生物学教学中开展 STEAM 活动，有利于课堂教学的实践化，有助于学生在动手和动脑中构建概念、习得能力，能够有效提高他们的学习愿望和积极性。例如，学生运用自制的生理盲点检测图来检测自己的生理盲点，切身体验活动有助于强化“生理盲点”的概念。

40. 如何对实施 STEAM 教育教学的学校和教师进行有效评价？

答：在实施 STEAM 课程时，学校主要扮演着供给者和保障者的角色。供给层面的评价主要包括 STEAM 学习环境的创设和资源分配。保障层面的评价主要包括 STEAM 课程的多方融合以及教师专业发展。因此，对学校进行评价时应着重考虑物资是否满足课程需要，物资储备是否充足，耗材更新是否及时，学生是否都能有效地参与其中，是否与相关支持

---

[1] 余胜泉，胡翔 .STEM 教育理念与跨学科整合模式 [J]. 开放教育研究，2015，21（4）：13-22.

[2] 中华人民共和国教育部 . 普通高中生物学课程标准（2017 年版 2020 年修订）［M］. 北京：人民教育出版社，2020：2.

机构建立紧密的合作伙伴关系，教师的培训、发展体系是否完善等。[1-2] 对教师的评价一般可以采用课堂观察法，通过课堂观察或查看教学录像，由专业人员对教师的多个方面进行观察并评分。UTOP（UTeach Observation Protocol）量表是由美国国家自然科学基金会面向 STEAM 教师开发的课堂观察量表，此量表是目前较为成熟的 STEAM 教师课堂观察量表，我们可以对其进行改编，从而构建适用于我国的 STEAM 教师评价量表。

41. 开展 STEAM 教学之后，如何对学生进行有效的评价？

答：开展 STEAM 教学之后，对学生评价的具体方式有纸笔测验、学生手稿笔记、课堂观察、学生作品集、访谈面试、成果展示、自我评价、组内互评以及反思日志等。[3] 具体采用哪种评价方法则要依据 STEAM 课程或 STEAM 项目本身的特点来决定。如果课程是以设计和模型制作为主题，要求学生要有作品产出，那么可以选用学生作品集、成果展示等方式进行评价；如果课程侧重于科学概念理解和跨学科知识整合，那么选用纸笔测验来进行评价比较好；如果课程是以科学探究、科学实验为主，可以采用学生手稿笔记、课堂观察以及反思日志等对学生进行评价。由此可见，区别于应试教育，纸笔测验在 STEAM 教学评价中不占主导地位，同时，STEAM 的教学评价更加多元、全面、客观。

42. 现阶段我国中小学教师是否具备教授 STEAM 课程的能力？

答：现阶段我国中小学教师教授 STEAM 课程的能力并不理想。师资是课程建设的核心，STEAM 课程对教师的能力提出了更高的要求，而现有的教师教育（高等师范教育）几乎都是分科进行的，这有利于提升教师分科教学的能力但并不利于教师的跨学科教学 [4]，STEAM 教师短缺成为我

---

[1] 赵慧臣，张亚林，马佳雯，等 . 青少年课外 STEM 项目质量评价系统的建构与启示：基于美国《印第安纳州课外项目规范和专业标准：STEM 教育》的分析 [J]. 电化教育研究，2019（10）：115-122.

[2] 张屹，赵亚萍，何玲，等 . 基于 STEM 的跨学科教学设计与实践 [J]. 现代远程教育研究，2017（6）：75-84.

[3] 龚芬芳，涂艺声 . 美国 STEM 教育生物学教学案例分析 [J]. 中学生物学，2019，35（3）：63-65.

[4] 李慧，张民选 . 分科教学情境下 STEM 课程设计与实践探索 [J]. 现代基础教育研究，2019，36（4）：32-39.

国 STEAM 教育面临的最大问题[1]。目前已有的调查研究反映了以下几点。（1）我国中小学教师对 STEAM 教育的认识和行为有待深入。原因可能在于大部分教师对 STEAM 教育的系统学习不足，对 STEAM 教育的具体实践缺失，STEAM 教育方面的培训不多。（2）缺乏相关政策体系的支持。国家政策并不明确具体，STEAM 教育的发展路径并无明确规划，学校政策并不完善，学校无法对教师进行 STEAM 教育工作量的认定，降低了教师的积极性。（3）教师的 STEAM 教育自我效能感比较低，对于自己能够胜任 STEAM 课程的信心并不充足。[2] 此外，STEAM 课程支持与课程资源比较匮乏：教材不丰富、STEAM 实验室数量不足、信息技术运用有限。[3] 综上所述，由于教师方面的主观原因以及外部的客观原因，导致目前的中小学教师开展 STEAM 课程的能力和意愿不足，我国 STEAM 教师的培养任重道远。

43. 开展 STEAM 教育的教师应具备哪些教育能力？

答： 开展 STEAM 教育的教师，我们且称之为 STEAM 教师。STEAM 教师是 STEAM 教育的实践者，是 STEAM 教育有效实施和发展的重要保证。STEAM 教师要理解和掌握 STEAM 专业知识，要有娴熟的教育技术、扎实的专业知识、崇高的职业信念、灵活的教学方法，还应具备如下教育能力。（1）整合 STEAM 课程知识的能力。STEAM 教育的综合性和跨学科性决定了课程知识要交叉融合，教师需要在教学中整合多个课程门类的知识，以引导学生从多个角度、运用多种方法去思考和解决问题。（2）调动学生积极参与的能力。STEAM 教育是以现实问题为导向的，更强调以学生为中心以及学生的学习体验，教师必须要能够调动学生的学习积极性和主动性，在现实情境中“做中学”。（3）合理设计 STEAM 教学的能力。在实施 STEAM 教育之前，教师要进行全面、深入的教学分析，包括明确

---

[1] 黄静雯，孙曼丽．英国中小学 STEM 教师的培养措施与特点探析 [J]. 现代教育科学，2019（10）：151-156.

[2] 方旭，史妮娜．我国中小学教师 STEM 教育现状的实证研究 [J]. 中国教育信息化，2018（3）：1-5.

[3] 董泽华．试论我国中小学实施 STEM 课程的困境与对策 [J]. 全球教育展望，2016（12）：36-42，62.

教学目标、了解学生的特征及熟悉学习内容，在此基础上科学合理地设计 STEAM 教育教学活动。（4）客观评价 STEAM 教学的能力。STEAM 的教学评价以形成性评价为主，要注重学生多种能力的培养，不单纯以分数定高低。教师要在 STEAM 教学过程中进行形成性评价，及时修改和完善 STEAM 教学方案，而不是完成既定的教学方案。[1]

44. 能不能通过扫描二维码等方式获得课程案例中的视频或图片？

答：本书提供的 10 个案例，以扫描二维码的方式为大家提供了探究实践的视频，还有其他类型的资源，诸如生理盲点检测图、折叠 DNA 模型图纸、大肠杆菌环状质粒、人 11 号染色体上的胰岛素基因等。这些资源可以通过手机微信扫描二维码而获得。另外，欢迎广大教师、教研员和同学在开展 STEAM 活动的过程中，将自己开发的优秀案例和资源发送到李高峰（陕西师范大学生命科学学院）的电子信箱 bsdlgf@163.com，ligaofeng@snnu.edu.cn，以补充和充实案例，供大家分享和学习。

[1] 王秀成，赵东顺 .STEAM 教育理念下教师的教育能力影响因素与保障 [J]. 中国成人教育，2020（20）：79-82.